太极法理的奥妙

——上品太极拳修炼之路

李觉民 著

北京体育大学出版社

策划编辑：佟　晖
责任编辑：佟　晖
审稿编辑：董英双
责任校对：末　茗
版式设计：杨　俊

图书在版编目（CIP）数据

太极法理的奥妙：上品太极拳修炼之路 / 李觉民著.
-- 北京：北京体育大学出版社，2018.6
ISBN 978-7-5644-2939-3

Ⅰ.①太… Ⅱ.①李… Ⅲ.①太极拳—基本知识
Ⅳ.①G852.11

中国版本图书馆CIP数据核字(2018)第131707号

太极法理的奥妙 　　　　　　　　　　　　　　李觉民　著

出　　　版：	北京体育大学出版社
地　　　址：	北京市海淀区信息路48号
邮　　　编：	100084
邮 购 部：	北京体育大学出版社读者服务部 010-62989432
发 行 部：	010-62989320
网　　　址：	http://cbs.bsu.edu.cn
印　　　刷：	北京昌联印刷有限公司
开　　　本：	787×1092 毫米　1/16
成品尺寸：	228×170毫米
印　　　张：	14
字　　　数：	220千字

2018年7月第1版第1次印刷
定　价：35.00元

（本书因印制装订质量不合格本社发行部负责调换）

传太极之魂

展国粹之彩

邵世伟

中国武术运动管理中心原副主任邵世伟题词

贺觉虎先生新作出版

依法体悟

康戈武 丁酉夏日

中国武术研究院秘书长、中国武术九段康戈武题词

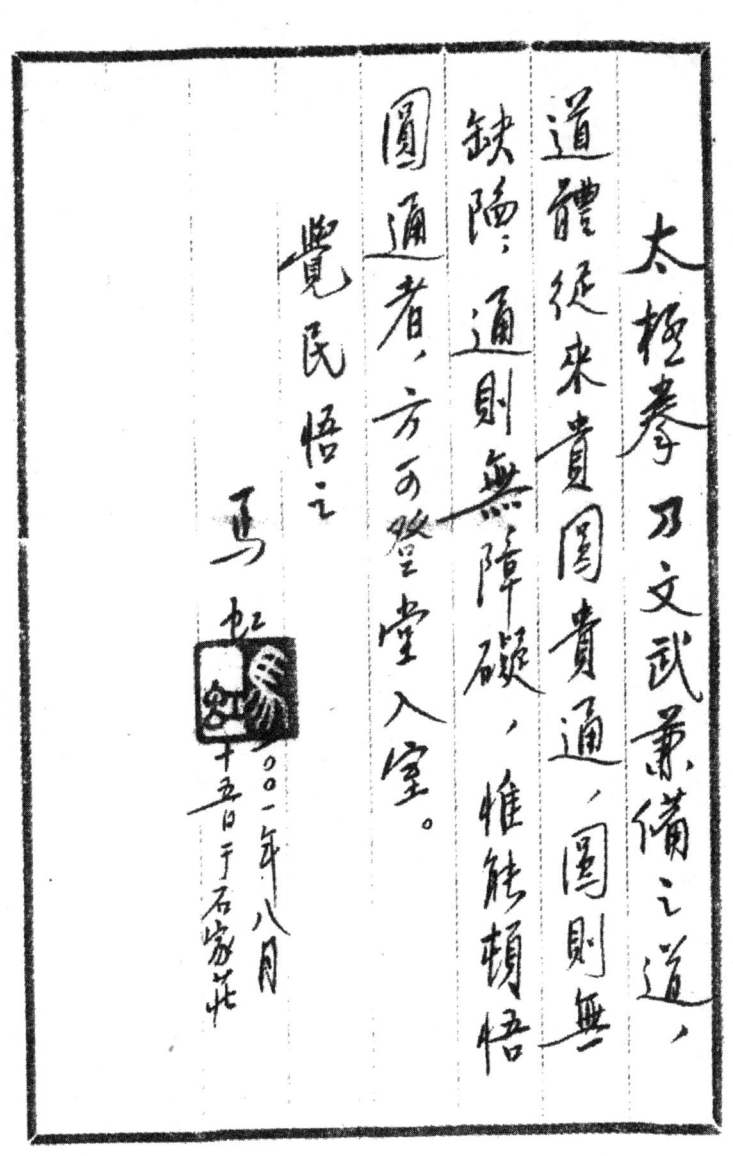

恩师马虹题词

作者简介

李觉民，1958年出生于贵州省安顺市一书香世家，自幼习文爱武，大学武术专业本科毕业，陈式太极拳十二代传人，贵州武术协会副主席，武术段位评委，国家级社会体育指导员，中国武术八段。

在五十多年的武术生涯中，有幸师承河北沧州张剑英、西南拳王顾锦章、一代武术宗师沙国政、太极拳名家陈小旺、太极状元马虹。多次在国内外太极拳大赛中取得优异成绩。先后执教于河南大学少林武术学院，贵阳市公安局警察培训部，贵州亚泰职业技术学院，贵州民族大学体育学院。代表性著作有《陈式太极拳初学入门》（一路八十三式，二路炮捶七十一式细节分解教与学）《太极拳的最高境界》等。论文有《自然是太极拳的根本》《文化素养是练好太极拳的基础》《论太极拳的练习状态》《太极拳 众多养生术的最佳选择》《太极拳：自然性质的反映和再造》《论太极拳的形质与神意》《太极拳的劲和势》《论太极拳的实践原则》《论太极拳上品拳学的取法捷径》《论太极拳的学习与创新》等。

引自《中国太极拳大百科》（人民体育出版社）

书觉而为民

——为李觉民先生《太极法理的奥妙——上品太极拳修炼之路》一书的序

上世纪九十年代初，我从事太极拳的宣传、组织工作不久，就闻听过"李觉民"其人，但真正开始了解，是2000年，在中国焦作（温县第六届）国际太极拳年会上，马虹老师向我介绍，说贵州的李觉民对武术很痴迷，是一位执着而很不错的太极拳弟子。

马虹老师是大家敬仰的一代太极拳大家，其太极拳的理论水平及技术，当代能与之类比者不多。他德艺双馨，尤其是其品德修养，我认为在当今太极拳界也当属凤毛麟角之人。他择徒比较严格，对弟子的要求有时几近"苛刻"。严师高徒，他的弟子们的人品修养及技术，大都溢赞一方。马老师能够认可的人物，自然有其自身的分量。2009年，我应邀参加国家体育总局武术运动管理中心主办，李觉民先生参与筹备的中国贵州清镇国际太极拳交流大会，尔后，对他有了更深的了解。

李觉民可谓是为武术而生的人，出身于书香门第但自幼又酷爱武术，他是在两种文化的滋养下成长起来的。九岁起拜河北沧州人张剑英学习八极劈挂，以后又得益于多位武术大家的教导。他驰骋武坛，弱冠之年便崭露头角，在拳击、散打及多个流派拳种的传统技击，尤其是陈式太极拳都有踏实的践行和拳理拳法的提炼。特别是大学武术专业本科的学习及多年的武术教学实践，使他的武术理论和技艺一步步得到了升华。

太极拳是一种透过自然而简单的法则而让人探研无止的高雅而深奥的国学文化。玩拳者众，懂拳者寡，而真正能彻悟出其中真味者更是不多。只有执悟、善悟之人，才能更多地掌握其中的奥妙。悟，广泛涉猎是基础，深入探研是手段。广泛涉猎讲的是广度、博学，就是要广泛接触和学习各家的理论之长，聚合知识，备我所用；深入探研讲的是深度、动脑，就是要开动脑子，多多地将汇聚来的理论知识进一步归纳、探索、研究，在实践中逐一检验求证应用，做到知行合一，为我所用。前者是聚合原料，后者是加工提炼。李觉民先生在《太极拳的最高境界》一书的自序中，讲到的马虹老师在太极拳学术文化上具备的两种形态（综合性、突破性）中的"突破"，就是这个加工提炼过程后的一种跃升。像其恩师一样，李觉民先生在多年的实践中用心体悟太极拳，领悟出了许多解析太极拳的理论和掌握与传授这些理论的艺术。

李觉民先生现任贵州省武术协会副主席、武术段位评委，国家级社会体育指导员、中国武术八段。多年来，他从多门类武术的学习研究转向专攻陈式太极拳，主要从事着陈式太极拳拳理拳法的研究和教学，遨游此海，他如醉如痴，乐不知疲，很投入。繁忙的任教之余，他笔耕不辍，除问世有多篇论文外，代表性著作有《陈式太极拳初学入门》（一路八十三式、二路炮捶七十一式细节分解教与学）和《太极拳的最高境界》等。《太极法理的奥妙——上品太极拳修炼之路》，是他多年来对众家武术理论的融汇和自身几十年武术生涯感悟的结晶，是对他先前所著的《太极拳的最高境界》一书的进一步熔炼与拓展。这本书，对于太极拳习练者的悟拳和教拳者的事教，都有着很强的指导意义。他最大的心愿，就是能让大家在共同分享这些知识中受益——这，就是他出版此书的目的。

我钦佩李觉民先生对太极拳理论研究的执着精神，感谢多年来在太极拳事业上他的付出与贡献。在全民练拳的大好形势下，需要很多像李觉民先生这样的人，以无私的胸怀，站在国学文化的高度，用科学的方法，引导人们了解和认识太极拳，使之在习拳之路上，避开障石，提高其时效率。

愿《太极法理的奥妙——上品太极拳修炼之路》，能达到李觉民先生以此善众、兴拳惠民的目的。

谨以此为序。

原福全

2018年4月19日

（原温县太极拳开发委员会主任、中国温县国际太极拳年会常务副秘书长）

序

我为什么要写《太极法理的奥妙》这本书？

一、习练陈式太极拳20多年，获得身心健康，享受到无比的艺术乐趣，颇有感悟。我是从事武术教学工作的，从前训练时，要为学生解答拳理，示范拳技，总是感到很辛苦，是练习太极拳使我头脑更加清晰，反应快，记忆力增强，归纳问题有条理，能从疑难问题中迅速找出主要矛盾，切中问题要点。解答学生疑难问题，语言较以前更加科学简练，示范拳技抓得住重点和有利于学生模仿的方向，拳理讲解与拳技实践结合得较好。在探索拳理、拳法中遇到很多难题，能借鉴不同学科的理论，从中汲取营养，做到"他山之石可以攻玉"，找到解决的办法。同时，从拳技要求的"身法端正"领悟到做人要立身中正，既不受骗，也不去骗人，就可以做一个堂堂正正的人。拒绝一切不良生活诱惑，培养高尚健康的思想情操和生活言行，使自己的人生更加健康艺术。在随马虹老师学拳时，师曰："觉民，你的武术基础很好，练拳能做到立身中正，架子低……努力做个陈式拳的好传人，为人民造福。"这是激励我写书的基本动力。

二、友人曾问我："觉民，你练拳为何那么投入？看你练拳，能把人带入鲁迅先生所说的'静，静得可以听到静的声音'那般境地。"此言确实过誉，无非是形容我对太极拳痴迷的程度。在太极拳王国中，无论对谁而言，太极拳集儒、道、释多家传统文化与现代学科文化之大成，从中领略圆满调和之'道'意，乃以武会友之目的。"这是太极拳的技击艺术及处世之道的魅力，使我练拳投入，并吸引我写成此书。

三、在实践拳技和提炼拳理拳法的漫长岁月中，我涉猎了大量的古今中外有关太极拳的文化，拓宽了知识的视野，使自己的知识结构趋向合理。为撰写本书奠定了一定的文化素养。尽管这当中很苦、很累，甚而有点"孤独"。但是，我认为追求需要思索，而思索需要孤独，唯有在孤独中思索，方能做到清晰而有条理。要想成为高水平的太极拳传人，必须具备阴阳都到极致的禀赋和灵性，只有自身具备这样的两极性和强张力，才能更深地悟出太极拳理、更深切地感形于拳。而这种禀赋和灵性的两极性和强张力，需要在孤独中"苦其心志，劳其筋骨"；需要优秀的书籍来滋润。在人类认识途中神秘的未知领域里，永远充满着对研究者的诱惑和无穷的遐想，从理论角度来高度概括自己对太极拳的体验，这是我写书的又一理由。

  在写作过程中，我深深地体会到，能力和素质是两个不同的概念，能力是挥出去的一把锋利之剑，素质是握住剑柄的手。有创作的愿望、理由和文化素质，并非等同于有创作能力。要将自己对拳技的实践经验上升到理论的高度，要看自己对写作艺术的特性是否有准确完整的把握，否则，难以掌握组织文字的技巧。何况，从"自然、人、文化"这样的深度和广度来系统阐述太极拳的上乘境界，其难度之大，是我的能力所难及的。我既属太极拳王国之一员，便有我与他人有异的武学艺术和人生体验，亦有我对太极拳之道的特别研究和感悟。也许，正是这种经历与体验、研究和感悟，导致我对太极拳艺术之道充满无比的信心与希望。于是，我不断鼓励自己，真诚、坦率而又不畏艰辛地去写……而今书稿复阅之后，自感错误和不足之处在所难免，然欣慰之情亦伴随而生。我想，可能是自己追求拳学的过程中，走的弯路太多了，不自然、不科学的习惯太重了，应具备的合理文化知识结构还不是那么理想，所以，对自己构想出的太极拳学的美好境界也觉得不理想。然而，我可以自信地告诉爱好太极拳文化的友人们：只要你有心，通过正确的，超出常人的努力，完全有可能达到自己理想的拳学上乘境界，力求与古今拳圣、大师并驾齐驱！

  愿拙作《太极法理的奥妙》能够和已出版发行的《陈式太极拳初学入门》（一路八十三式，二路七十一式炮捶细节分解教与学）两本拙作构成姊妹篇，为酷爱太极拳的拳手们提供一条"下学"拳技入门方法和"上达"拳理研究的可行参考之道。

2016年12月31日

引 言

《易经》云："生生不息之谓道。"道，是自然的别称。何晏《无名贴》言："自然者，道也。"自然本身拥有永恒的新鲜活力，"生生不息"是道的特征，是大自然的规律。老子在《道德经》中说："道生一，一生二，二生三，三生万物。"这是在说自然间一切事物的起始和发展都是从无到有（看似无实道在其中，有亦隐含其中），从少到多，由简到繁，由粗到精，而至尽善尽美，为一段落，为一过程。人类作为大自然的精灵，与大自然同呼吸，兼有"生生不息"的本原神气，具有无中生有，由一至万的创造潜能。太极拳理拳法拳技就是先人们在道的精神感召下创造和发展的成果。故欲排除一切玄虚不实的假象而探明太极拳的真谛，尤须发挥人类本原心性的作用，从太极拳发展的生长性质，从太极拳发展的终极元素来揭示和把握太极拳的原理原则，而将太极拳之道与人之道、自然之道合参，以自然之道为根本，还太极拳以本来面目。

太极拳之道除了人类和自然的因素之外，有它本身特殊的基础和条件，故表达拳法含义的身体语言这一因素作为太极拳本体的基础，有重新省察的必要。随着在陈式太极拳的基础上的衍化创造发展，各流派太极拳，包括国家武术研究院颁布的不同风格的太极拳段位教程已汇成绚丽多彩的长河，留给后人丰富珍奇的文化遗产。我们这一代传人站在过去与未来的交接点上，应该珍视我们的历史地位，承担起揭示太极拳练习的总规律、高境界，有绪地继承、有效地发展传统太极拳的使命。

在代表最广大太极拳（武术）爱好者利益的国家体育总局武术运动管理中心的关心重视下，我国的太极拳品随着武术段位制或其他评判制度的建立而相应确立，于是有了"取法乎上"的学习准则。然而古人明言：法乎其中，仅得乎下，法乎其上，仅得乎中。取法乎何，方可得乎上呢？这确实是拳法上至关紧要的大问题。这个问题若能得到彻底的解决，太极拳的发展就不会出现畸形怪胎，就会健康全面地生长发展。考虑到这一点，本书将上品拳学的探讨研究作为重点，并以解决这一重大课题为主要任务。在探明太极拳的上乘境界的前提下，再讨论落实拳法学习的必要内容和具体方法，努力揭示出一条合理化科学化的学拳途径，从而建立起上品拳学的理论和实践框架。

只有揭示出太极拳的上乘境界的底蕴，告诉拳友们人人能到上品的境界，个个能到大家的地步的实在道理，而从中品拳学提升到上品拳学的层次，才能最大限度地建立起学拳者的信心和能力，才能激发出学拳者的全部智慧和力量。具备修炼到上品大家的理想理念，具有攀登太极拳上乘境界的愿望和行力，今日之学子就是昨日之拳圣，昔日之拳圣亦就是今日之学子。

求在拳内，取证于拳外；求在拳外，印证于拳内。笔者上下苦练求索达20多年，于拳法之道略有悟解，得以知道上品大家实在是每个人都有份，而达太极拳上乘境界的途径，关键在于明白其中的道理和方法，善于学，而又敏于行，就有道而取证，涵养道德之本性，以至自然通变，我与古今，拳法与大道打成一片。

本书所述，以亲身学习、实践所得所证为基本，以古今拳圣明师的拳论拳品为辅助，而以贯通先哲圣人大道为指归。初时立论毋嫌其高，后继实学亦不厌其详，全书总以得上品拳法境界、修炼到大家地步为中心，具体列为三章：第一明理，揭示太极拳与太极拳上品的根本道理；第二善学，分述拳法学习修炼到拳法上乘境界必须具备的层次、步骤；第三养德，阐明道德修养对于学习太极拳的重要性。即先为上乘的拳学立言，其次用拳理来指导拳技实践，最后以品性的涵养去提升太极拳的品格，努力显示出一条切实可信、行之有效的学拳途径，以期各位拳友进步，每位拳手趋向太极拳的上乘境界。

目录

第一章 明理第一 …………………………（1）

一、太极拳的历史、形成基因及原理 ……………（3）
二、人是太极拳的主宰 ……………………………（10）
三、文化素养是太极拳的基础 ……………………（14）
四、自然是太极拳的根本 …………………………（28）
五、太极拳的上乘境界（一）……………………（32）
六、太极拳的上乘境界（二）……………………（41）
七、太极拳的上乘境界（三）……………………（47）

第二章 善学第二 …………………………（57）

一、上品拳学的取法捷径 …………………………（60）
二、上品拳学的实践原则 …………………………（64）
三、自然性质的反映和再造 ………………………（73）
四、太极拳的基本法与非基本法 …………………（76）
五、拳学的程序和程式 ……………………………（82）
六、文化艺术和各派拳法的熟习 …………………（90）
七、拳法的用具和资料 ……………………………（96）
八、拳法的手型与作用 ……………………………（99）
九、拳法的身法作用和意义 ………………………（103）
十、拳法的步型区别和作用意义 …………………（108）
十一、拳法的步法作用和意义 ……………………（113）
十二、拳法的眼法作用 ……………………………（118）

十三、手眼身步法的训练与用意 …………………………（121）
十四、拳法的形质与神意 ……………………………………（126）
十五、拳法的劲和势 …………………………………………（134）
十六、拳法的结构和章法 ……………………………………（138）
十七、拳法的学习和创新 ……………………………………（145）
十八、拳法的复古和创新 ……………………………………（151）
十九、太极拳法的练习与状态 ………………………………（160）
二十、教师和学生的责任 ……………………………………（164）

第三章 养德第三 …………………………………………（172）

一、从师遵道 …………………………………………………（175）
二、交友进学 …………………………………………………（180）
三、读万卷书 …………………………………………………（183）
四、行万里路 …………………………………………………（185）
五、修无上拳道 ………………………………………………（187）
六、拳法至善 …………………………………………………（194）

后　记 …………………………………………………………（199）

附录　拳学的总则 ……………………………………………（204）

第一章　明理第一

有志于太极拳学上乘境界的探索和实证的人，必须先明白透彻太极拳的根本道理。若不能在其真实道理上有超人的敏悟，不可称其为善学者，更不可称为太极拳大成的真种子。

太极拳从诞生之日至今，学习太极拳并希望太极拳完满的人非常多，但最终含恨和遗憾而不了了之者居多数，甚而可说为绝大多数。究其原因，全在于不明白太极拳的真正理法，没有找准通往太极殿堂的门道。拳理不明，就难免"盲人骑瞎马"般瞎折腾，净下些不明不白、收效甚微的工夫。盲人骑瞎马，在原地打转者有之；行一阵又掉回头的亦有之；完全背道而驰与目标相悖者亦有之。即使某些不明拳理的人取得一些成绩，也好似瞎猫碰死鼠，侥幸得很。有对太极拳学弊病深察善辩的同道好友说："太极拳，一个流派为一个陷阱，一法为一条杀机，不知多少人伤筋断骨或误送青春与生命。"其言虽重，却颇富幽默哲理。由远到近，在太极拳学上枉费精神，浪费年华的确实数不清。荀子说得好："善学者尽其理，善行者究其难。"穷其道方有所依，得其理方有所据；拳法妙在有道，学拳贵先明理。

庄子说："道，理也。"韩非子更清楚地说："道者，万物之所然也，万理之所稽也。"道确是万有之本，实理所据，西方宗教称之为"上帝"，当代哲学论证为"宇宙本体"。我们探讨的虽是太极拳道，不是自然之道，然而，太极拳道实在离不开自然大道，拳道、人、天地万物之道，终归自然大道，始终离不开宇宙本体。站在大道的立场看太极拳道，亦不过是大道的一个分支，与大道之关系，犹如分子与分母一样的密切。所以大道之理应是太极拳小道之理的根本依据，太极拳之理亦应近乎自然之理方可谓之真理，方可谓至善的拳理。

理，意指法则规律。即人所知晓理解的法则，规律就是理。任何事物都有一定的法则规律，可见理是一种自然存在，不会因人而有变化，只有人对理的正确认识的深浅不同。

依乎自然大道之理，就太极拳而论，须上下里外剖析至细，明察方得真实、睿智之理。所以，学拳必先穷其理，理明才能法通，法通方得拳神。悖于理，失其道，纵有超常的悟性亦无济于事，有超凡的功用亦难全此道。故，欲达太极拳上乘境界，应以明理为首。

学拳皆在穷理后，理不明、路不正，无论哪一流派拳学，就算你一生精勤，日练百遍，几十年如一日也是空的。所谓善学者尽其理，就是要知拳中确实的道理。一定要清楚什么是错误的，什么是正确的，方见得理透，做到遵循正确拳理，逐日加功，方能事半功倍，由此自然对拳学有非常的信心，无限的兴趣。

古人云："为学先要知得分晓。"这是放之四海而皆准的道理，用于太极拳学是最恰当不过，例如练拳，必须做到身法端正，下盘稳固，胸腰运化灵活等要领，否则，就不成其拳势了！学问之道与拳学之道其理是想通的，只是要有度罢了！但是若将前人与今人的片言只语寻章摘句、断章取义为学拳的指南，那就是抱残守缺，故步自封，更不可能道通拳神。孙子兵法云："知己知彼、百战不殆。"大到世界古今战事，小到太极拳较技，胜者都能客观衡量自身与对手的实力，从现实情况出发来决定自己的战略战术。做到战略上蔑视对手，战术上重视对手，不盲目主观行动，顺应客观，按照客观规律来处理对抗中发生的各种突变情况，力争避实击虚，取得胜利。败者则与之相反，过高估计自己的实力，不从实际情况考虑自己的战略、战术，一厢情愿的主观行动，结果，因不清楚对手的底细，而处于被动挨打的地位，输得个一塌糊涂。较技虽不能与战争相提并论，但其理没有区别。

注重拳技而忽视拳理的很多学拳者常说：要得功夫深，铁杵磨成针。拳技只要勤练用功，一天练上几十遍，自然水到渠成，获得成功。岂不知，这种非圆满之说的一时之言，被学拳者看成千古之理，使自己掉进"陷阱"而不能自救，诚然苦练比蜻蜓点水似的练习要强得多，但离太极拳的上乘境界还有很长的路程。

太极拳界凡有造诣的人都是实践与理论并重的善学者。他们知道，实践是理论产生和发展的基础；理论概括实践经验，随实践发展并受实践的检验。科学的拳理对拳技有指导作用，能对拳技练习指明道路，是帮助拳技达到高水平的最有效的手段。然而，正确的拳理离开拳技实践是空洞的理论，拳技练习若脱离正确拳理的指导是盲目的实践。二者缺一不可，否则就成了腿全的瞎子和明眼的瘸腿。所以，识与行双运则善矣！古人云："论先后、知为先，论轻重、行为重。"此言极是。先弄清楚什么是太极拳，什么是太极拳的上乘境界，再实实在在的论证实践，不断高攀太极拳的境界，这就是太极拳之道。

善学、养德皆在明理后，故将明理之说冠于全书之首。

一、太极拳的历史、形成基因及原理

为了不妄论太极拳的上品之道，我们应对太极拳的历史、形成基因和原理构成及艺术属性，作一番认真论证考察。只有这样才能阐明太极拳的基本道理，进而明白太极拳的最高真理。

太极拳作为中国传统文化的优秀代表之一，有着悠久的历史。据武学史家考证，明末清初河南温县陈家沟是太极拳的发源地。现有资料证明，当时的拳械技术有两种形式，一是单练：太极五路、（又名十三势）长拳一百零八式一路、炮捶一路、刀、枪、剑、棍等。二是对练：双人推手、双人粘枪、双人对大杆等。还有脱规矩而又合规矩的具有太极特色的散手。指导理论是《拳经总歌》，现录于后：

纵放屈伸人莫知，诸靠缠绕我皆依，
劈打推压得进步，搬撂横采也难敌。
钩掤逼揽人人晓，闪惊巧取有谁知？
佯输诈走谁云败，引诱回冲致胜归。
滚拴搭扫灵微妙，横直劈砍奇更奇，
截进遮拦穿心肘，迎风接步红炮捶。
二换扫压挂面脚，左右边簪庄跟腿，
截前压后无缝锁，声东击西要熟识。
上笼下提君须记，进攻退闪莫迟迟。
藏头盖面天下有，攒心剁胁世间稀。
教师不识此中理，难将武艺论高低。

从以上资料不难看出，其时的太极拳理论与技术体系均已初具规模，并注重技击方面的发展。由于技击术巧妙，故陈家沟人视其为秘技而不传外姓人。因而形成"一花独放"的局面。

太极拳以陈氏首先命名，与陈家沟陈氏第九世，文武双全的陈王廷有关。他所著《遗词》上半首中说："蒙恩赐，枉徒然；到而今，年老残喘，只落得《黄庭》一卷随身伴。闷来时造拳，忙来时耕田，趁余间，教下些弟子儿孙，成龙成虎任方便……"词中可窥见陈王廷对丰富发展太极拳的内容所付出的艰辛和开展太极拳运动的缩影。所以，陈式太极拳问世，是陈王廷在吸收前人武学的基础上，融进自己一生实战的武功和智慧的杰作。也许某些不赞成此论的同道会说，你可能是练陈式拳的，为陈式拳说话可以理解，但是仅凭一点技术资料和《拳经总歌》，从《遗词》中去想像自己理想的含义，就下结论说太极拳是陈王廷创造的，岂不是凭想像就是历史，凭感情代替事实？不错，笔者是练陈式拳的，而且专门研习陈照奎家传拳法，虽然孤陋寡闻，但是自信不是狭隘拳学主义者，而是尊重历史，尊重科学研究的唯物论者。其依据是，《人民日报》2001年2月10日发表的《文化瑰宝，健身益友——太极拳发展概略》一文。其中从历史的角度说到："构成太极拳的武技基因——攻防动作素材，源自早于先秦时已成体系、又经两千多年发展成完善的武术拳械技法。构成太极拳的哲理基因——太极理论，源自先秦时《周易·系辞》中的'易有太极，是生两仪'，经宋代周敦颐《太极图说》和道家太极图说发展起来的太极说。构成太极拳的养生基因——导引和吐纳法，源自先秦文献中记载的养气、养形术，经医家的'五禽戏'、道家的'性命双修'、拳家的'易筋经'等养生强身法发展起来的导引吐纳法。太极拳是这些基因融合一体而形成的。离开了其中任何一种，都不可能形成太极拳。换言之，构成太极拳某一基因的出现，并不等于太极拳已出现。因此，文章作者把上述基因的融合一体形成太极拳之前称为'太极拳发展的无形期。'"作者谈到太极拳发展的成形阶段时又说："《陈式拳械谱》中，还有：'红拳''盘罗棒'等谱，以及，'古刹登出少林寺'"这样的词语，说明陈王廷是在总结自己一生实战的武技功夫和民间与军队中流行拳法的基础上，取众家之长编创出太极拳早期拳架的。"这些科学论断，是中国武术九段康戈武先生的科研成果。

第一章 明理第一

太极拳作为陈氏家族秘笈，发展到陈氏十四世号称"牌位先生"的陈长兴这一代，拳法、拳理更进一步地得到充实、提高、发展。陈长兴在不断实践中形成了自己身法端正松沉，胸腰运化巧妙，步法稳固灵活似不倒翁的拳技特色，并总结经验，写出了《太极拳十大要论》《用武要言》等精辟的论文。而最大的贡献是在培养太极拳人才问题上，解放思想、实事求是、慧眼识人，进行改革开放，破除拳不传外姓人的族规，将太极拳传给来自河北永年县的、品行兼优的杨露禅。杨露禅亦不负师望，在北京战胜了前来挑战的各位武林高手，印证了太极拳技击的神奇，并发扬师传之举，从北京开始将太极拳更为广泛地传播，改变了过去"一花独放"的局面，使太极拳的发展跨入了一个新的里程碑。

在陈式太极拳的基础上，杨露禅和众多的继承者不断地发现、总结、创新，使拳理、拳法都得到发展变化，衍化出"杨、吴、武、孙、和"等不同流派拳学，各派拳理、拳法不仅有独到之处，拳架亦独具风格，有的还有大架与小架之分。现在见到的各派太极拳，虽然仍有陈式拳架的痕迹，但总体来说已是相对独立完整的太极拳体系了。

拳理必须及时总结，拳法应该随时提高

拳理的总结与拳法的创新理应同步，精妙的拳法惟有在正确的拳理指导下才能体现。正确的拳理亦只能通过拳法实践才能从中得到升华。所以，太极拳从诞生之日起，拳理与拳法好比一对可爱的孪生姊妹，是在有心于太极拳道的历代有识之士的热情浇灌和精心培育下茁壮成长起来的。

拳理，是指能正确指导拳法实践的理论。而"拳法"一词，却具有两层含义，一是广义地指所有流派太极拳技法和练法；再是狭义地指具有特殊风格的某一流派太极拳技法和练法。如果站在后者的立场来评判什么是拳法，有门户之见者会排斥前者，认为没有特色、不上层次的拳法不可称之为拳法。所以，太极拳界某些练传统拳架的同道，常看不起已经普及了的"简化"和"竞赛"以及当今推广的太极拳段位教程拳架。认为"简化"的技术结构太简单，而"竞赛"拳架是从不同流派拳架中吸收有代表性的动作来编排的，段位教程是国标舞，总认为是"大杂烩"，均不是"正宗"拳法。而以自己练的传统拳架视为"正宗"拳法。按理说，是不是正宗拳法是一回事，而拳法的好与差，拳品的高与低又是一回事。就以人来说，我们常把社会上那些不三不四类似水浒中的"牛二"的流阿强，说成不是人。其实人还是人，只是这些人品行不端，有辱人道。同样，当今普及的"简化"和"竞赛"段位拳架，用后者的眼光看，本称不上拳法，然而都自然地成为不同年龄、不同体质状况的广大太极拳爱好者喜欢的锻炼手段，并且都已写成书载入了武术史册。20世纪中叶的陈式拳掌门陈发科，在一次弟子们问他哪种拳好时说："哪种拳都好，如果不好，早就被淘汰了，也不会流传至今。拳的好坏，全在怎样教和怎样学。初学时教者为主，如同走路，教者等于向导，只要他熟悉路途指明方向，就算尽到责任了。至于走得快慢，走到或走不到目的地，那就全看学的人了。假设陈式拳算是个较好的拳种，也不能一学就会、就精，哪能看不起别的拳种？"接着他又打比方说："比如学写字，人人都知道王羲之是'书圣'，但颜、柳、欧、赵的书法，也是自成一派的大家，你刚学了三天王羲之的字，就看不起颜、柳、欧、赵，行吗？"六十多年前的老前辈尚且有如此的谦虚，有如此的见地。作为21世纪的拳家们，其心胸更应宽广，见解应更深。所以，无论是有特殊风格的传统拳架还是因时代需要而创新的现代派拳架，我们均可称为拳法，不必在是与否上相争，倒是应该从拳法实践是否遵循了拳理（即太极拳的行功法则）这一角度来认识拳法，这才是最重要的。

以上所述，说明太极拳的实践、创新、发展是随社会的发展而发展的，同时是以人为主的，人的意志作用力在拳理、拳法中起着最根本的决定作用。因此，可以说人是太极拳的上帝。亦是人在进化过程中，不断认识自己、解放自己、完善自己的杰出表现。

学拳须先明理，理不明则拳难行

我们的祖先在创造光辉灿烂的古文化时，总是以自然为出发点，为辨别不同事理的大小冠以"道""理""法""术"等名词，如"大道""王道"等。太极拳作为古文化的结晶之一，是经历代先驱者不断实践，逐渐形成、丰富、发展完善起来的。太极拳不是小术，亦非匹夫之勇，是集众多的小智慧形成的大智慧。其具体的科学完整的理论体系，循序渐进自成独特系统周密细致的一整套练功方法，堪称"大道""大法"。

太极拳是什么？发展中的太极拳融进了哪些自然文化元素？使其不断完美和

具时代性。

　　随着太极拳具有的强身益寿、修身养性、技击神奇、艺术欣赏等功能不断被有识之士们挖掘整理、宣传推广，太极拳的价值越来越受到广大业余爱好和专业工作者的重视。很多从事太极拳研究的拳家从自身认识的对太极拳的定义、属性下了不同的结论。有从拳法讲究技击的角度称之为"技击艺术"；有从拳法要求的遍体松柔、内劲虚实、触觉灵敏、周身完整的角度称之为"抽象艺术"；亦有认为拳法能表达人的喜、怒、哀、乐的情感，表达人对自然的不同感受、而给拳法下"表现艺术"；还有从拳法讲究造型的角度称之为"身体语言艺术"的定义……这些定义虽称独特见解，但因个人的能力局限，而不能代表太极拳定义的全部含义。要对太极拳的含义下一个既不与其它艺术门类相撞车或重复、又确切妥当的概念，只能从太极拳最本质、最重要的角度思索，才能避免似是而非、不尽确切的结论。

　　很多从事太极拳研究的拳家以中国传统书法艺术为参照物来"融→通→悟→化→提炼"太极拳理拳法，因为书法的运笔方法与太极拳的"欲左先右""欲上先下"等功法原理同出一辙。这就是"隔行不隔理"的缘故，难怪！太极拳界有书法造诣者大有人在。真可谓"书法、拳艺两相通"。

　　由此看出，与太极拳最相近的无疑是中国书法。二者好比"姊妹"艺术，但相互有一个根本区别，书法是以"写"为最高表现，其根本依据是文字。太极拳则以"练"为最高表现，身体语言是根本依据。太极拳虽与书法有本体基础差异，但有一个共性，即同用中国特有的文字。不同的是书法取文字字形，而太极拳理、拳法的总结取文字字义，因为拳理、拳法的含意是由字义构成的。如果说字形在书法家手里可以凭想像自由发挥而成赏心悦目的艺术。那么，拳理、拳法可通过太极拳家的身体语言艺术表达来展示人的思想情操、技击艺术和形体艺术。

　　如上述所言，身体语言和表达传统文化内涵的字义，是太极拳技艺的一种载体和不可缺少的组成部分，而太极拳的拳意、拳势造型、拳架结构归根结底源于自然中最灵秀、最富有生命力和创造性思维的"人"。一句话，源于自然。从这个意义上来说，太极拳是大自然的产物。而人在演练太极拳时所表现出来的精微拳理，精湛的拳法及神韵、形象、理应纳入自然这一范畴。

本着从太极拳的学习、实践、创新为出发点的这一思想，在知道太极拳的载体和组成部分的同时，应给太极拳的元素构成有一个大概的了解，即：人、传统文化、自然三大元素。

高水平的太极拳表演，犹如精湛的书法，既凝重古朴，又潇洒奔放，使人观后有美不胜收、韵味无穷的感慨。这种由手、眼、身、步法语言表达出来的技艺美，是传统文化与自然结合的妙有，既是传统文化形象，又是自然现象。而人落实到太极拳上，体现的是心意、神形、气势。能使太极拳具有技艺美的是人。人创造的这种技艺美是太极拳的和谐意象。

有研习太极拳多年的学者，对太极拳都有卓越见解。如"拳、心法也"；"拳则一动已见其心"；"拳法即心法也……有诸内者，必形诸外"；"拳者、如也、如其学、如其志、总之曰如其人而已"。这些精辟的论拳之语，无疑证实了"人"为太极拳总统的一面。

根据太极拳源于自然这一道理，人人都可习练，但要达到"纵横有可像者、方得谓之拳矣"。就必须将上述论拳之语正确、深刻理解，加强传统文化的学习研究、吸收与太极拳有关的现代学科营养，使自身有深厚的文化底蕴。这样，才能形成"传统文化+自然"这一面。由此，"人"之一面加上"传统文化+自然"之一面，才是完整的太极拳结构，才能产生完善的太极拳文化。

人作为太极拳的上帝这一面，可分为"以心主拳"和"以拳传心"两层精义。

有拳家言，"拳法之妙、存乎一心"；"心虽无形、用从有主"。心能主宰全身，以腰为轴、节节贯穿，旋腕转膀、旋腰转髋、旋踝转膝，将拳意传达于周身四肢，手、眼、身、步法虽主运，其实是心运。这难道不是对"以心主拳"的一种见解吗？心之体实则是一种意识活动，看似无形无象，然却一触即发，用着即有，无处不现。在形则是："以身为手、手非手，处处是手，挨何处，何处击。"太极拳法，实为心之法，心传拳意，意通则拳妙，看似拳运，实则心运。

在太极拳界，很多人虽同练一个流派，但演练风格各异，有的灵秀似小河涓涓流水，有的粗犷如大海气势磅礴。这与个人的性格、拳理修养、体能、拳技基础有关，但总在表达自己的思想，即"拳法传心"。这确是练拳者在"以心主拳"外，对"拳法传心"的不同实践写照。无疑，拳道如不能传人之心声，便无自我个性、无意识形态，必然拳意浅而拳技差，难以造就太极拳的真境。

"以心主拳"，意指练拳之前要有想练之意。练拳时才会兴奋流露真情，用不着仔细回忆辨别拳势，而拳理、拳法自会条件反射且神妙自现。这中间有平时吸收文化营养和苦练拳技基础的功夫，才能在练拳时顿生妙悟。"以拳传心"则是意想拳先行，借拳传情，未练之前，已是成竹在胸。心中意象感情借拳抒发传达而出。睹前人拳论，观拳家拳技，结合自身学识基础，努力做到心主拳、拳传心、心与拳相应，人与拳理相合，才会形成千姿百态的太极拳美景。

陈长兴说："夫物散必有统，分必有合，天地间四面八方，纷纷者各有属，千头万绪，攘攘者自有其源。盖一本可散为万殊，而万殊咸归一本，拳术之学亦不外此公例。"以上数言皆可明古人太极拳"肇于自然"之意义。

王宗岳说："无过不及、随屈就伸、人刚我柔谓之走，我顺人背谓之粘，动急则急应，动缓则缓随。虽变化万端，而理为一贯。由着熟而懂劲、由懂劲而阶及神明、然非用力之久，不能豁然贯通焉。"此一说又说明"造乎自然"为太极拳另一境界。太极拳意象虽由人造，而无不合乎自然之理；故拳顺心而造，符合天理。

"肇于自然"成就传统文化的内涵，启发太极拳的法度；"造乎自然"丰富了太极拳的形象，拓宽了太极拳的意境。这两种"自然"同时齐下双运，太极拳的景象犹如自然之妙有，欣赏太极拳，好比观赏大自然，确有美不胜收之感。

人、传统文化、自然三者相融一体，赖以相生，成就了完整的太极拳，没有人太极拳便没有上帝；没有传统文化就没有太极拳理和拳法；没有自然就没有太极拳千变万化的源泉和能量。太极拳的元素构成由三者二端成立，以"人"为主居前，以"传统文化+自然"为辅居后，其实还是三合一，一而不二不三，如人一样，头、躯、肢三节可分，三即是一，整体而已。所以，分就是合，合即是分。

然而初入太极拳大门，人与传统文化、自然三者免不了有对立之分，但只要道路正确，循序渐进，由对拳理的不理解到理解，由对拳势的别扭至熟练，最后只存一心研习，弥合了三者的分绪，而臻"绍于明师"的胜境。

学拳之初，难免为拳理字义和拳势的不通顺所困，好像"红楼梦"中的刘姥姥进大观园，言谈地形皆疏，上下左右不能自在如意，实有几分尴尬。然而努力一步，逐步理解拳理内涵，熟悉掌握拳势的运动规律和特征，由生疏到熟练，以至稍微精力集中，即能控制得宜。再继续求索，能够尽拳理字义之理及拳架结构编排，且能见自然之趣，浑然自得，心拳相忘。此时不仅知其然，而且。知其所以然，如巧夺天工一般，一派后天贯通先天的气象。

"拳无拳、意无意、无意之中是真意。"这一层境界无疑是太极拳的上层功夫。但不是初学者一蹴而就的。欲入此境，关键在把握拳理的主脉，明具体拳法之妙、自身之心、天地之象、自然之道。如此，定会助你攀登到太极拳的金字塔顶。

为辨别太极拳的学习道路而了解掌握形成太极拳的三大元素，进而从太极拳的三大元素可见太极拳的三层境界。初学太极拳能够掌握基本的拳理，拳架技术结构编排和行拳走架的技法及运动规律，为第一层境界；继而能发挥学拳者的心意，追求太极拳内含之自然理趣，为第二层境界；最后将正确理解、掌握到的传统文化内含、拳理、自然之意与拳架、推手、散手及学拳者的心性，融汇贯通，每一技法无不具有自然之理，有浓郁的太极特色韵味，为第三层境界。三层境界犹如三种品级，先达下品，再至中品，终齐上品。

太极拳的流派体系较多，虽同源一理，但在具体的拳理、技法、演练风格却各具特点。故理无头绪则易混乱，易入歧途。使初学者有望而生畏、退却之意。而太极拳元素的阐述、结构所设，目的就是为有心于太极拳道者有一正确的途径。有一简明扼要的大纲，不致为树枝般的细节所迷惑，不致为玄奥的道理法数所束缚。学而在理，成功自然可待；学而有道，理法与精神相融而生的愉悦自然充满。有理而在道，由下及中，由中及上，太极拳的"一览众山小"的上乘境界定然实现。

二、人是太极拳的主宰

人、传统文化与自然作为太极拳学的主要因素，将人为首确立为太极拳的主宰，是因为太极拳之道是以人为中心而开通的。人能够法乎自然而造文化，能够贯通自然而造太极拳，使太极拳成为人类神奇的人体生命科学存在。因此，没有人便没有百花齐放的各种流派太极拳，亦没有太极拳艺术风格的百花争艳。总之，没有人便没有太极拳与自然的默契与美妙。所以，太极拳之中人的因素第一。

原始而实在的现象便是自然，传统文化是人类的一种特异创造。人从传统文化中提炼的太极拳，是人肇于自然、造乎自然的成果，是人法乎道、法乎自然的妙悟独造，惟有人能够掌握、利用传统文化，取象自然，模拟自然，审时度势而创造太极拳。

太极拳是人创造的，人在太极拳面前有着主人般的性质、圣人般的作用。所以，人是太极拳中的最大问题、最大前提。

人在宇宙间的地位和分量，如老子所说："故道大，天大，地大，人亦大。域中有四大，而人居其一焉。"足见自然的组成是人、道、天、地同为。庄子说："天地与我并生，而万物与我为一。"人与天地万物为整体一家。人与天地合气而赞万物，化育万类，人之能量、尊贵由此可知。

天地之间惟人为贵，然而人的更可贵之处在于："人法地，地法天，天法道，道法自然。"人之所贵，落实到太极拳上，贵在明理善学，贵在养德齐天，贵在齐乎上品大家，完善太极拳之上乘境界而后已。

人之贵既明，人之高下分等应可辨，人之进德次序亦应明察。古代论人，有凡人与圣人之别，大人与小人之分。孟子说："从其大体为大人，从其小体为小人。"小人以自私微利为重，大人以天下大道为己任。大人所见所行的是大者远者；小人所见所行的是小者近者。大人之视太极拳，必扬己之长，兼取众长，达乎大道而后已；小人之视太极拳，只识得自家的井底蛙见，全不究大法至理。

古人言："圣人做出来的都是德性，众人做出来的都是习俗。"其实圣凡之别，只在本原性德与习俗成法上。习俗成法，可凭一时之兴趣，随时转移。而本原性德，为古今至人不易之道，亦似阿里巴巴所不易入之门。归于太极拳，若要达上品，而成大家，全在于去掉一切陈规陋习而明大道，弃雕虫小技而遵无上大法。

天与地之分，指自然；神与形之别，指人类。地是自然的形质，天为自然的神气。人的形质配地，人的神气合天。自然和人都具有形质和神意；人为太极拳之"上帝"，"上帝"又以自己的形象来造拳，故太极拳亦可见形质和神意之大类。太极拳的形质，即拳架如同人的筋骨血肉；太极拳的神意则是人的内在精气神。习拳者行拳走架时，手、身、步法沉稳灵活多变，亦刚亦柔，亦快亦慢，

太极法理的奥妙

周身协调完整，精气神虚明旺达，则神形兼妙，真可谓"纵横皆成意象，谓之拳矣"。反之，桩步呆滞，身法僵硬，手法笨拙，心浮气躁，神形双亏，不可谓之拳，太极操亦不够格。

太极拳以拳架为形质，拳架因得神意而生动。拳架与神意相合谓之生，相离谓之死。所谓明理善学，即是要明白拳架与神意互养的道理，而避免拳架与神意相背离的危害。所谓养德，即是要完善人的性天德能，养得神形双妙，兼具天地之性质。若不知形质神意互养的道理，而亏损了互养的功德，则性情庸俗难免，精神颓废难避；气血或有不畅，筋骨亦因僵硬，神形两亏，或心无所托，手无所制，而欲求太极拳的上乘境界，犹如痴人梦语，难得其实。人如其拳、拳如其人，善学养德，应以形质与神意兼妙，方可达"拳圣"之目的。

"观拳如观人"，太极拳因人而异。大人、完人量大德盛，不仅形神兼妙，灵肉相应，而且视太极拳为生命，生活中事事物物皆能接受之，宽心以容之，这样的人与传统文化、自然意气相辅相成，没有隔阂，因而学拳自然容易；小人、废人则常以己之心度人物，凭想像就是拳理，以一时之情趣来识拳，真个是心气不足，形神分离，自然之理难解，万变之源亦不通顺，故人与传统文化、自然三者互相对立，至使学拳曲折多磨，难于成就。所以学太极拳要达上乘境界，惟须努力完善人之本身，惟须养得武德高尚，修得灵肉相应，形神兼妙。古人云，"人品即拳品"，旨哉斯言，学拳者难道不该悟？

人品即是拳品，拳品理属人品，人的正邪化为拳之善恶。人心臻善，而至于大人完人，惟完美是求者，其太极拳之佳境自然而至；人心臻恶，而至于小人恶人，以私为本，与恶为伍，其太极拳之难成则如"蜀道难、难于上青天"。古人云："学拳在法，而其妙在人。法，可以人人而传；而妙，必其胸中之所独得。"太极拳的技与法，人人可传可学，而欲求太极拳神妙超凡，则非武德高尚之人不可达，故欲求太极拳之上品，舍去养德一途别无他径。

太极拳是以意为统帅的身体语言文化，故人的神意性情是太极拳的源头活水。我们可以从不同的太极拳演练者的拳势风格，看出不同人的性情和对太极拳神意的不同理解。善学者必视神意性情之修养为首先。如今学拳之弊，仅把太极拳视为孤立的一门技艺，斤斤计较于一招一势之间，全不穷其太极拳理的根本，难怪太极拳上品的圣地是可望而不可及。决心深研太极拳学的人应有"弃燕雀之小志、慕鸿鹄之高翔"的理想。要有上帝、圣人的心胸和态度，在拳理、拳技上，既有自身独特的见解和风格，又能虚心地博采众家之长，目的只有一个，至拳圣、明师、至上品、神品。

人之所以能吸天地之灵气，吞日月之精华，具备自然的性与质，是人与天地同生，与自然同气同理。明智者远察自然生命之万类，近观人类之一身，时时以今日之我，战胜昨日之我，便日有所悟，于拳学上便大有长进。昧于拳理之人学拳，常以小为大，舍本求末，所以学太极拳者当辨明拳道，不能昧于拳理。明则智，昧则愚，智愚之分以明昧为界。明理之人学拳，能以常人之心待之，常能自觉恢复本能，越学越自信，越学兴趣越浓，技合拳理，拳技日益渐进。不明拳理，往往为拳学所困，为拳法所障。拳法是人所立，亦应为人所用，若是徘徊在某几个着法上而不去明拳法之根本，便会为法所困，为法所误，这就是所谓"舍本求末"。

学拳无智与愚的区别，惟有明与昧的分界。《会心内外集》有言："天之所以与人，而人之所以为人者，良知良能也。此知此能，人人具备，个个圆成，处圣不增、处凡不减，孔老不失此知能而超凡入圣。后之学人，若能识得此知能，便是见了孔老，全得此知能，便是与孔老并肩，所以孔老与我同此知能，而无有异也。"太极拳学之道亦应作如是观：拳圣者修学而成之学子也；学子者，修学前之拳圣也。照此推理，太极拳之上品无非是技合拳理的下品；下品亦无非是上品神品之前身。善学者最适宜在此建立一个有见解的信心，自信自己与圣人同一良知良能，确信自己与上品拳圣具备缘分，直将自己看作拳圣之前身。达到达不到姑且不论，而见到见不到，立不立志则是现时头等要事，学拳者应不误此心意，不误与拳圣相同的知能本性。

人的知能本性源于先天，受自然之气清浊不同有智愚之分，则来自后天。对太极拳有较高悟性之人，可说是得清气足而资质好；悟性次之者，则是得气浊而薄智慧差。然而，智弱者可"笨鸟先飞"，只要志向明确，道路清楚，终有明理之日，成就之期；智强者若自恃聪明，刚愎自用，总有昧理之时，失道之行，真是机关算尽太聪明，反误了与太极拳上品结缘之日。资质好而明太极拳道之理，且身体力行精勤研习，顿悟直超，则可直臻太极拳上乘境界，直登拳圣殿堂。智者贵在顿悟直超，不凭侥幸，不图方便，不入歧途；愚者贵在转识化智，寓智于技法，渐修而至上品。对太极拳的领悟虽有快慢之分，但终可同至太极拳最高之域。若是则殊途同归，人人皆"拳圣"。

三、文化素养是太极拳的基础

太极拳是身体语言表达的一门艺术。其拳理、拳法与书法同样以文化为基础。这是二者的相同点，不同的是前者取文学之字义，后者取文学之字形。

纵观传统文化底蕴深厚，掌握与太极拳有关现代学科知识的明师，对拳理的悟解，无疑都要胜常人一筹。所以，明师练拳，拳景似一幅春光明媚的山水画。这是古今文化整体内涵融于具体拳技"肇于自然"的高明实践。亦是文化和人的高尚情操、精神、意志渗透于拳技，使源于自然的生命、意识转化为拳技的意象。与书法家取山水花鸟草虫之意趣渗透于书法，使自然之意趣转化为书法的景象，可谓如出一辙。难怪!明师都爱博览群书，吸取各个文化领域的营养来丰富太极拳学，足见文化的可爱之处在于其内涵能转化为拳技的精妙。但是，文化与拳法的联系，不明其中道理者会认为只要具备在学校学过的各科知识，学拳和理解拳理就容易，就可以毫无阻碍地走在拳法的大道上。其实不然，笔者亲身经历的一次以武会友就证明了仅有学校老师传授的文化并不能正确完整地理解、掌握拳理。拳友正是仅从字义浅层去理解拳理，结果造成一次"差之毫厘，失之千里"的技艺切磋场面。

1999年的夏天，笔者踏游东南沿海，在珠海认识一位有大学文凭的年轻拳友。据他说，每天必练二十遍拳，所有拳理均熟记于心，亦带有一批学生。闻之颇有对拳理悟解透彻之意，功夫亦似乎练上身，俗话说："自古英雄出少年。"笔者想，难道真遇上一位"知为先"与"行为重"结合得很好的有为之士？于是，顿生向其讨教之意，因我态度诚恳，便与我进行友谊性推手，谁知一粘上，就觉得不对"劲"。其人不仅低头弯腰，而且全身重量压在我的手上，这与"立身中正"，"力不出尖、形不破体"，"其根在脚、发于腿、主宰于腰、形于手指"的拳理要求岂不是背道而驰吗？顿时，已知碰上一位常将拳理片面理解，束之高阁于口头上，理论脱离实践，在实践中盲目蛮干的爱好者，索然无味之感渐生，真不想与其切磋下去，考虑到初次相交，应该礼貌待之，只好与其比耐力周旋，让其感到功力不济而自退。推毕，这位同道脸红似熟透的苹果，颇不自然，也许觉得自己言过其实吧！亦不再多说。出于同道之谊，我坦诚地说，能熟记拳理是件好事，更重要的是正确深刻理解运用到拳法实践中去，太极拳非一般常识，用常识去理解拳理是要出偏差的。例如对"刚柔相济"一词的理解，不少学拳者见到功夫好的老师练拳，其劲势有刚有柔，寓刚于柔，刚柔相济。就模仿老师该发劲时就发劲，该柔慢时就柔慢，久之，也就认为自己的拳刚柔相济了。但是，在行家看来，即令有十几年拳龄的人与功夫好的老师相比，练拳时表现出来的劲别始终有着实质上的差异。区别在于：功夫好的老师拳势快时发出来的是螺旋振荡式的刚劲，拳势慢时又有柔劲的依托，这是经过"极柔软、然后极坚刚也"的洗礼，才达到如此刚柔相济的拳风境界。某些学拳者由于"极柔软、然后极坚刚也"的拳理认识不到位，盲目的在形式上做功夫，认为将用力的动作与少用力的动作结合起来就叫刚柔相济。所以，发劲时用的是蛮力，柔慢时又无柔劲的依托，因而落得个不刚不柔的痼疾。由此看来，字词义理解不正确就会与正确的拳理失之交臂，导致错误的拳法实践。用蛮力练拳，是练不出太极拳要求的螺旋振荡的刚劲，只能致全身僵硬铁板一块，在推手或散手中易为对方引动。然而，也许是实践与认识的差距吧！友人却不以为然，此时我已知是"话不投机半句多"，只好不再语言。面对虽近在咫尺而从心里远去的他，遗憾地觉得失去一位共同探讨拳理的朋友，亦不知他在"陷阱"和"杀机"中还要打滚多久，何时醒悟回到正确的道上来。

　　上述经历，使我进一步深刻体会到，太极拳很讲究知识的广度和深度，决定学好太极拳的因素，不是看你学历有多高，当然，学历高意味着文化高，然而不代表文化修养高，文化修养是一种知识综合素质。文化高的人对拳理的悟解，决然比文化低的人要强得多，但是，如果具有广度和深度的文化修养作基础，就能更好地解决对拳理的理解的问题。所以，与书本绝缘的人，大概是不可能有什么成就。只有勤于读书，提高文化素养，运用丰富的文化知识来认真研究拳理，从字词义上搞清楚拳理的真实正确的含义，并能运用到具体拳法实践中去的人，才有可能摘取太极拳学上的皇冠。

　　书法家视一个"写"字了得，拳法家则视一个"练"字为贵。因知晓"行为重"的意义。故惟有坚持每日"闻鸡起舞"才能不断充实美化拳景、意境拳味方更为深长，拳法方能更富感染力，何况发挥身体语言这一特有的感觉来描述拳法，一气贯之，更具太极拳艺术魅力。中国的太极拳和书法在"写"与"练"的互相启发感应下，充分显示和挖掘了各自潜在的美和光彩及审美价值。拳法与书法一对"姊妹"相互吸收对方的长处，引发各种新意，促进各自的不断发展和完美。因拳法与书法能互相促进，取长补短，所以有拳法造诣者大都爱书法，而善书者亦往往喜爱太极拳。

　　拳理之取字义，目的是使拳理通顺、易懂、系统化、不犯逻辑性的错误，用于正确指导拳法实践，使拳法无穷尽变化而现美妙之千姿百态的艺术效果，同于自然为极则。亦使学拳者不误入傍徨歧路。现有的拳谱、拳论是前人对已成就的功夫总结，因受社会发展、科学文化的限制，著文难免字词义含混，不易理解，论点有玄虚之感。然而，整体观之，不乏真知灼见，其正确性无疑给学拳者指明了方向，堪称"经典"。但应明白，经典固然值得继承借鉴，更重要的是当代拳家要摸索出点东西来丰富之，使经典内容更丰富，意义更深远长久，生命力更旺盛。为此在研习拳法过程中，如有独特见解，拟写成文时应以字词义的准确、贴切、易解为准。这是有心于拳理研究的拳家理应做好的事。责无旁贷啊！不然，后人会说父辈们是不负责任的一代。遗憾的是，当今很多拳师对传下来的古论不能完全正确理解，更无举一反三之悟，甚而南辕北辙，导致实践中的拳法味道不浓抑或变味。这是对文化知识修养不够重视而造成的。如此，怎能在拳法实践中产生"顿悟"？在拳理研究中产生"心得"而成为明师呢？教人，岂不是误人子弟吗？

　　中国所以拥有世界独特的太极拳艺术，完全是因为中国有适合于拳学艺术创造的丰富多样的文化资源。我们站在太极拳的角度来论述文化在太极拳中所起的作用，就势必涉及与太极拳有关的文化，而这些文化与太极拳的联系，对初学者来说是非常重要而且必须知道的。如果不明白太极拳形成的来龙去脉，怎么知道太极拳的可爱，更谈不上学好太极拳的问题了！

第一章 明理第一

中国是世界四大文明古国之一，文化历史可谓源远流长。与太极拳密切相关的文化，具体来说，是传统文化中最古老的哲学巨著《易经》的太极阴阳学说，奠定了太极拳的理论基础，太极拳因此而有了"哲拳"之美誉，是聪明人可学的学问；技击原理和拳架技术结构来源传统兵书的精华《孙子兵法》和明朝爱国战将戚继光的《纪效新书》；道家的吐纳导引术和内丹修炼功法是太极拳内功的依据；太极拳的缠丝法是依据传统中医学的经络学说。

从古至今，太极拳以神奇的技击，特殊的保健功能和艺术欣赏等价值吸引了数代人。但多数人被"太极"这一看似高深莫测的词意所难倒，又不愿穷其理，于是便"望拳"兴叹！有了"太极十年不出门"之说。太极拳真的难学、真的难于出门吗？否！只要学拳者站在"自然大道"的出发点，向明师益友学习，以现代科学知识为钥匙来开启传统文化这扇并不神秘的大门，努力研习里面的学问，古为今用，那么，入门既不难、深造也办得到，出门亦可期。需要的倒是持之以恒的决心和有心学习，善于学习的态度。让我们从"太极"一词开始求索，共同寻觅通往太极拳上乘境界的道路吧！

学太极拳并喜穷其理的初学者，学拳之初总要先问教者，"太极"一词的含义和出处，这是聪明人的学法，学拳先明理嘛！

"太极"一词是我们非常熟悉的一个名词，这个词是从哪里来的？是孔子说出来的。在孔子以前，没有人讲过什么是太极。因为孔子主张什么事情都要正名，先把名定好，名正才能言顺，名不正就言不顺，自从孔子发明太极一词后，两千五百多年来没有一个人改动它，就表示这个名词的确取得好，其含义："太"一字意指广大，"极"一字含精微。而《庄子》又说："在太极之先不为高。"这是经得起考证的出处，有兴趣者可参考《庄子·大宗师》一书。至于太极一词的解释，古今有识之士各有见解，真是仁者见仁，智者见智。而最直接明白的是："太极，是阴阳的统一体。阴阳合则为太极，太极分则为阴阳。"（马虹语）"阴阳"用于太极拳是论述拳理拳法产生与变化发展的基本动力或属性的典型的道家思想代表术语，在具体的拳技中代表每一拳势的上下、内外、左右、前后、先后、虚实、开合、刚柔、顺逆、快慢关系，这十种关系在拳技中是根据拳势的变化而变化的，这就是阴阳互济、互为其根的辩证关系，所以说，太极拳处处包涵阴阳这两大要素。对太极拳理论发展作出极大贡献的陈鑫在《陈式太极拳图说》中说："太极拳者，实本太极之理自然而然者。""事事物物无非本于太极，故也。""大矣哉太极，妙矣哉太极！太极拳亦不过仿其形似而已。"因此，每一位初学拳者不妨先学一点太极阴阳学说，这对理解拳理、拳法是必不可少的理论知识，不然，别人问道："你练太极拳，何谓太极？何谓阴阳？能否告之一二。"若能说出一二三，问者可能会向你学，即使不向你请教，也会认为你是钻研太极拳文化的有心人，是理论结合实践的拳法者，若回答不出，别人会认为你不过是一介武夫而已，谈不上太极拳文化人，这岂不是丢了祖宗的脸。

道教的养生术和传统的中医经络学说是太极拳内功的主要依据

"养生"这一话题，历来被热爱生活，热爱生命的人常议及，尤其是在事业上想有一番作为的人，他们深知拥有健康，才能拥有事业。没有健康，便没有一切。所以，对养生之道很是讲究，除了适量的食品保健，特别注重气功、太极拳运动保健。笔者认为重视生理运动保健的人是最明智的，因为"生命在于运动"。事实上，笔者与老师马虹及众多爱好太极拳运动的人，通过亲身体悟某些气功和太极拳，比较下来一致认为：通过肺呼吸（口鼻呼吸）、体呼吸（毛窍呼吸）、丹田呼吸（俗称腹部呼吸、实际是胎息），这三个呼吸系统与自然的、动静结合的拳势共同导引下的吐纳修炼方法，不断地呼吐肺腑之浊气，吞吸天地之清气，使人体丹田处，即会阴穴之上，命门穴前下的小腹内，有一个良好的卫生环境更好地运化作功，促使生命的源泉——性腺系统这一重点部位功能得到提高，实现炼精化气，炼气化神这一重要过程，开通经络气血津液，达到精、气、神凝聚，还精补脑，人体内环境平衡协调，能与外界环境相适应的目的的陈式太极拳才是最佳养身术。而现实生活中确实有越来越多的人青睐陈式太极拳，经过这门拳法的洗礼，改善了自身生理素质结构，享受到太极拳带来的身心愉快，促进了事业的成功，认为太极拳好，是众多养生术的最佳选择。并因此对其养生理论、要旨、修炼方法及重点出处是源于那一古文化基础之上倍感兴趣，有想进一步了解的愿望，笔者也认为一个乐于生、乐于养的人，只有知其出处，不断印证实践，才是完全彻底的善于生、善于养的人。在此，乐意与各位同道探讨。

"养生术"古已有之，以道教最甚，道教对人的生命尤为重视，《道藏》首经《太上灵宝无量度人上品妙经》一书中就有"仙道贵生，无量度人"之说。其思想要义就是"贵生"。故，道教因"贵生"而乐于生，乐于养，善于生、善于养，可谓"养生之教"。具体表现在养生方术上，则是"寓道于术"。所以养生方术成为道教珍密之技，健康身心的源泉。"道教养生术的精华，在于以丹田运化修炼为核心，以经络气血津液畅通为宗旨，以运动锻炼内分泌腺为重点，通过炼精化气，炼气化神的过程，以达到精、神、气三宝相凝聚，身心性命相平衡为目的。"（马虹语）陈式太极拳之所以能成为当代人们养生的最佳选择，就是因为其丹田内转功法源于古代道教养生术文化。正如陈鑫在《陈式太极拳图说》中所概括的那样，太极拳是"以易为经，以礼为纬，出入于黄老"，"存于中者，如道家所言，积精累气，积气归神之谓也。人能精神充足，则心、手、眼俱到，无论任何运动，精神自足，绝无疲弊之态。形于外者，如孔子赞老子曰，老子其如龙乎……"（见该书卷首《任脉督脉论》一章。）

　　遗憾的是现实的太极拳运动中，还有一部分人对丹田内转功法的精妙不求甚解，视太极静桩功为主，一练就是几小时，其精神之可佳令人无不称赞，使人在静态中确实能体会得到立身中正，意识、动作、呼吸一致及平衡感等。但较之于拳架运动产生的效果就大大差远了。因为丹田内转功法产生的炼精化气、炼气还神、实现还精补脑的效果，是在动静结合的拳架中锻炼出来的，仅仅站住不动，体内的真气怎能随丹田内转得起来，精气神三宝怎能达得到凝聚，这是自欺欺人的练法，实不可取。固执者若忽视既练内气、又练拳势的动静相合的拳架这一活桩功，无疑犯了拣取芝麻、丢掉西瓜这一得不偿失的错误。进一步说，无论你对静桩功多么虔诚，想通过站桩来全面掌握展现拳架、推手、散手技击艺术，那是异想天开、办不到。正确的练习途径是：严格遵循拳架要领，以拳架练习为主，这样真气运行，疏通前后三关，比只练静桩、不练或少练拳架者效果更佳，同时也为学习推手、散手奠定了基本技术基础。笔者经过长期的拳架严格练习，获得的体会是：清晨起床，从不像一般人那样头脑昏沉，要赖在床上片刻，待头脑清醒过来才起身。而是醒来头脑轻松、思维清晰、神清气爽、精力旺盛。练拳得心应手，推手、散手反应敏捷，工作愉快，每天都保持一个好心情。而这些美妙，就是来源于能炼精化气、炼气还神、实现还精补脑，从而增强生命活力的陈式太极拳丹田内转功法。无怪乎，1989年第八期《气功》杂志对太极拳的妙用作了以下精辟的概括：

"导引之术，以太极拳为最完善，它集诸导引之长，刚柔相济，动静相兼，呼则吐肺腑之浊，吸则吞天地之清，仰俯屈伸，左顾右盼，何其逍遥，若把太极拳与静功兼而练之，各臻其妙，真是熊掌鱼翅相得益美了。"拳中珍品，陈照奎家传的太极拳就是最佳导引术。

传统的中医经络学说是太极拳缠丝劲法的依据

"谁吃了五谷不生病"？此言道出了疾病是伴随人的生命从新生到死亡的组成部分，而人的生命就包含生理和心理。所以，中医治病极为重视整体意识，讲究治标亦要治本。具体表现是通过望（察颜观色，看病人的精神状态，肢体有无异常、包括行动）、闻（可以"听"字之义解释，听声音、嗅气味）、问（了解病人生病的时间、有无诱因，生病后的生理和心理感受）、切（包括切脉、扣诊）。用这四种方法来全面了解病人的病情，作出符合病人的生理和心理实际情况的诊断，然后对症下药给予治疗，身体的病好了，精神上的忧虑也就解除了，这就是治标又治本，同时达到阴阳平衡。如果少用一种方法，就没有整体观念，造成对病情了解不客观，盲目诊断，开错药方，轻则加重病情，重则危及生命，这样既治不了标，更治不了本。同时认为身心健康者必能适应自然、社会、人际环境的变化，不能适应者，身体定会出现表里、虚实、寒热、邪正及心理的不平衡状态，要使身体和心理这一切不平衡的对立转化为平衡统一，除了看病要有整体观念外，还必坝遵循"阴阳平衡"治疗原则。

太极拳亦讲整体观念和阴阳平衡，拳经有云："切记一动无有不动，一静无有不静。""阴阳相济，方为懂劲。"练拳时要体现拳势的形神合一整体性，练习者须有：拳理拳法意识，拳架艺术造型意识，拳理拳法与拳技相融意识，技击艺术意识。具备这"四个意识"且与前述中的"十大关系"结合应用于拳技实践，就可以在具体的拳技实践中从总体上把握太极拳的整体性和阴阳平衡。正如马虹老师所说："打拳时要树立周身一家，内外一体的整体观，防止"单摆浮搁"之病（局部肢体动作，上下左右内外，互不协调、互不相随，不以腰为主宰，带动全身，而是手动腰不动，或腿动手不动，不是周身一家）。这就要注意在一系列的螺旋形式中的各部劲力对立统一，对称和谐是太极拳种种规矩的基本原则（基础）。为此，周身各个部位在运动中，要注意从总体上把握端正和谐、对称统一的美的造型。当然，太极拳之美，不仅在于造型，而且在心、在神、在韵、在功，做到美的造型与美的意境的相统一。打拳的人要心意纯正，拳势工整，阴阳合德，天机活泼，一片神行。"四个意识和十大关系是相互依存的，缺一不可，能完整地落实在拳技实践中，拳势的内（神）外（形）合一的整体性和阴阳平衡也就得到解决了，这与中医治病的整体观和"阴阳平衡"是相一致的。反之，若少一个意识、少一个关系，就在拳理上犯了"单摆浮搁"之病，就会导致拳势的整体性和阴阳平衡受到破坏。亦如陈照奎宗师所说："打拳一个部位有毛病，可能是全身的毛病，绝不是一个部位的毛病；""一个部位有错误，全身都不对。"而错了的拳势是没有任何价值和意义的。

精气神是人的生命力旺盛与否的宝贵物质，是为人的生活、事业服务的，或许会因工作繁重、生活压力大有大量消耗之日，亦会因锻炼和调养得当而有集聚之时，所以有散有聚，有平衡也有不平衡。人到中年，事业、生活如日中天，在单位上是工作骨干，家庭生活是中流砥柱，凡事必躬亲，精气神成倍付出。此阶段如果因为"忙"而忽略身体锻炼，会致脑细胞减少，肝肾功能渐衰，精血减少，随之而来的是记忆力衰退、思维混乱、肺活量减小、呼吸急促无力，同时肌肉松弛，腹部脂肪增厚，小肠绒毛吸收功能降低，肝脏解毒功能减弱，性功能衰弱。究其原因，是精亏气弱，血瘀气虚，气血不平衡，经脉不畅闭塞所致。中医疗法，除采用传统的针灸、推拿按摩穴位方法由体表刺激体内，调节内环境平衡外，还采用服中草药来达到益气化瘀，调整气血平衡，以便收到更好的效果。然而，常识告诉我们，任何药物都有对身体不利的副作用，且非上佳之法。

1988年10月，我刚就读于河南大学少林武术学院，因饮食不慎，突患肠炎，并因腹泻脱水而元气大伤，体重由六十公斤急降为四十公斤。经打针服药，病情有所好转，身体有所康复，也许是药物作用有限，未能完全根除而留下了炎症余患。后来教太极拳的陈有则老师说："太极拳可以治疗肠炎，只要坚持就有效果，你不妨试试。"当时正好进入太极拳内容学习，由于太极拳运动时，必须在"一动无有不动，一静无有不静"，"总须完整一气"的行功法则下，做到全身各部位关节、韧带、肌腱要像弹簧受压似的层层松沉，特别是内气下沉至小腹要饱满，行拳走架要虚实分明，呼吸自然，裆走下弧，松活弹抖等要求。同时结合丹田内转功法，使内气充盈，气血互引互行、上下贯通，让内脏在动静结合的运动中得到有规律的相互按摩，以拳练精练气、精气增强，从而达到气血、身心平衡。我因为严格按照要求练习，且早晚各练一次，基本上做到内外合一，意气劲贯四梢，增强了肝脏解毒功能，促进了小肠绒毛腺的分泌与吸收能力，三个月后经检查，炎症余患彻底根除，全面康复了身体。而更多的坚持练太极拳数年的人，结束了神经衰弱、肥胖症、血脂高等病症的折磨，亦是有力的证明。根据笔者的经验总结，治愈任何一种病症，科学的药物治疗和科学的太极拳运动相结合，才是最科学的方法，最明智的选择。如果每个人，尤其是青少年在未染病之前，就明智地学习太极拳，掌握这一科学健身法，身体力行，坚持数年，那么，就不仅是防病于未然了，而是助青少年健康发育、茁壮成长的最佳运动方式。所以，掌握太极拳或教太极拳的人，是自身或他人最高明的保健医师。如中医理论所言"上工治未病"也。

俗话说："通则不痛，痛则不通。"其义是从中医角度说明，人体内部如有不舒适或酸胀麻痛的地方，证明这一部位是因气血经脉闭塞所致，如无此现象，证明周身经脉气血畅通无阻。自然，人也就会精力充沛，神采奕奕。根据古代中医学典籍《内经》对人体经络的生理机制论，认为经络是调整人体全身平衡的重要系统。表现在人体脉引有顺逆，手足之间经脉互相连接，说明人的气血"内属脏腑、外络支节"。内外互相通应，运行如"阴阳相贯、如环无端"。功能是运气行血，调整人体内外环境的阴阳平衡。

太极拳讲究"缠丝劲"，在练习拳架时，要求动作不论幅度大小，速度的快慢、走劲的刚柔，手、腿、身法的开合均以螺旋形式出现。如陈鑫讲，"太极拳、缠法也"。而这种以"缠"为特色的运动，能使人体从内丹田到躯干四肢，乃至毛细血管都在顺逆缠丝中反复地左旋右绕，非圆即弧，处处走螺旋，起到疏通经脉，气血流畅的养身作用。与调整人体气血平衡，行气活血化瘀的中医经络学说是完全一致的。

当今市场上五花八门的吃、用保健品，书店里多种气功功法书籍，对人的身体是有一定良性作用的，但是，笔者相信，会有越来越多的人在尝试各种保健品和那些少费力或不费力的功法后，再来亲身感受一下太极拳，特别是陈照奎家传的太极拳给人带来的健康和愉悦后，一定会有"众里寻它千百度，蓦然回首，科学功法，太极拳，却在有识明师处"的惊喜。

明代戚继光的技击典籍《纪效新书》之《拳经》中的"拳之善者之三十二势"，是太极拳的雏形。

在论及三十二势之前，有必要追溯"技击"一词的来源。否则，谈到太极拳技击就成了无源之水。

"技击"一词，出在春秋战国时期。战国荀子（约公元前313—公元前258年）著《荀子·议兵篇》："齐人隆技击。"注："齐人以勇力击斩敌者，号为技击。"其意泛指骑射、击刺和徒手搏斗等攻防实战技术，沿用至近代。其间，明代戚继光在其《纪效新书》中将"周旋左右、满片花草"，"徒支虚架以图人前美观"者，称为"花法武艺"。此后，"技击"虽用为整体武术的异称，但多指军旅武术和真正可实战搏斗的技艺。

戚继光是著名爱国军事家，曾多次击败倭寇，极善总结经验，却又不拘泥于陈言旧矩，因而写出了于今为中国、世界武坛极为推崇的名著《纪效新书》。其中，"拳之善者之三十二势"就是经典名篇。其文如下：

"故择其拳之善者三十二势，势势相承。遇敌制胜，变化无穷、微妙莫测、窈焉冥焉，人不得而窥者，谓之神、俗云、拳打不知，是迅雷不及掩耳，所谓不招不架，只是一下，犯了招架，就是十下，博记广学，多算而胜。"此文扼要论述了以拳架形式出现的三十二势一环扣一环的连贯性及死招活用，"遇敌制胜"的技战术。由上可见，拳架与技击关系密切并相互作用，而不是截然分开的两个系统。

现将"三十二势"详列于下。

一、懒扎衣出门架子，变下势霎步单鞭，对敌若无胆向先，空自眼明手便。

二、金鸡独立颠起，装腿横拳相兼，抢背卧牛双倒，遭着叫苦连天。

三、探马传自太祖，诸势可降可变，进攻退闪弱生强，接短拳之至善。

四、拗单鞭黄花紧进，披挑腿左右难防，抢步上拳连劈揭，沉香势推倒泰山。

五、七星拳手足相顾，挨步逼上下提笼，饶君手快脚如风，我自有搅冲劈重。

六、倒骑龙诈输佯走，诱追入遂我回冲，凭伊力猛硬来攻，怎当我连珠炮动。

七、悬脚虚饵彼轻进，二换腿决不轻饶，赶上一掌满天星，谁敢再来比拼。

八、丘刘势左搬又劈掌，来脚人步连心，挪更拳法探马均，打人一着命尽。

九、下插势专降快腿，得进步搅靠无别，钩脚锁臂不容离，上惊下取一跌。

十、埋伏势窝弓待虎，犯圈套寸步难移，就机连发几腿，他受打必定昏危。

十一、抛架子抢步披挂，补上腿哪怕他识，右横左踩快如飞，架一掌不知天地。

十二、拈肘势防他弄腿，我截短须认高低，劈打推压要皆依，切勿手脚忙急。

十三、一霎步随机应变，左右腿冲敌连珠，凭伊势固手风雷，怎当我闪惊巧取。

十四、擒拿势封脚套子，左右压一如四平，直来敌逢我投活，凭快腿不得通融。

十五、井拦四平直进剪，臁提膝当头滚，穿劈靠抹一钩，铁样将军也走。

十六、鬼蹴脚抢人先着，补前扫转上红拳，背弓颠被揭起，穿心肘靠妙难传。

十七、指裆势是个丁法，他难进我好向前，踢膝滚蹭上面，急回步颠短红拳。

十八、兽头势如牌挨进，凭快脚遇我慌忙，低惊高取他难防，接短披红冲上。

十九、中四平势实推固，硬攻进快腿难来，双手逼他单手，短打以熟为乖。

二十、伏虎势侧身弄腿，但来凑我前撑；看他立站不稳，后扫一跌分明。

二十一、高四平身法活变，左右短出入如飞，逼敌人手足无措，凭我便脚踢拳捶。

二十二、倒插势不与招架，靠脚快讨他之赢，背弓进步莫迟停，打如谷声相应。

二十三、神拳当面插下，进步火焰攒心，遇巧就拿就跌，举手不得留情。

二十四、一条鞭横直披砍，两进退当面伤人，不怕他力粗胆大，我巧好打通神。

二十五、雀地龙下盘腿法，前揭起后进红拳，他退我虽颠补，冲来短当休延。

二十六、朝阳手偏身防腿，无缝锁逼退豪英，倒阵势弹他一脚，好教师也丧声名。

二十七、雁翅侧身挨进，快腿走不留停，追上穿庄一腿，要加剪劈推红。

二十八、跨虎势挪移发脚，要腿去不使他知，左右跟扫一连施，失手剪刀分易。

二十九、拗鸾肘出步颠剁，搬下掌摘打其心，拿阴捉免硬开弓，手脚必须相应。

三十、当头炮势冲人怕，进步虎直撺两拳，他退闪我又颠踹，不跌倒他也茫然。

三十一、顺鸾肘靠身搬打，滚快他难遮拦，复外绞刷回拴，肚搭一跌谁敢争前。

三十二、旗鼓势左右压进，近他手横劈双行，绞靠跌人人识得，虎抱头要躲无门。

以上三十二势，与我们今天研习的太极拳，尤其是问世最早的陈式太极拳，有很多相同的势名。在《中国武术史》（习云太著）有关太极拳一文中，就有"三十二势中，太极拳就采用了二十九势"。"同时陈家沟的拳经总歌部分理论也采用戚继光的《拳经》，从而有力地证明陈家沟拳谱采取了《拳经》内容"的论述。

上述太极拳的来龙去脉，我们从文化的角度作了一番探讨，由于人是太极拳的主宰，因此，还应从"人"的角度来探讨一下，是个人创造了太极拳，还是集体创造了太极拳。

关于太极拳是谁创造的问题，历来就存在时势造就英雄还是英雄创造时势两种不同的观点。中国的太极拳，是个人创造还是集体创造的呢？

《易经》说："太极生二仪。"《老子》说："一生二。"古代圣哲告诉我们，无中自然会生出有来。开始生出的"一"，自然又会变化成"二"，即所谓"两仪"，然后"三"，以至"万物"。个人和集体，英雄和时势应是同步之"二"，二者可以略有先后，或甲在前，或乙在先，虽然存在大与小、局部与整体的区别，主要还是同步相生的合作关系。最妙的比方是个人百米赛跑和4×100米接力赛：听到发令枪响，数人同时起跑，然而由于每个运动员的运动神经反应程度和训练水平有差异，起步必然有先后，结果必有一人先到终点。先起步、先到者可谓造就时势之英雄，即如创造太极拳之个体；而4×100米接力赛是集体项目，共同完成此项目之四人集体，亦可谓历史之时势，即如创造太极拳各流派之众人。整体看为集体，局部看为个人。以太极拳创造的实际来论，太极拳的创造和发展必然是大家的意愿和合力，然而开始必有某一个人先实践。形成了太极拳雏形后、又必有一个使实践经验上升到理论的工作要做，固然可以众人讨论拟定提纲内容，然又必有一人先执笔立论。据此事实而言，太极拳的创造和发展、总体看应为众人合力的结果，正如毛泽东所说："人民、只有人民才是创造世界历史的动力。"个别看应为某一个人的成就。因此，不能否认陈王廷对太极拳作出的贡献。总而言之，太极拳的创造和发展，实则是个人与多数人共同努力的总成果。

　　太极拳的起源，肇于自然而"象形取义"。拳理、拳法、技术结构的构思、组合、变化至无穷无尽的繁衍，是奠定在掌握传统文化精髓的无数明师不断实践、不断总结并已取得拳学成就的基础上。从借鉴戚继光的《拳经》到终成现在一个科学、完整、庞大的体系，是以自然为起始、集历代集体和杰出人士的太极拳学心得体会而凝结的。

　　古人曰："察其物形，得其文理，故谓之文；母子相生，孳乳寖多，因名之文字……日月星辰，天之文也；五岳四渎，地之文也；城阙朝仪，人之文也。字之与书，理亦归一，因文为用，相须而成。"此明文字字义之肇于自然。而太极拳这一武术文化亦因肇于自然而创造，并随着时世的推移不断衍变发展，不同流派因有自己的杰出代表而尽显拳理独特之见解，亦因练法各异而尽展拳法演练风格各领风骚。纵观太极拳理、拳法的衍变发展，总是从简易至繁难，又从繁难而趋省略，再至浓缩后的精华。例如：陈式拳系的拳架就是从摹拟戚式"三十二势"中的二十九势（简易）发展至《太极拳的历史和形成基因及原理》一文所述的三个拳架（繁难），再经提炼而成为以陈发科为代表传播至今的一路拳（八十三势）、二路炮捶（七十一势）《陈式太极拳体用全书》（陈照奎讲授，马虹整理），此外，还有从陈发科学拳的侄儿陈照丕传出的经过多年演练形成的七十五势一路拳和四十三势二路炮捶这一分支，其他流派也同样如此，几经反复而衍化出属于本拳派的精华拳架。

太极拳通过不同时期的杰出人士用心创造，逐步发展成不同特色的体系。从走进专业赛场和业余运动场的拳架来看，有陈、杨、武、吴、孙等风格流派。现将有代表性的五大流派拳架特点简介如下：

陈照奎宗师所传拳架特点：身法端正，拳走低势；对称和谐，充满哲理；顺逆缠丝，非圆即弧；丹田内转，胸腰折叠；刚柔相济；松活弹抖；虚实谐调，轻沉兼备；快慢相兼，节奏鲜明；注重呼气，内气鼓荡；技击性强，式式讲用；力的旋律，美的造型。

杨式特点：身法中正，结构严谨；舒展简洁，动作合顺；轻灵沉着，由松入柔；刚柔相济，连绵不断。

武式特点：姿势紧凑、动作舒缓，步法严格虚实分明，胸、腹部的进退旋转始终保持中正，全用内动的虚实转换和"内气潜传"来支配外形；左右手各管半个身体，不相逾越，出手不过脚尖。

吴式特点：轻松自然，连续不断，小巧灵活、由开展而紧凑、不显拘谨，以柔化为主。

孙式特点：进退相随，迈步必跟，退步必撤；舒展圆活，敏捷自然，虚实分明；似行云流水，绵绵不断；逢转身必以"开""合"相接。

细察上述流派拳架特点，陈式拳不仅保留固有的松活弹抖、胸腰折叠等特色，亦具有其他流派拳架所要求的松柔等特点。而其他流派拳架的特点则相互大致相同，只是说法微有区别，主要共性是大松大柔，这是在不失技击术的前提下，侧重于养生保健而考虑创编的。比较而言，陈照奎家传拳架既适合中老年人保健，又符合青少年爱好技击的兴趣，真乃拳中珍品也。

各派太极拳，除了前辈们传下来的"传统"拳架外，还有中国武术研究院编定的"竞赛"拳架以及段位教程。各派传统拳无论大架与小架，其技术较繁难，重复动作较多，演练时间较长，能体现拳学者的功力和技巧，能参加专业比赛和交流。而各派"竞赛"拳和段位拳是在原有传统拳的基础上浓缩而成，要求原则是：保留原有技术风格，保留基本动作和典型动作；删去原拳架的重复动作、特点不突出的动作，减去某些难度动作。另外，还有一个集陈、杨、吴、武、孙五派典型动作创编的竞赛拳架。这些竞赛拳架与传统拳架相较，可谓之继承与复古，反映了当今太极拳的技术水平，不仅内容充实、动作规范、结构严谨、布局合理，而且动作数量、组别、时间等均符合竞赛规则要求。是国内外太极拳比赛的规定范本。对太极拳的普及和提高能起到积极的促进作用。从竞赛拳架和段位教程这两个范例，可以了解到太极拳丰富多彩的面貌，看到我们的先人和当今太极拳专业工作者在拳学创造发展上所花的心血和取得的成就。

"竞赛和段位"拳架之形成，主要是出于尽快使太极拳走向奥运会而制定的一个有远见卓识的战略决策。但凡能起到省事便利作用的事物，都有发生与存在的可能与必要。

太极拳无论是"传统"或"竞赛"以及"段位"拳架，动作编排有长短，运动空间有广狭，动作幅度有大小，技术结构有繁简，不可概齐。但能各自就其体本，尽其形势，拳势虽略微异形、拳套殊致，乃能极其自然，令人有意外之想。以我们先人的圣智和当今拳家的聪明，创造出来的太极拳之拳势形态具备了自然多样变化且又统一美观的拳技、拳法。拳理、拳法的繁衍，变化出各种风格的拳架，成为太极拳艺术丰富奥妙的基本源泉。在这样坚实的基础上，尽太极拳者愉悦之心情实践而现拳势异形、拳法变化、拳套不同、拳路有致，太极拳的美学价值得以充分发挥，遂令人叹为稀有，而有意外奇迹之想了。

传统与现代拳架的创造及演练风格的多变，拳理的创作和拳法艺术的造意不能说不是中华民族的一大骄傲。古代圣哲提出"以人道率天道"，"先天而天弗违，人道之功大矣"。面对人创造的可爱的太极拳，不由使人想起刘过《襄阳歌》中的豪言壮语"人定兮胜天"。确实，人类无愧为"三才""三道"之一，无愧于天地之同生同德。

四、自然是太极拳的根本

自然是太极拳的本源。太极拳是人根据自然之理创造的，人是天地自然合气而化生的，所以说自然为太极拳的本源，为太极拳之根本所在。

老子说："人法地，地法天，天法道，道法自然。"这是讲明人类进德修学的次第程序，讲明人类进道而至最高的境界，必与道和自然打成一片，而以"天人合一"为极则。站在太极拳学的地位来谈太极拳的上乘境界，谈太极拳学的修学层次，应在老子所说的"人法地"之前加上"太极拳法人"这一节文字，而为"太极拳法人，人法地，地法天，天法道，道法自然"。如将全文精简概括，则"太极拳法自然"一言而已。太极拳法自然，这是太极拳道之能事的全部与终极的追求了。

自然，是天然；自然而然，指宇宙间非人为的又包容人为的本然状态。古人曰："天动不欲生物，而物自生，此则自然也。"又曰："天地任自然，无为无道，万物自相治理。"太极拳之道以明理为开始，以人为主宰，以文化为基础，以自然为指归，终于无为无造，不欲拳而自拳，不欲成而自成，不欲神而自神，则为太极拳学的上乘境界，最终理想。

从自然总的根本来看，拳道人道无非是自然之道，站在拳道的角度看，自然有自然之道，人有人之道，太极拳有太极拳之道。太极拳之道虽以人道，自然之道为统率，为依据，为最高之表现形式，但毕竟不是人与自然的全部内容，而以人、自然的理法道意为用，从而自成一个体系。太极拳之道虽独立成为一个体系，然而毕竟是人为的，是自然能量所分化的．总离不开人和自然的意志，离不开人与自然的精神。大道贯通小道，小道无非大道，大小分合之际，太极拳的妙道就在其中了。

自然既为万物之本，为太极拳之本，对自然大道的体认和感悟当然是太极拳学的重要之环节。

北宋初道教学者陈抟（希夷）所著《先天图》是理学的理论基础，对后世影响很大。陈鑫的《陈式太极拳图说》与《先天图》就是一脉相承的关系。陈抟说："无极而太极。"无极为自然本体之代名，太极为道之代名。道是自然而然形成的，道与自然的转换作用是先天形成的。陈抟又说："太极动而生阳；动极而静，静而生阴；静极复动，一动一静，互为其根。分阴分阳，二仪立焉。"这就是一阴一阳谓之道。道为一，一生出来而成阴阳二仪。阴和阳是自然界中两类最为基本的性质。这两类性质互为其根，相生相成，至极而变，变极又复。陈抟对自然界的变化所持的观点是："阳变阴合，而生水火木金土，五气顺布，四时行焉。五行一阴阳也，阴阳一太极也，太极本无极也。五行之生也，各一其性。无极之真，二五之精，妙合而凝。乾道成男，坤道成女。二气交感，化生万物。

万物生生而变化无穷焉。"阴阳二气交感，五行相生便衍化出无穷万物。《黄帝内经·素问》言："阴阳者，天地之道也，万物之纲纪，变化之父母，生杀之本始，神明之府也。"自然界中两种最基本的气体物质就是阴和阳，这两个方面合为一个整体。

阴阳生物，必先有天地与五行。朱熹说："天地初间只是阴阳之气。这一个气运行，磨来磨去，磨得急了。便拶许多渣滓；里面无处出，便结成个地在中央，气之清者便为天。"阴阳二气相关，似水与火相碰，会引发声响动力，会产生新的气体物质。

古人认为，自然就是气，气便是道、便是自然。先哲们说："通天下一气耳。""凡虚空皆气也，聚则显，显则人谓之有；散则隐，隐则人谓之无。"而现代科学对自然现象的解释，认为无非是"细胞""原子"的分化组合，这也许是对古人所谓"气"的性质另一种解释和发现吧！

按自然就是气的说法，自然无形之物质即为天，自然有形之气体即为地，天地之气派生之万物，都包含有天与地之物质。"阴中有阳、阳中有阴"这一微妙的规律被古代先哲发现，确认地上的微细物质，天上有之，而天上的微细气体，地上亦有之。阳光下能见空气中之细尘，可见天之有物质；地下物质经放大可见到，说明地之有微气。我们可以做一个科学试验，将一枚针的尖端部位用精密显微镜放大到几十倍再拍成照片，可以见到此刻精密坚挺之针端，居然会有如假山石般大小不同的很多气孔。根据这两种事实，可见天上有地面的微细物质，地面有天上的微细性质，亦即阴中有阳，阳中有阴，只是我们的肉眼视力有限不能精察而已，故不能明见宇宙中有无相生互化之实相。

人与太极拳法是自然衍化的产物，拳道是人与自然合运的硕果。人类通过"肇于自然""造乎自然"的双运不断努力，建立起太极拳法艺术的完整形象。

自然运而有天与地，拳道运而有形质与神意。拳法的招势痕迹，如同自然之地的性质；拳法运动中的气息效果，如同自然之天的性质；拳法的形质与神意，实则是"太极拳法自然"的成果，全由取法自然而立天地二仪所得。拳论曰："拳之妙道，神气为上，形质次之。兼之者方可绍于古人。"这是讲明阴阳合气方能成全拳道。拳论又言："拳必有神、精、意、气、劲、五者阙一，不为成拳也。"此又以人道建立拳道。神精意气劲为人之五性，究其本源，实为自然五行之金木水火土。故，自然天地的性质，为太极拳法性质的根本依据和源头。历史上的陈长兴、杨露禅等之所以成为一代拳圣，与闻乎道而齐于自然这一大因素密切相关。

自然之道为阴阳相生之道，动静互为因果之道。拳法之道法于自然而成相生之理。拳法之道千招万势，皆始于无极，皆始于一气贯之；一气贯之，就是从无极静功开始产生太极拳行功，然后又复回至太极。一气贯之，可以身法衍化出拳势运动转关相接之痕迹，欲左先右、欲右先左、欲上先下、欲下先上。即所谓拳势的生化须左右上下自然兼顾；而拳势之间的衔接，应上势皆覆下势，下势以承上势，使拳势递相映带，无使势背。即所谓拳势相生贯通而动静互为其根。陈长兴说："夫太极拳者，千变万化，无往非动、势虽不侔，而劲归于一；夫所谓一者，自顶至足，内有脏腑筋骨，外有肌肤皮肉，四肢百骸相连而为一者也。破之而不开，撞之而不散，上欲动而下自随之，下欲动而上自领之，上下动而中部应之，中部动而上下和之，内外相连，前后相需，所谓一以贯之者，其斯之谓欤！"这是说拳法之道的理与法，总以自然之理与法为指归。

相生成势。陈鑫说："太极二仪，天地阴阳；开辟动静，柔之与刚。屈伸往来，进退存亡；一开一合，有变有常。"此言说明拳法运动中产生的形与意之势来源于自然之运。自然之运来源于阴阳动静交替之动势。当今太极拳在世界上之所以这样热门、迷人、可爱。是因为太极拳功法中有一种"无极自发动功"的功法，此法是通过意识的能动作用，消除全身不必要的紧张状态和激动颓表的情绪，来调节身心健康，获得精神愉悦。根据太极拳理，自然与人相对应，天地间有自然而然的自发运动，人类亦有自然而然的自发运动。人只要进入一种松静的状态，自发运动的现象就会出现，并由微动至小动，而至大动，然后逐步还原至微动，以至不动。这种自发运动之神奇，为常人所未曾经历体验。深于拳道实践的拳家都会有这样一种体会，最佳演练状态亦往往生发于自然放松、无所渴望的状态，在这种状态下常能轻而易举地发挥出平时难以达到的技艺水平，练出自己想像不到的妙劲来。从自然之理与太极拳理来看，这是一种先天的现象，是舍去后天的主观思想和习惯之蛮力陋习，而回归自然，引发先天功能的正常功效。

拳法中多虚实、左右、先后、刚柔、快慢、上下、内外、开合、顺逆、前后等变化对等的术语和方法，拳法的变化来源于自然之理而产生拳法的静功和动功法则规律，是自然生化的法则和效果。这些规律不仅可以从自然中得到证实，并且可以在无极自发动功中加以验证。有明师曰："拳有自然之形，法有自然规律；顺法之规律，则拳形成；尽法之规律，则拳法妙也。"拳法一道在尽人工之能事的同时，尤其要体悟自然之道理，顺应和运用自然的法则规律。要体验"无为无造、万物以自然运"的天工，就必须以自然之道、理、法、象、意、形、势等法则规律，来进一步验证拳法之道、理、法、象、意、形、势，法乎自然、同于造化，以执自然之牛耳，便有不欲造拳而造拳，不欲拳神而拳神的得道征候。

先哲说："志于道""道法自然"。道与自然，为万有之本，天下所归。道以自然为法，人以自然为则，拳法亦以自然为本。与道背驰而行，与自然相背而动，便是失道，失道即是无德，失道则会私欲膨胀，失道会使人虚伪像涂满润滑油一样。古代圣贤以"天机"与"人欲"来区别人品的高下圣凡，拳品亦以"天然"与"功夫"来定拳家拳法的上下优劣。天机与人欲虽同出一心，然而有道与无道，有德与无德就是由此而区分的。

人生在世，因红尘浸染太久，往往为名缰利锁所缚，为世俗之复杂见闻知觉所困惑，某些学拳者因此在学拳问题上学法茫然不明就里，认为掌握了一点拳架和推手的技能，功夫就到上乘，拳法已臻大家，殊不知这是小人失于道、悖于自然，得"形"忘"意"昧于成法的表现，使拳法至理隐而不显，拳法之道与自然之道如是两条不同方向之路，正是学拳者往往南辕北辙，不能到达上品拳法境界的主要根源。

五、太极拳的上乘境界（一）

世间上的事物都不可能"一碗水"端平，同样是读书求学问，有的人成绩好，有的人成绩差。成绩好的可以获得学士、硕士、博士等学位；成绩差的自然与这些桂冠无缘。太极拳比赛有冠军、亚军、季军名次之分。然而冠军只有一个，能否登上冠军奖台，就要看参赛者的太极拳是否符合拳理和竞赛要求，是否能以出众的功力和演练风格征服裁判和观众。因此，对太极拳的标准问题，作一个上品、中品、下品的评判与评定，学习与取法的探讨是非常必要的。不如此，难以分伯仲。

古人论做人的品质等次，有"上士、中士、下士"之分。现实中的我们对人的品质高低的评判，常以"素质高与否"一词来衡量，受过良好家庭教育和学校高等教育，有广博的知识，有丰富的社会人生经验，能辨别善恶是非，在某一文化领域中有突出的专业能力，对国家和人民利益作出贡献的人，是高素质的人。如古人言："上士也"。与此相反，缺少良好家庭和学校教育，不思进取、毫无一技之长，只需人人为他、他不为人人，整天沉溺于酒色财气之中，对社会无一点奉献的人，是低素质的人。甚至连古人所言"下士"也不及。无疑，一个人要从"下士"至"中士"再至"上士"这样次第前进，成为高素质的人，家庭教养和学校教育是非常关键的。但更重要的是洁身自好，以自学为终身教育，不断学习、吸收新的文化知识丰富自己，勤于实践，提高文化修养，只有这样才能"学而优则仕"。不如此，难于谈及"修身、齐家、治国、平天下"。道家与佛家做超脱世俗事业，是以地仙、天仙、金仙和罗汉、菩萨、佛陀三重境界来衡量。无论做什么行业、研究什么专业，从基础到高层的分析评定，上乘境界的论证落实，是对以前的"知"与"行"的客观总结，是未来的事业能否在正确道路上继续发展的重要参考依据，是追赶乃至超越前人的必备条件。当然，与此同时"前事不忘、后事之师"和"先觉觉后觉"的意义也就在其中了。

先人们在创造、完善太极拳的同时，也在力求正确拳理的总结。历史上的陈长兴、王宗岳、武禹襄、李亦禹等明师不仅有杰出的技击功夫，在理论上亦有卓越的造诣，写出了很多精辟的论著，为后人学拳提供了正确的指导性文件。可惜！当时的"武举"考试没有太极拳内容，使太极拳失去了应有的一把交椅。故无明师们的正式名位，也就没有太极拳家、拳法的品鉴和地位，他们的神奇功夫只有在民间传颂，因而形成了有拳无品的状态。这种状态历经漫长的岁月，直到20世纪50年代才改变。在国家体育委员会（现国家体育总局）武术运动管理中心的重视下，太极拳才登上高等学府和专业赛场的大雅之堂，才有对太极拳艺术、太极拳家的评判和研究；而通过竞赛来决定太极拳技艺质量的高低，使参赛者获冠、亚、季军称号是1975年开始的。拳家的名位按武术七段、八段、九段（品）

位制来评定（最高九段泰斗级）是1994年才形成制度遵循的。这是有志于太极拳研究的明师们值得欣慰的事，这是迟到的春天，虽然晚了点，但从此后前途将无限光明。

现代人因为认识到太极拳的可爱、迷人，对太极拳法艺术审美的意识逐步觉醒、鉴赏能力不断提高。在太极拳界，由于学拳起步的早、晚，个人的文化素养，拳理的理解和拳法实践程度的深与浅等因素，故有"内行亦有层次之分"一说。因而对拳法的审美大致有两种倾向：初学者和虽有一定基础，但对拳理理解不深和实践程度不够的爱好者，一般偏向于拳势形态是否有端丽的造型；而对拳理理解正确、全面、深刻，拳法实践程度深的爱好者，则偏重于拳法的精致是否包含所有太极拳理，是否有太极拳的神韵。相比之下，显然后者层次高于前者，因能从太极拳理的整体角度对拳法审美。但是二者的倾向以拳法审美的总的情势来区分，不排斥二者在一定程度的兼而有之。事实上，真正的明拳理之拳家演练的拳法，是"形似"与"神似"的高度统一。

关于评价人物，古代儒家经典《论语》中有"上智""中人""下愚"的等级差别。这是品评人物高下优劣的上、中、下三种方法。《汉书》的《古今人表》中，又将上、中、下各品划成上、中、下三等，从而奠定了九品的等级原则——来对人物进行高下优劣的品鉴。魏代的统治者为选拔人才而采用的"九品中正制"就是依据九品的方法进行的。而现在武术竞赛场上对太极拳法的评判，对太极拳家的品评方法，无疑是受上述品评人物的原则启发、借鉴于前人的品鉴套路制定的。

品评拳法可从两方面着眼，一是着眼于拳法的形势，主要是有练拳者能否做到"立身中正"这一基本要求。因为拳理的贯穿是建立在"立身中正"这个基础上的。陈长兴有"牌位先生"之称，能在万人拥挤之中立足而不被挤倒，足见这位拳圣的深厚功力是奠基在"立身中正"之上，故"立身中正"在拳法中的重要性是不容置疑的。若失去"立身中正"这一前提，拳法的其它要领和风格及人为的精美造诣就难以评判。所以，"立身中正"是每个学拳者必须遵循的首要。二是着眼于拳法的情性神采。陈鑫说："一片神行之谓景。景不离情，犹情之不离乎理相连故也。心无妙趣打拳，则打不出好景致。问何以打出好景致？始则遵乎规矩，继则化乎规矩，终则神乎规矩。在我打得天花乱坠，在人自然拍案惊奇。里面有情，外面有景，直如天朗气清，惠风和畅，阳春烟景，大块文章。处处则柳弹花矫，招招则山明水秀，游人触目兴怀，诗家心驰神往，真好景致！拳景至此，可以观矣。"可惜！咸丰年间还未有摄影这一科学技术，未能留下陈长兴、杨露禅二位拳圣的风采。如以他们功夫的精纯，去推测拳法的质量，无疑该是上品，所幸的是，陈发科、陈照奎、马虹及其他拳家的拳照留下来了，他们的拳照充分体现了拳理，表现出深厚的功力，或浑厚沉稳、气魄雄伟，或刚柔相济、潇洒飘逸，或兼而有之。不仅是后学的楷模，亦是我们品评拳法的珍贵借鉴。他们的拳法也许未达到上述二位拳圣的上品境界，但就同一时代的人相对而言，亦理属上品。当今太极拳的普及已超越国界，这是一件好事，因为出现急于求成，拳理研究不够，"拳味"不浓，拳法不尽如人意这一普遍性问题。故居下品者多数，甚而连品级也不够格的大有人在，这类同道多属没有得到真传的业余爱好者，至于达中品或上品者，也不乏有人，一是得到真传，有较深厚功力，并能著书立说的明师；二是得到真传，并能通过竞赛规则要求，获得国家级或世界级比赛的冠、亚、季军名次的专业运动员。由此我们可以得出一个合理的逻辑，科学文化是随着社会发展而发展的，太极拳学亦不例外，拳法及拳家的上、中、下三等级标准评判，将是不同时代相对而言的一个客观存在。而且人为的拳法流风逸韵，是一代胜过一代。

古代书法家张瑾在《书断》中论书法的神、妙、能时说："包罗古今、不越三品。"宋体朱文长在《续书断》中进一步阐明张式三品之说时明言："此谓神、妙、能者，以言乎上中下之号而已。"王宗岳论拳法说："由着熟而渐悟懂劲，由懂劲而阶及神明，然非用力之久，不能豁然贯通焉。"不难推断，"着熟""懂劲""神明"是拳法上中下之代名。达神明者上品第一，懂劲者中品第二，着熟者下品第三。"着熟者"手、眼、身、步法协调一致，动作路线与起点、运劲路线、角度、方位、变化、落点均正确纯熟；"懂劲者"拳架、推手技法运用渐熟，无须思索即产生本能条件反射，形神合一，对方来劲路线，亦无须刻意辨认，肌肤即能感应，周身各部位反射之机能，灵敏异常；"神明者"太极拳所有技法均化为内在定力，以精神控制外物，注重精神修炼。实战中，已达似手非手、处处似手，挨何处，何处击，拳无拳，意无意，无意之中是真意的技击艺术境界。正确、深刻、理解"着熟""懂劲""神明"这三重拳法的实质，可以从中体会到太极拳审美这一专课，早已包含在先人们的拳论中，剩下的是我们认真、细致地去发现、挖掘、领会、付诸于实践，用身体语言和精神气质完整地去表达太极拳艺术。

历代评论拳法，有说"拳圣"的，有说"正宗"的，亦有说"神品"的，称谓虽不同，却是指一回事，即拳法的上乘境界。

现代太极拳家、拳法，以陈式拳为例，陈发科、陈照奎、马虹等为上品大家，神品第一，后学似无疑议。从现今尚能见到的有关这些明师与友人交流的资料来看，其中以20世纪30年代世人公认的"太极一人"陈发科为最。1928年，陈应许禹生之邀到北京教拳，其时之北京太极拳风甚浓，京城武术界有很多在太极拳技击上造诣颇深的名手，听说来了陈式拳的掌门，都很想窥见陈式拳技击的奥秘，亲身感受一下其味道，于是有人约请较技；陈因自小生活在知书达理家庭，受传统文化的熏陶，气质颇具儒风，不想与同道因较技而有矛盾，一再婉言拒绝，甚而表明为了武林友人的和气，宁可回陈家沟；也许习武之人最大的愿望就是同技击功夫最好的人较量，才是最大的快事，同时可找出自己的不足，以提高自己的技艺。对这千载难逢的机遇岂能错过！于是友人再三登门请教，陈为了证明家学乃有用之术，毅然决定一试。约定在中山公园来今雨轩为比试地点，双方见面先致礼问候，随后搭手较劲，陈一面走化，一面抵住后退，对方不知这是一种谦让，亦是一种战术，以为得手，便连连进步紧逼，到靠近墙壁不能再退一霎间，陈以敏捷的身步法同对方调换位置，同时将对方轻发于地，但即刻又用旁人难于察觉的灵活之手法将对方提领站立，对方亦乃聪慧之人，顺势握手言和，而心中则感激佩服之至。

有一次许禹生主持北京的武术比赛，请陈当顾问。论及散手赛时间，有同道提出以15分钟为限，陈说时间太长，他认为嘴里念"一、二、三"三个字，甚至只念一个字就应决雌雄。当时一技击功夫颇深的名手李剑华犹豫地说："能那么快吗？"陈说："你不信，咱们试试看。"于是李进招至陈胸前，只见陈略转身闪电般发肘，把李打起尺许，撞在墙上将墙上所挂相片镜框震碎但人却不受伤。

李起来笑着说:"信了、信了,您这一下把我的魂都吓飞了。"

比赛中间,有誉满京城的跤王沈三莅临。两大师见面,互道仰慕后,沈坦诚地对陈说:"我们摔跤的对太极拳没有了解,总以为是活动活动身体,而不是武术,如抽签恰好与摔跤的抽在一起,该怎么办?"陈笑答:"当然也该有办法,比如过去临敌,岂能挑选对手?不过,我却不一定准能应付。"沈说:"咱们研究研究。"随即,陈将两臂故意伸出叫沈抓住,观者正欲看精彩比试,不料没三秒钟,二人相视哈哈大笑,却结束了。两天后的晚上,沈提礼物来看望陈。……一见面,沈就说:"那天多承陈老师相让,感谢,感谢!"陈笑说:"哪里、哪里,彼此,彼此。"……沈激动地伸出大拇指对陈的学生说:"嘿,你们老师属这个!可好好跟他学吧!陈老师不但功夫好,而且人品更好!你们认为那天俺俩没比赛吗?'行家一伸手,便知有没有'。陈老师让我抓着他的两只胳臂,我想借劲借不上,想抬腿也抬不起来,我就知道他的功夫比我好多了。这时陈老师要摔我,一摔一个准儿,可他当着众人却给我留下面子,背后又没有宣扬,真够朋友!今天,我特来表示感谢!"

还有一次,陈发科与友人谈论拳学时,无意中说到陈式拳之野马分鬃,步法、手法矫捷灵活,可破枪法,闻者疑之,坚请一试,陈为植信武术界,应允试验。在北京城西直门外广场,对方请精于枪法者,持枪而进,陈服长袍垂手而立,进者先发一枪,先师屹立不动,其实已知是虚枪,对方继而发第二枪,其势真间不容发,直刺陈胸部,陈从容不迫,但见一转身之间双手已执住对方枪杆,右脚提起紧贴于对方执枪杆之手,如一发劲,则对方必脱手而扑也。闻观者均同声喝彩,叹为观止,不知世上还有如此神速之手法、步法。从陈与几位友人较技的情景事例来看,足见这位拳圣的拳法已奇妙到何等神奇的地步。武术诗人杨敞(季子)有诗云:"都门太极旧尊杨,迟缓柔和擅胜场,不意陈君标异帜,缠丝劲势特刚强。"这是对陈发科的拳法劲道的高度概括赞美。怪不得在京城名气很大,心气很高的太极拳家许禹生会向陈发科学拳。对陈的武学、品德评价极高的还有精吴派太极拳的刘慕三、评剧武生泰斗杨小楼、武学史家唐豪、刘瑞苦等京城武林界的风云人物。在这些武林志士的眼里,陈式的拳法好像名山大川,妙物胜景一般,愈游愈奇,愈玩愈悦,极尽万物之异象,如同自然之生态。确实给人一种万物交融并生之气象。当今国内外武术界研究陈式太极拳,陈发科遗留的一路拳和二路炮捶的拳照是重要的参考资料,这些拳照可与陈长兴的拳论同列榜首,允为后学之表率,永作武学上品之典范。

　　拳法既有高下,学法必有选择,古时孔孟直以尧舜为尚,厉神皆以成佛证道为功。孙禄堂曰:"拳法之事说到底就是一气而已。以体言之,则为善养浩然之气,以用言之,不过是一气之伸缩往来。"要得到这神明的"一气",学法应居于明师的武学思想,亲传口授,行万里路,读万卷书这一"取法乎上"的基础上。陈发科自从在京城成名后,独步武林几十年,与人较技未曾一负,以其精深的家传拳学成就,成为武林界长期以来尊称的"太极一人"。究其原因:一是有既是严父又是明师的陈延熙的亲传口授,吸收并总结了父辈们的武学思想;二是自身武学慧根实足,艺成后与陈家沟同一时代的技击高手的不断切磋,印证、丰富了自己的技击术。当然,陈发科没有行万里路,读万卷书的经历。但是,从陈王廷的沙场浴血征战、读万卷书,到陈长兴走镖山东与无数技击高手的较量及读书万卷所凝结而成的武学智慧,已经其父陈延熙的血液遗传传入了陈发科的生命中。所以,陈发科的武学真正是源远流长,其遗传渗透作用非常人可比。这位拳圣的学习环境经历及取得的成就,明白地告诉后学,要想在武术文化领域中有造诣,学法惟有"取法乎上"。细致一点说:如果你不具备家传这一条件,你就必须有明师;如果你不具备武学天资,就一定要读书明理。当然,既是家传又是读书明理,学拳即如虎添翼。反之,既不是家传也无明师,又不读书明理,更无习武之天分,就不善辨真假明师,就会盲目地向那些胸无点墨,无真才实学且又爱夸夸其谈,好为人师的人学习,结果是导致自己的理想破灭。这是"法乎下"的做法,不可取。陈发科的武学成就证明,他是善学、善思、勤于实践的人中骄子。对武学孜孜不倦地追求,直以"取法乎上"为原则,而法乎下不可取之意已在其中了。

　　拳品之学将历代拳家、拳法分辨高下优劣,分列出上神、中妙、下能之属的等级差别,尤其是对陈发科这位已达上神拳品的再三颂扬表彰,推波助澜地导致拳学必须面对"取法乎上""取法乎中""取法乎下"这一现实问题,于是也就有了"法乎上""法乎中""法乎下"的比较和鉴别。

第一章　明理第一

"取法乎上"最合常理。以当教师而论，根据时代对教师要求，有大专学历者才具备小学教师的资格，有本科学历的才能具备初中教师的资格，有研究生学历的才能具备高中教师的资格，；照此推理，学中等的只能得到下边的，学上等的方能达到中等的，于是"取法乎上"便作为取法之上法而成为拳学的座右铭，拳学的无上咒。然而，"取法乎上"作为历代拳学的同识共论，极少有人看到它存在的问题而提出异议质疑，极少有人看到它给拳学带来的严重危害性质。

取法乎中仅能得到下，取法乎上只能得到中。每观自太极拳问世以来的拳论文章，确实无一章、一节清清楚楚地阐述过取法乎什么方能得乎上。拳法最上最高的境界究竟怎样才能企及呢？人们常议论人死后是否会出现每个人的过去与未来的生命历程景象，这是人死后的境界问题。几千年前子路壮胆问孔子："敢问死？"孔子曰："未知生、焉知死。"遗憾的是子路没有打破沙锅问到底，弄清楚生从何来，死往何处，生死之间有无内在联条、因少了这一关键的问答，导致圣门儒教对人生问题的见解，稍逊于道释两家精深的见解。我们现在面对的是有关拳学的上品方向，上品正确途径的大问题。取法乎什么方可得到上？法乎何方可造到上品大家的地步？这是拳学上生死攸关的大问题。

拳品之学作为审美的专课，意在造出高下优劣的境界层次，按水平的等级不同给拳法拳家排列座次，故可以不讲究拳法如何造到奇妙高深地步而位列上品，但作为有志于造到拳法上乘境界的拳学者，知其然还要知其所以然，只有明辨如何才能可以得乎上品，造至上品。若达上品之理不明，上品之道有障碍或堵截；上品之门径理法确实难得，拳法到了中品便无发展，便无前途。

传说陈长兴在杨露禅拜师仪式上谈到学太极拳一事时说，只要有好老师，有天资，有勤奋精神，学好太极拳不难。此言已明白告诉学拳者，具备以上条件，拳法的上乘境界，人人皆可达到。但只有好老师，而无天资和勤奋，则难于理解拳意，更谈不上实践体会，也就得不到真传。有天资而不勤奋且老师技艺一般，就会影响自己在拳学上的深造，达到拳法的上乘境界就很困难，此即学问止境也。仅有勤奋而无天资和好老师，拳法的最上上乘境界，就好比海市蜃楼，可望而不可及。陈长兴把"好老师、天资、勤奋"三要素看作是拳法达到上乘境界的途径。纵观古今众多拳法家及爱好者，其中有天资过人能达到而没有得乎上品者；也有勤奋不辍，终其一生而未得上品者；还有好老师，但遇不上有天资和勤奋的好学生，致使太极神功失传的憾事。天资是遗传，这是无法改变的，勤奋用功、踏踏实实一步一个脚印循序渐进亦未有错，关键是要有一个好老师。因为历来有"苦练十年、不如明师一点"之说，天资与勤奋是主观因素，如无"好老师"点拨，无论你有多么丰富的想像力或下多大的功夫，上品之理法亦难明。想像不是真理，朴素的"铁杵磨成针"精神未必就能达到上品境界。更何况科学实验证明：人的智商是没有区别的，故天资之分毫无根据，然仅知刻苦用功而不明上品之途径实理，就难免下些冤枉工夫。由此看来，陈长兴之说虽是难得的有关拳法如何达上品的见解，而且精辟之言是"有好老师"一说。因为"师者，乃传道授业解惑也"。但由于拳法达上品境界的因素实在太多，故陈长兴之见解还未落实到点子上，未论及到关键处。

拳法的上乘境界，所有后学之人要到，也人人能到。"人皆可以为尧舜。""舜何人也？予何人也？有为者亦若是。"这是儒家之言。"无一众生，而不具如来智慧。""一切众生，皆当作佛。"这又是释家之说。儒家以尧舜为至圣，为上品之儒学；释家以佛为至尊，为上乘品位之佛学。学行圆满，可入圣境成佛祖，况且太极拳法仅为大道中一分支，岂有不能达到上品大家之理！"人皆可以为尧舜"已明言后学皆可到达拳学之上乘境界；"一切众生，皆当作佛"亦说每个学拳者都能造到与拳圣同等地步，自太极拳问世以来，陈长兴、杨露禅、王宗岳、武禹襄、李亦禹、陈发科、陈照奎、马虹、四大金刚、张志俊及其它拳派的杰出代表人物可说是太极拳界的尧舜佛陀。他们之间生活的年代不同，性格有异，生计道路不同，但都能深造到上品拳法的地步。"无一众生，不具如来智慧"，"有为者亦若是"，拳法之上品这一上乘境界人人都能到，亦是每个人可到上品大家的先进和楷模。

拳法之学，我们已知法乎中仅得乎下，法乎上仅得乎中，那么取法乎何得乎上呢？

取法乎"无"！可得乎上。

"无"与"上"两字可一并观之。"上"之一字为上法之全称，而不是一般上面之意的泛指，因而不能作舞台上、课桌上之意上看，而应理解为超越下中而更高更上之意，是包括下、中又含有上本身的一大境界之代名词。"无"之一字若错误地理解为无办法或物品的有与无，就会失去代表下、中、上又上升到本身无名、无上、无量的上乘境界的词意。选"无"之一字，与老子对自然无极之现象解释不得不反映在文字上来，以某一个字意来表述之是相应的，其意乃"名字曰道"。而表达超越拳法上中下的无名、无上、无量的终极大法，冠之以"无"字最恰当不过，故言"取法乎无"。

法大而全，是谓无名、无能名之。老子说"无名天地之始"；庄周说"圣人无名"。至高无上，是谓无上、无可再上。故有"无上道"亦即大道，"无上秘要"亦即秘籍大典之说，无穷无尽之义，皆称无量。一为天尊慈悲，度人无量；二为大道法力，广大无量；三为诸无神仙、无量数众。此乃道教言无量之三义。无名、无上、无量之三无大义，可以"无"之一字代表，是一切法的总称，不仅包括了故有的所有法、对未有的所有法也包括在其中。

六、太极拳的上乘境界（二）

拳即有品。其不同的高下层次、差别分等，亦会随着太极拳学事业的不断发展而有一个客观的评判尺度。拳学如此，其它文化领域亦然。一著名禅师曾云："老僧三十年前，未参禅时，见山是山，见水是水，及至后来，亲见知识，有个入处，见山不是山，见水不是水。"初学拳时，看老师示范拳法，拳法就是拳法，似乎没有什么可疑惑处，然而其立身中正、上下相随、刚柔相济、松活弹抖、快慢相间等功法原则却不知其所以然。随着拳理拳技提高，知道拳势为拳势，人为人，传统为传统，自然为自然，但觉察拳法之微，万法千变，头绪不知，首尾难顾，好比禅师此时看山，只见树木泉石、花草泥土、鸟鸣兽嚎；故山非山，水非水。到完全掌握拳法的要诀，拳景达最高美景，拳理通，拳意明，道统乎理，理包乎法，拳法、自然、自性一以贯之，没有区分，全然化合一气，备乎我一心。此时看到的山水是实实在在的山水，然此山水已是老僧心中之物了。对待拳学，其认识差别因人而异，即所谓："外行有层次之分"，"内行亦有层次之分"。对太极拳志在必行的内行应心无差别，故从心的角度言之，开始与后来无有两样。一个想在太极拳上有成就的学问者，必须经过三种境界："昨夜西风凋碧树,独上高楼,望尽天涯路。"此第一境。"衣带渐宽终不悔,为伊消得人憔悴。"此第二境。"众里寻他千百度,回头蓦见,那人正在灯火阑珊处。"此第三境。初境为知规矩、守规矩一节的功夫,即明白练拳的基本要领,并领会得头头是道,拳法实践中能遵守要领,拳势练得"正";又境为懂规矩、合规矩一节的功夫,即拳理与拳法更加深入统一,每一细微之关节皆打通,拳势已达"圆"的地步;终境为脱规矩而又合规矩的功夫,即拳法的运用可以不拘泥于法、但又处处都合法。可谓一本万殊,万法终归太极之自然境界。

根据拳理与拳技实践结合推论拳法,拳法的上乘境界是以人工之极归于自然大道为最。人工之极,是成法的极限;自然大道是成法外的新理念、新状态,是非法非非法的根源。

从陈发科与李剑华、跤王沈及友人们切磋技艺的结果来看,便有天然与功夫二途。陈发科的功夫已是"一气之伸缩"的天然境界。李剑华与跤王沈虽是武林中顶尖级人物,相比之下,还徘徊在功夫一途上,他们的功夫有人工极致之意,而陈发科的功夫则有归于自然大道的意思。李式与沈式的武技有能工巨匠、拳理、跤理之极的神技效果与精美艺术感;但陈发科的拳法已进入天设地造、人意之外的自然气息和无定境界。陈发科能成为"太极一人",是他对拳学上乘境界的追求定位在天然与人工两重境界上。因而他的拳法能达至"依乎天理、批大郤、道大窾"神乎之游刃的境地。陈发科的拳法确实无愧于上品之称,众多武林志士视为"太极一人"这一上乘境界的表彰的确名符其实。作为拳法最为究竟彻底的无上境界,应建立在上品拳法之上,设想一个尚未出现的陈发科,天然更胜李剑华、功夫复过跤王沈、完美之致、缺憾无一。也许未来不会再现陈发科这样的拳圣,但拳法的最上乘境界必须建立在人工与自然二者高度融合的极致之上,这是毫无疑问的。这就是为什么历代拳法评论家对"知规矩、守规矩","懂规矩、合规矩","脱规矩而合规矩"而达"上品""正宗""神品"的拳法标准。后学者可以从中体悟到人工通达自然而至"天人合一""大道自然"的上乘拳品的唯一法门。

人、传统文化、自然所构成的太极拳是本书为学习太极拳设计的可循之迹,在此基础上将"本我自性+(拳法演练法统+大道自然)=拳法上乘境界",无疑就是拳法上乘境界的修学模式。每个人学拳时发现本性、同乎大道、与自然一体，便是本我自性的修为极致。能与自然相融，乃自性发挥之极；拳法演练法统为拳法发展的表象效果。由拳法以至拳势演练风格，由各种演练风格以至先人拳法传统，由先人拳法传统而显发出自家的法统；大道自然为拳法取法之本，为自性复归之本，自然物象为拳法的原始，终以自然神意为主，最后自性、拳法、自然高度合一，即为拳法的上乘境界。

北宋时的著名画家范宽曾提出的画学大旨：师古人未若师造化，师造化未若师我心。拳学与画学其理亦通。所谓师古人，就是师拳法演练之传统，师造化，就是师自然自在之意象；师我心，就是师自性自然之本原。拳学到上乘的境界以自然自性为本，这个自然自性为太极拳法人、人法地、地法天、天法道、道法自然的最终成就。故学拳之初，就是自性会合自然之始，初以拳法中的具体拳势为法，以先人传统为师，熟习拳法，掌握一招一式的练法、技术结构形成的方法等基本规律，研习前人的拳法为何能有成就，为何能够成法，吸收先人拳法的精华，结合自己的实践体会，形成自己独特的拳法风格。这一节功夫若做得好，就能达到拳法上乘境界的第一层功夫——能品，继而发挥心意，师法造化，拳外得之、拳外求之，所谓"功夫在其外"，而后气质使之，通妙入灵，达至拳法上乘境界的第二层次——妙品。当能与妙兼得，可复归自然自性，性上起用、本上道生，此时手握大道，心有万象，随机而化，感应无方，自在神明，以至上品。

集个人修为与自然，率古今法统，含天地万有气象，必然是拳法上乘境界。故无名、无上无量之"无"为大法。上品拳学是众多明师的成就与科学方法及其他文化艺术的精华凝聚而成，具有：一发不可舍，法法之为法的没有任何偏执的一种平怀。亦如大海一样，无论大川和细流尽皆普纳，所以有无比的气魄和雅量。

就上品拳法取法而论，真上品者，兼取法乎下、法乎中、法乎上，更取法乎无。取乎法亦取乎非法，故有无兼得、人工与自然普摄。不偏于下，不偏于中，不偏于上，亦不偏于无；不偏于法，亦不偏于非法，法而不法，法无定法，以至无法不法，法法相生。

拳品之论，以三品之说最为灵活。下品拳法是能品，从字面之意推断，此品意含人工与成法。只要学拳者守护成法，知规知矩，不破规矩，达至精能，便能入品。如同我们在生活中表现出来的"约定俗成",这是对拳法评判的一种成法。这种"约定俗成"若能坚守到火候,就能到第一品位。我们常把那些不遵循拳理规矩的人演练的拳法,评之为既无"形似"更无"神似",为他们耗费生命却又学练了一套糊涂拳而遗憾。当然,这种说法是站在艺无止境,从更高更上的拳品人品的角度而引论的。一个能遵守"规矩"的人与只有"私欲",连"约定俗成"都不能遵守的人相比,已高一个层次了。然而比之拳圣则自有极大的差距,故应定位于更高的层次。

拳法的中品,是妙品,是拳家之妙拳,好比我们看到一个"风度飘逸、充满和谐与聪慧气质的人"。拳法之能品,给人的感觉是:其法度功力一就是一,二就是二,很实在。而妙品、神品,则有可意会,不可言传的味道。若不明拳理,其道修得不真,就会受蒙骗而难辨真假。故鉴别神妙二品,应有很好的拳理修养。达真妙品者,其能品已含妙品之本质,故能自然升级至玄妙之极,这就是精能不舍,能妙互为其因,以至妙极而能,能极而妙。真妙品,既妙又精能。伪妙品,则只妙而无能也。

拳家气质之天性与所得成法互为因果,相互渗透而生神妙之意的拳法,乃拳家之妙拳,即妙品也。学拳者若能将所得之法,随心意发挥、相互贯通,怎能不生新法创意。而理与法相融、心与法相通,又怎能不妙招迭出,妙极而近神呢?做到这一步,不就是"拳家之妙拳",不就是真妙品吗?拳法从精能至玄妙,再臻神明的地步,以人而言,可谓通人;以拳法而论,可谓上品、神品、通人之拳。聚能妙、成法、变化、气质理法贯通之极,与妙品相同且更甚的是:神品之真伪尤须细辨。真神品犹如一个修养极佳的人,"德性之高尚"非常人能及。真神品犹如对善良民众有无量怜悯之心,对邪恶暴徒有无量法力的佛陀、菩萨问世。印证在拳法上,普摄各派、各法及非法之法,形质神意妙收,而有上通天下遁地般的神通。神而必具精能玄妙,玄妙精能而必有神。真上品,以"大有""大无"为宗、为本,好比大地母亲"安泰"拥有无数生灵与万物,无为而无不为。表面说得天花乱坠,实则是无本之言,仔细望深处推究,拳法内涵全无,必是伪神品无疑;它好比私心极重之小人,见利必先为己;论其精能,是能而不精,精而无能,论其玄妙,只妙而不玄,玄而无妙,论其神明,徒有神明之外衣，实则败絮其中。

　　拳法至上品而自成一家，必是古今明师优异之成法与大众之法浸染而成，此乃上品之取乎法；拳法不落俗套而具异态新理收意外之神妙，必是古今明师未有之创造法，此乃上品之取乎非法。故上品不舍能至拳法上品的所有法。这样才能无所阻碍，深得自然。上品拳法到达自然的地步，便是"法本无法、贵乎会通"的神明境界。无论是练与用，其道与法全凭意识感应而生。如同现代之打击乐，随其乐师敲打不同的乐器和变化，奏出各种动听的声响，流畅而神妙。

　　真上品拳法，其作用有圣人般的能量，普通人能做，贤明者能做，圣人也能做，不然怎能成其为圣人。故上品拳学之妙用可以体现在日常生活工作的各个领域。人人可以因为对拳学不同的认识和实践，从中悟出有利于心身健康，有利于仕途、做学问、经商等事业如何成功的道理。其教益真可谓是：因人因事随机而化，服务大众事业永恒，万象包罗，此种境界是身处妙品拳学以下境界者难于测知的。

　　圣人之能作贤明者、普通人，完全是能随遇而安、随机而住，而非专向往一此境。如固执地拟定一个模式而住，怎能成佛、成圣人、成神品上品呢？若先有定，凡事必机械而无新意，欲要创新又无法可为，故难穷极其神。孔子曰："富与贵，是人之所欲也，不以其道得之，不处也；贫与贱，是人之所恶也，不以其道得之，不去也。"所以圣人之做人取境，终以德性为始，随机权宜而行，立身中正至善，不妄言行。臻至上乘境界的人，圣人能做，贤明者能做，普通人也能做；但是普通人却做不得贤明者，贤明者却做不得圣人，故下品拳学不兼具中品拳学，中品拳学亦不兼具上品拳学，能统三品而居其上惟圣人、上品拳学大家。先人曰："师承不同、名家各具一幅面目；大家则神明变化，不拘一格。"名家只能是中品贤明者的地位，因偏执而不能通达化境。

　　上品拳学之用如同一位能因材施教、因地制宜的拳圣，其教法巧妙非常。遇初学者（下品）传中下法，遇拳技有水平者（中品）传中上法，遇明理善行者（上品）传非法之法。孔子曰："中人以上，可以语上也；中人以下，不可以语上也。"境界最上者施法授业，必与受教者站在同一水平线上，不然会使人茫然不知所措，甚而使人误解。例如，初学拳法的普通人看拳圣，反以为不如仅能解答拳学一般问题，演示中品拳技的贤明者。这类难测拳圣明师之高明的普通人事

· 45 ·

例，在太极拳界屡见不鲜，另外达拳学中品之贤明者理解初学拳法的普通人，是"仁者见人，智者见智"。拳学到达上乘境界者反而孤独异常，真正是"高处不胜寒"的心境。若授人不以慈悲为怀、以觉后觉的心量之态，难免会自生、自隐而后自灭。

太极拳界误解拳圣明师，认为约懂拳学之贤明者过于拳圣明师的状况，在初学拳法者是常有的事，总把能品妙品拳法高看一眼，而不加以细辨，视神品拳法为简单是在所难免。初入拳法之门，要正确分辨拳法上下之分等只凭本能直觉很难，首先要熟悉下学而上达，明理而后善行，由能品晋升至妙品，再自然升至神品这条道路，然后脚踏实地一步一个足印地前进，到达神品境界，方知什么是真神品。这就是学小提琴的人之多，而且中等水准者不多，能拿世界比赛大奖者更是凤毛麟角的原因；也是为什么获得市级拳法第一者向往省级拳法冠军，省级冠军还向往全国第一，全国第一更向往世界冠军的原因。像念书一样，凭本能直觉而连跳两级的人，已属天生聪慧过人者；能使初学拳法者入门后沿正确之路而行，不为其它拳种所误，泯除拳术界中陈规陋习之偏见，避开古今不科学之法，则是"先知知后知，先觉觉后觉"的本意。

判别古今上品拳学大家，有两种标准：一种是一贯最高理想标准；一种是在一定时期、一定范围而定的方便标准，所谓权宜应时也。以一贯最高理想标准来衡量上品拳学大家，或多或少肯定有不够格的成分；以权宜应时之方便标准来衡量，上品拳学大家如同拳圣宗师，历代出类拔萃之拳家皆可视为上品拳学大家。

以一定时期、一定地区范围来考察比较，从中选出相对而言的上品拳学大家冠之以最高荣誉，好比矮子里面选高汉，所谓权宜应时之标准也。以人性能达到的最大限度的坦荡无私而论拳理之成立，有一是一，有二是二，没有就没有，不掺一点水分，达到这样的境界，便是所谓最高理想标准。

为使后学多一些客观的参照系数，效法之楷模，我们亦可采用权宜方便之相对标准，来逐一细察评选历代拳家，来个梁山英雄排座次，选出不同时代的优秀之三品拳家。然而不掺一点水分，以一贯最高标准为目标，才是有志于真正上品拳学的学拳者的无上唯一。

追求拳学，必须有孟子所谓"天将降大任于斯人也，必先苦其心志，劳其筋骨，饿其体肤，空乏其身，行拂乱其所为，所以动心忍性，增益其所不能"的精神力量，这样才能成大器、齐大道、至上品。在拳学上"大器晚成"到达上品大家，必然要经历取法要宏，所造要深，修学乃至得道的漫长历程。最后才能成全以三品兼到而法乎"无"，包容万法而达乎道，人工之极复归于自然之大功。

七、太极拳的上乘境界（三）

关于拳法的上乘境界，根据以上两节的剖析介绍，已知下品与中品是建立上品拳学的扎实根基，忽视中下品这一重要基础就难以论上品拳学。孔子论学问曾曰："下学上达。"如此看来"下学"乃中下品一节功夫；"上达"则是上品无品一节的功夫。下学上达是拳法至真上品与上乘境界的必由之路。同时可以从中看到最高层楼的"通人之拳"的神品，确实是由人勤奋坚守"俗成"而至的能品、人的天性与所得成法相互因果、相互渗透而至的妙品顺其自然向上发展的必然结果。当今论大家拳品可从拳家掌握拳技和理论的水平、研究成果、武德修养、以及对太极拳发展作出贡献的基础上，依据《中国武术段位制》的考评条件而定。初级段位的拳品加之中级段位的拳品必是高级段位的拳品。细致一点说："达初级段位的三段是世俗精能的下品，达中级段位的六段是气质玄妙的中品，达高级段位的九段是德性神圣的上品。（即泰斗级）"

拳法的性质内涵从上中下三品的推理论述可以明知：学习拳法倘若不能遵循基本的习俗共法，且刚愎自用、自鸣得意者，是小人，为内行之中的"外行"。"俗成"是经过实践的检验证明是行之有效的成法套路，是社会与后学公认的前人成就之法度技术。拳法成能品，是俗成之法精能之极的必然。贤才的层次普通人之所以难达到，是所拘所囿于俗成，而不知远方的景色胜过此地的风光。贤才能成为贤才，是因为自己对俗成之法的掌握已娴熟于心并能驾驭之，而以气质之性境界为追求目标。气质聪慧善调，必能妙悟频生，法外生法，拳理拳态则日新月异、日胜一日，直至妙品之境。拳圣所以为拳圣，是因为人性与天地之道通合为一气而无二。天地之根本性德合于人之心性之中，一方面不舍俗成气质并超越俗成气质显示人的完善；另一方面顺乎自然万象而不钻牛角尖。如此，拳道自然，性德为本，就是拳圣的上品拳学境界。

太极法理的奥妙

太极拳学的不断兴盛，其评判有上中下之分，从而总结出"取法乎上仅得乎中、取法乎中仅得乎下"的经验，所以有了"取法乎上"的精辟见解。对拳法的学习，多数人皆以拳家的拳法风格和总结的拳理为其正宗，而对提高中的中品、下品拳法拳理似乎不值一论。

"取法乎上"没有错，因为有其道理，然而"法乎上得乎中"的明言，断定了法乎上品之法实在只是拳学取法的中法，并非上法。因学习的方法是中法，故拳学结果只能是中品，其境界不能臻于上品。因此，我们称"取法乎上"的拳学为"中品拳学"，要达到"上品拳学"其最佳选择是取法乎"无"。惟有如此拳学才能得乎上，才能造到上品的真实拳学，才能称之为"上品拳学"。

当今学拳者初学时就模仿老师的练法、风格，认为只要照葫芦画瓢，天长日久自然会成功，能达到取法乎上的效果。殊不知没有一层的基础、二层的功力，要到三层、四层乃至更高层的功夫，真正是海市蜃楼，虚幻不实，费尽心血和汗水，到头来仍是竹篮打水一场空。所以要正确认识到取法乎上，实则是取法乎上中下的总称，并非独取于"上"。好比登高望远，只有在登上第一层台阶的基础上继续往上登，才能实实在在地登到顶层，实现望远的目的。取法之上法——取法乎无同样如此。

为什么很多人学拳时遵循传统的有效方法，即取法乎上，总是得不到上呢？原来这样的"法乎上"仅为上中下法之和，属于无定之定法，是有形迹可循的。故结果只能是"法乎上仅得乎中"。明师的拳法其特色处往往是一般人难以理解不可思议处，他们对历代先辈拳法的学习不教条、不形而上学，取其精华结合自身的长处，锻造出随机应变、法无定法的真正上品拳法，因而各具神妙，同时是后学者感到神奇莫测的本根。上品拳法境界如同庐山之云彩，变化莫测，无固定形式。天空还是昨日的天空，云彩已不是昨日的云彩。所以后学者要学习并掌握明师的拳法之神妙，只能采取由表及里、由此及彼、由局部到整体逐一学习消化的方法，因为一招精妙的拳法，肯定是手、眼、身、步法与技击意识的高度协调配合。你注意到手法，还有步法，身法及方向角度等，掌握了全部外形和状态，还有精气神及运劲的方法等等。若是体操式的模仿，还想神形兼备，那是不可能得其真本的。上品拳法历代大家虽留下一些极其宝贵的资料或拳照，但由于社会

第一章　明理第一

与人为的因素，有些真传还是没有传下来，后学者难得一见太极拳完整的全貌，只能在书本或录像带、影碟中讨拳学，去想像理想中的上品拳法。尽管当代有不少人用生命去追求陈发科、陈照奎和马虹的上品拳法，却无一位后学达到他们的上品境界。拳法的神品地步不是坐宇宙飞船达到的，世上无此速成法，必须经过能与妙的程序，不然，"拳道难、难于上青天。"任何一位聪慧过人的太极拳爱好者，欲要在拳学上有超常的顿悟速成，非有明师的循循善诱不可。否则！难于企及神明。更不要说"理可顿悟、法必渐修"喽！以明师的上品拳法为范本不是不好，问题是你即使学得神形兼备，也只能是×××拳家第二，总比不上独树一帜、自成特色来得亮丽。太极拳艺术非常讲究人的个性与时代文化特点，例如照奎宗师家传拳架传人，当代大师马虹就是开创一代新拳风的风流人物，是继承传统与结合自身特点的典范。迷信一家一法，学得再好到头来也要扣上"狭隘拳学主义"的帽子，叫你永远达不到大师级的拳学水平。

造就太极拳高级专业人才，如同学生读书，要有幼儿园、学前班、小学、中学、大学的过程，而后得明师画龙点睛，从拳学理论到技击踏踏实实地实践印证它数十个回合，方能锻造出顶尖级的良才高手。且如书法学习，教学经验丰富的明师开始都要求学生写好"永"字八法，打好笔画基础后才能涉猎其它字体的学习和创造。初学拳法若忽视最基本的基础功夫，总是跟在明师后面模仿，学得一点外形就自以为是，颇有老师第一，他第二的味道，一副武学慧根超人的样子；与有真功夫的人交手，便黔驴技穷，送上门去挨打，花拳绣腿原形毕露。丢掉基础一味学明师大家，不但学不到真功夫，且易养成浮夸的坏学风。明师大家的拳法实际是他们多年的揣摸体会凝结的精简典范，一招一势甚是潇洒自如，实则不知有多少巧妙隐在每一关节中。初学者若不明白这一道理，极易舍本求末，浮气浸身，断送一生学问的前途，只能在真拳学门外徘徊，始终入不了正道。

实践证明一个道理，即"取法乎上而得不到上"。非是上品拳学误人，实在是初学者自误。推究其因，忽视真实而又最基本的基础，小看了中下品的重要内容，没有弄清楚拳学的真实进程，把这个"上"看成上上之法，所以多数人连中等水平也没有达到。一位对太极拳理颇有建树的理论家说："学太极拳，入门不易，入门之后，歧途也多。"此言极是。故取法乎上不是光明大道，而是三岔口，易使初学者茫然不知如何前行，一不小心就会走弯路，入歧道。自陈长兴之后，在陈式老架、大架、低架拳有建树的拳家有陈发科、陈照奎、马虹、张志俊四大金刚等，他们的拳学思想和拳技为什么会在继承的基础上有所发明创造而誉满海内外！因为他们首先在思想上抛弃了盲目崇拜的劣根性，尊重先师又不迷信先师，敢于把学到的拳学拳技于实践中过滤，吸收其精华，注入自己汲取的新鲜血液，使这一太极拳珍品更富有生命力。这种解放思想、实事求是、开放搞活的创新精神，实际是告诉后学要在拳学拳技上有特色，必须在取法上品拳学拳技时做到受其益而不受其害，在最高理法面前发扬个性，顺其自然。

陈长兴是清初时期的杰出拳家。能在看戏时任凭万人拥挤，自身依然保持立身中正而不倒，可见其下盘之稳固和上身柔化功夫，已达妙境。"牌位"先生之誉由此而来。

陈发科乃牌位先生之曾孙。是民国中期陈式拳的领军人物，其忠厚正直，豪侠之气出于天性，日练拳三十遍，功夫纯厚，从遗留的拳照来看，其拳独具特色，不与前人雷同，"体严法备，如忠义之士、端庄而具凛然之气"。转关之处妙在"开""合"相接。论及推手，是擒、打、跌、掷兼施并用，论其散手技击，与人交手已达"能于不见，不闻之中觉险而避之"的合道圣域。拳架与推手、散手二极，存乎一心。陈式的拳法是本性与自然相融而又不舍精能玄妙，故能大成。无怪乎！曾目睹陈发科与友人较技的太极拳家许禹生等京都武林俊杰们一致称誉为"太极一人"。记得法国文豪小仲马写出世界名著《茶花女》后，写信告之其父大仲马，大仲马幽默地说："孩子，你就是我最好的作品。"那么，在中国的太极拳史上，陈发科的贡献就是精心雕琢了其子陈照奎这部最得意的"作品"。据说陈照奎宗师十三岁那年，因买醋返家时遇到十几个同龄少儿，其中一个把他的醋瓶撞到地上打碎了。对方不讲理且仗人多势众要蛮与他打斗起来，他就用太极拳技法击败众人，可见儿时的照奎宗师的功夫不比一般。在其父的熏陶下，照奎宗师尽得父亲的拳学精髓；拳架规矩、刚柔相济、松活弹抖惊炸力强，擒拿靠打更是奇功。劲力的惊闪、反弹运用圈极小。真可谓：大动不如小动，小动不如微动。并且赢得同道赠予的"十三太保"的美称。至20世纪50年代后，为了使家传拳学得到更广泛的传播，照奎宗师作为主要传人，于1963年不惜辞去公职，以教拳为职业。特别是"十年动乱"期间，尽管太极拳这一优秀文化被以"四人帮"为首的文痞打入冷宫。照奎宗师仍以传播太极拳为己任，培养了一批高水平的太极拳传人。其中尤以马虹、张志俊老师最为得意。当今陈照奎家传拳学之所以能蓬勃发展，就是照奎宗师当初辛勤播下的以马虹、张志俊老师为首的这批优秀的太极拳种子开花结果的作用。

照奎宗师的教学，非常注重三个关键问题。

一是重视理论的指导作用，在教学中，他一直掌握理论与实践相结合这一原则，用理论指导实践。指导过程中对学生从不讲迷信，用的是科学道理，如生理学、物理力学、心理学等，是一位唯物主义者。

二是注重专项基本功。使学生对学拳的程序有清楚的目标和概念，做到进步有阶，逐步提高。开始教学时就针对拳架技术运动特点，给学生示范讲解单手顺逆缠丝，熟练后配合一进一退步法练习。之后再练习一进一退的双手顺逆缠丝。然后是手型、手法、步型、步法等内容的学习。并说："初学不严格要求不行，如果随便囫囵过去，会给以后改拳造成极大的困难。……很随便学的，实际上学的东西是似是而非的东西，这样学当然容易。但这样学到的拳，内中有很多坏习惯坏毛病，改起来难极了，对以后的提高是很困难的。如果一开始就要求严格，打下一个好的拳架基础，头遍架子基本上做到外形正确，看起来是慢了，但以后深一步改拳就较容易了，以后提高也就快了。"

三是改拳阶段中注意抓主要矛盾，解决主要矛盾，帮助学生走向拳学的更高层。他说："推手中的理论和练拳的理论是一致的，凡推手中存在的错误必然在练架子中也存在着。改拳到一定阶段不抓主要问题，你永远也得不到提高，永远得不到真正的东西，所谓某某人得到了老师的真传了，其实就是他得到了老师给他解决主要矛盾的方法，然后加上他不断地苦用功，此外，没有什么不可以言传的神秘的东西。那么我们要抓什么主要矛盾，解决什么关键性的问题呢？一句话，就是要解决一个'松'字。'松'是极为重要的，不管是走架还是技击，都必须放松，才能使身体应付自如，在推手中取得胜利。但松不是短时间所能解决的。松必须首先在正确方法指导下，经过多年下苦功练习才能达到。这里所谓正确的方法就是要抓从哪里下手的问题。就是要从'沉肩'和'胸腰运化'下手……拳论中说'转关在肩，运化在胸腰'，说明必须解决了肩的转关和胸腰的折叠运化问题，才能谈到松的问题。这绝不是妄论。而解决了肩的转关问题，解决了胸腰的运化问题，也就解决了'松'的问题。不解决'松'的问题就永远是僵的，一推手就被人所制。……解决这个问题，必须在练架子时有意识地注意练习，经过长期练习，养成习惯就行了，慢慢就能解决。"此外，对推手的研究，颇有独特见解。科学地提出"推手的诀窍，全在一个合字，谁能合，谁能赢。谁先合，谁先赢"的论断。并将拳架和推手的教学经验整理写出《陈式太极拳的拳式和推手锻炼》论文。

俗话说，明师出高徒。在照奎宗师的严格要求训练下，享有"太极状元"之誉的马虹老师，以其深厚的文化底蕴，对太极拳超常的顿悟，继承了照奎宗师所传的拳学。以苏州园林中的一匾额所书的"清能早达"四个字为引子，从学好太极拳的角度，作出精辟的释义。为后学指明了学拳的正确方向。

清者，水澄澈也，与"浊"相对。达者到也，明白、通晓也，如"知书识理"之谓。不论做什么事，像走路一样，只有领路人路线清楚，才能到达预期的目标。练拳同样如此，特别是传拳的人，不明拳理拳法，以其昏昏，使人昭昭，不仅不能早达，反而会走弯路，入歧途。

中国的太极拳，博大精深，理精法密，哲理性强，内涵极其丰富。它的拳理拳法与中国传统文化一脉相承。从其拳理到拳架，从其拳架到用法，从一招一式的外形到内劲，处处都离不开太极阴阳学说，离不开《易》学，离不开传统兵书，离不开传统医理和力学。所以钻研此技者，不仅要在实践中刻苦下功夫，而且更要在其基本理论上下功夫。古人云："循理以求道，落其华而收其实。"（宋·苏辙《东轩记》）"一时之强弱在力，千古之胜负在理。"（明·冯梦龙《东周列国志》）练太极拳同样以理为先……在具体的拳技修炼手段方面，马虹老师则提出："一曰规矩，必须懂得拳架的种种规矩，'不以规矩，不成方圆'；二曰明理；三曰知法；四曰懂劲；五曰功力；六曰神韵。"上述两段文字虽寥寥数句，然而探本陈弊，实属学好太极拳之至理名言。有志于拳法无上大道的探索与研究者确实值得品其三味。而张志俊老师用一生的心血和智慧及刻苦精神，将我们这个流派风格的陈式太极拳总结出"梢节领劲、两头卷曲"的科学拳理，并用物理学中的螺旋、切线力学原理与人体力学、运动训练学和传统训练方式结合，讲清楚陈式太极拳架、推手、散打技术结构和训练方法，使古老的太极拳理论闪烁出现代科学的光芒。大大缩短热爱并有志于传承陈式太极拳功夫架传人的成功时日。

马虹老师的拳论著述《陈式太极拳理阐微》《陈式太极拳体用全书》《陈式太极拳技击法》《陈式太极拳劲道释密》与张志俊老师的《高手》专著，可视为当代论拳的典型代表作品。拳理阐述虽以陈式拳为主，实则非一家之言。在继承历代明师拳论的基础上，又有自己的精辟见解，既全面又有深度，立意新颖，对推动太极拳的发展有现实而又长远的意义。两位老师因得明师亲传，故拳法实践自视不低于年轻拳家，所以传拳亦非常自信。事实上，他们传拳的足迹已遍及几乎整个中国，海外已达十多个国家，亲传弟子数千人，再传者难计其数。众弟子都说："跟着马老师、张老师，学的是明白拳。"

在陈长兴的老架基础上派生出的陈式拳分支及各拳派的历史上的或当今代表人物，在各自的拳学研究中都有建树，他们的拳风各具特色，拳理独具见解，为丰富太极拳文化作出了贡献，在传播太极拳方面，同样硕果累累，这里不再一一赘述。

太极拳文化随着我们国家不断强盛也处于中兴大观。就当代太极拳的科学研究及教学状况事实而论，已超过历史上任何一个时期，此期拳学理属上品拳学之强盛时期。这是古今明师不断努力造就的大好局面。虽无陈长兴、陈发科、陈照奎等这样拳法神妙之明师教诲，但有历代明师总结的拳理作依托，有承先启后之当代明师辛勤耕耘，更有当代国家领导人的大力倡导，所以中国的太极拳能有今日可见之成就。

当今拳学风气比历史上任何一个发展时期都兴盛，杰出拳师颇多，但论及拳学，很多有识之士都有一个感叹！为什么产生不出陈长兴、陈发科、陈照奎、马虹、张志俊等这样的上品大家；为什么只能是中品拳学，只能是"取法乎上"的拳学。难道一代不如一代吗？

拳法难达上乘境界，除了"取法乎上"的误导盲从而迷失拳学的正确拳道外，所处时代对拳法功能的认识、选择与需要也是一大客观因素。原子世纪的今天，对拳法的技击功能认识已非冷兵器年代。多数人认为人类已越来越文明，技击已退居其次，而强身健体、修身养性、艺术欣赏功能才是现代人的主要选择。即使是端国家饭碗的专业人才，对技击功能的需要也多从安全角度考虑。现实中的散打较技竞赛，必须在规则范围内进行，这在一定程度上限制了技击术的运用，限制了专业人才的技击发展道路，有些很妙的技法亦因"安全"只好晾在一边了。至于某些专业人才亦因在竞赛中获得名次后，为人之师，光教不练，生活在奖杯的光环下，哪有心思和时间来深研技击。失去技击追求，拳法的功能就不全面，如此怎能高攀拳法的全面上乘境界呢？

"太极一人"陈发科祖师在拳法上至尽善而为上品大家。是因为他那种至空至灵神而圣之的武功境地乃是天资、时遇、家学渊源、修养、兴趣偶合于一人，才可达至。决非仅个人意志之使然。享有"十三太保"之誉的照奎宗师，其拳学成就达上品大家的因素除了与其父相同外，更重要的是他有科学文化，因此他在拳学的继承基础上的发展和教学方法上较其父更胜一筹。当代明师马虹，有幸师承照奎宗师，大器晚成，他之所以有今天的大师级拳学水平，是他将拳学定位于"……我准备将毕生的精力和心血，全部倾注于祖国的太极拳事业，让陈式太极拳——中华民族传统文化中的这一珍宝，在全世界大放异彩"这一宏伟目标上。无独有偶，张志俊老师站在"三大训练基地"（郑州、驻马店、重庆）放眼全国和世界，在国家体育总局人体力学科学家李祥晨为主的科研小组的帮助和配合下，以现代科学测试方法解开传统陈式太极拳功夫架的神秘面纱，总结出"走手、乍肘、含胸、沉肩、塌腰、松胯、屈膝、抓地"十六字诀。具体练拳时要求做到"梢节领劲、两头卷曲"。即"一动先走手和脚；两中节定位（指肘膝不可乱动）；两根节放松（指肩胯松沉）"的微观技术系统拳理。使太极拳的训练方法更加直观、科学、去曲取直、事半功倍。在收到强身健体、修身养性的效果外，更重要的是缩短了"技击功夫"获得的周期。因此他们能经历连续八年每天十多个小时的揣摸苦练，其苦似脱胎换骨！真正的"地狱不空，誓不成佛"，"我不入地狱，谁入地狱！"的真实写照。终因心诚则灵，苦尽甜来，继承了照奎宗师的家传拳学。尽管两位老师说："可惜！我这个半路出家的学生，没有能把老师精湛的技艺全部继承下来。"其实，这是大师的一种谦虚。客观地说，两位老师一是认识太极拳晚了点；二是遇见照奎宗师晚了点。这"两点"使他们错失青少年这一思维最活跃、运动定力定型正确可塑性最佳时遇。但是他们发挥了人的因素第一的作用，经过后来在理论和实践的艰苦摸索之路，在拳架演练和技击上终至上品拳学成就，其风格和能力表现较照奎宗师已是新一代流风逸韵。从时势造英雄这一角度来说，还得"感谢"十年的"文化大革命"。这段时期马老被"造反派"打成"反动学术权威"扫地出门，靠边站，无工作做。这一扫，给二老扫出了十年宝贵的时间；这一靠边站，使二老站在了照奎宗师这一巨人的肩上，从而造就了两位当代太极拳大师。真正应了古人曰："自古雄才多磨难"。而与照奎宗师同时学拳的大多数拳友，以及与马老、张老同代的其他陈派太极拳传人因不具备照奎宗师和马老、张老这样的素质、机遇、志向等缘故未能全面继承"太极一人"的绝学和达到理想的境界，这是中国武术界的一大憾事。其他拳派传人想来也不例外。

　　由上述可见，时代需要的局限性，社会在一定时期给学拳者创造的学拳机遇，以及学拳者追求拳学目标的高低，具备的学拳环境和学拳的素质条件好与否及努力的程度不够，这几方面主客观因素是上品拳学健康发展的大障碍。在此种情况下，初学者虽明智地取中下之法，即使武功天赋极高者也难入神明之境。

　　拳法境界到不了最上，原因是学拳者在拳理的理解掌握及运用上还呈一知半解状态，于拳法实践亦有不彻底的地方；而为拳圣者应具有的优秀素质还有行不正之处。因而虽达一定拳学水平，离拳圣地位总还有一截差距。个人是难于主宰社会发展的，我们时常讨论在太极拳学倡明的今天，为什么年轻的后学有理想成就的这样少，这样难以胜过谢世的陈发科、陈照奎、马虹的成就，难于胜过健在的张志俊等当代大师。具体在拳学来说，最根本之原因是"下学"与之"上达"的功用未完全落实。从下的角度论，拳学下品精能的基本功法未做得深透，就得意扬扬急于往上飞；从上的角度分析，亦不知要有超前意识而高瞻远瞩，放手搞活、开拓拳学一片新天地。如此上不着天，下不着地，悬在其中，哪头都不是。拳学水平一般的人所以能为人师，是因识得初学者低一档而不甘与之同行，故对"下学"的深度认识不够；又因识得拳圣之学如金字塔顶，实在不是那么随意高攀得上，故又对"上达"的高度认识不够。

　　追求上品拳学，必须要把下学精能的功夫彻彻底底做到家。否则！成为上品大家只能望而兴叹！倘若自己不去将拳法的基本大法从最根本之处做到家，还会有谁替你去做呢？这与佛经中的名言："地狱不空，誓不成佛。""我不入地狱、谁入地狱。"其理何其相似。成就上品拳学的原理与建筑的道理异常相似：欲造理想中的最高大厦，就须打下最深厚坚实的地基，决不能有豆腐渣工程。要想拳法出众，就要有最扎实的基本功。所谓：根深方能叶茂也。当今很多有点名气的拳家，拳法到了一定的水平就再难更上一层楼，茫然不清楚究竟为什么？只知着急，实际就是下学之基本功夫不好。如同造高楼，筑的是八层地基，建到十层就必然危险，若是豆腐渣工程，就是八层也未必能造到。有很多人视太极拳法为终身追求，愿意为之付出生命，然而得到的总是与付出的不成正比，原因都不出本章所论。

欲造真上品拳学，必须选准真正的太极拳珍品、选准马虹、张志俊这样的大师级老师，且有坚定的信仰，必须有最坚实深厚之各项基本功，必须学习完善各道之素质，必须是上中下法兼得而更取法乎无名、无上、无量之究竟大法。因为真上品拳学较中下品拳学更完美，故成就相对更难、时间更长，这就是古人曰："大器晚成。"不过晚成是有时间限制的，是有目标的近期与远期统筹兼顾打算。当然，这是针对具有成功素质的人而言，即使追求过程中有失败的记载，但终究会走向成功之巅，对于不具备成功素质的人来说，坚持不懈的努力，不过是失败过程的无限循环。某些拳家常告诫年轻弟子不要着急、慢慢来，拳学成就不是那么简单的吧！没有八年、十年，甚而更长的时间是不行的。然而却不能像马虹、张志俊两位老师那样设计出一整套使弟子感到有奔头的、可靠的修习路线，更不能界定出每一品级的实际学量和成功的客观标志，表示每层功夫的水平，致使年轻人空抛掌握最佳技能的大好年华，浪费生命，尽做无用工。上品拳法之学好比登山，路程远且坎坷多，然而前进的过程却是看得见、摸得着的，只是不能少步或跳级，亦不应停留在某一阶段上浪费太多的时间，该快时则快，该慢时则慢。

做一事易，欲成一事难。故先明其道理，清楚行程，然后看准目标，下定决心，不怕牺牲，排除万难，去争取胜利。如此有见地与魄力之人，方能做得一件事，即使成功不是很理想，较半途而废之人，亦可说是有始有终之完人。凡事不出此理，成就拳法上乘境界的上品拳学难道会例外吗？

第二章 善学第二

"大学之道，在明明德，在亲民，在止于至善。"这是儒学经典"四书"之首《大学》提出的人生为学之要义。何为明德？明白天下真理能善处万事的本性原德。是人天生就具有的学与行相互渗透滋润而后可渐提高的智慧和行动能力。俗话说："缘是天意，份是人为。"就上品拳学而言，人的个性就算与上品诸子有缘，欲达上品拳学境界、欲至拳法上乘境界，关键还得看自己愿意学否。何谓亲民？亲民即是新民，在于效法古今完人，以"今日之我战胜昨日之我"的精神面貌，努力向前奋进，最终至善，使人的自然德性得以返璞归真，至大道自然之境界。古人曰："穷理尽性、以至于命。"对于拳学来说，止于至善而至于命，便是到达拳法的上品神品，到达拳法的上乘境界而后己的意思。"拳道不远人，人自远拳道"，"命者，我之所有事也"。上品拳学大家，人人可大有作为，人人都可行到，得此明理并贯彻到实践中去，脚踏实地，一步一个深深的脚印走完其不同过程。不行所谓的捷径，由下至中、由中至上、由上至无，每一阶段都有卓越的成绩。能如此！今日之学生，乃是明日之拳圣。这就是拳圣的言必行、行必果之本怀，有心于太极拳学者应牢记《大学》之谆谆教导。

"学、觉悟也。"《说文》觉，乃是觉自性之明德，悟，则是悟学而可至上品至善之实理。就拳学来说，上品拳学大家，全是普通人从无知之时努力学习刻苦钻研而后成有知之拳圣，决非生而知之成拳圣。如老子说："吾非圣人，学而得之。"孔子亦说："我非生而知之者，好古敏以求之者也。"拳法一道为之技艺，皆始于学。陈长兴、陈发科、陈照奎乃陈式拳法三杰，"神台契匠，冥运天矩"皆旷代绝技也。他们神而圣之的拳法，无不是经过艰苦的学习实践而致，一心一意专攻而成。这就是老子、孔子所说："学而得之""敏而求之"也。

过去学拳的人，为何拳学有成？原因是他们学习态度极为诚恳、踏实，有自知之明，知道自己比老师差得远，也知拳学的艰深，不可能速成，惟有心诚，才能在学拳时身心合一，得心应手，注重下学与上达之间的修习过程，到哪一品级就是哪一品级的水平，决不掺水分。言必行，真学实行，理论上不夸夸其谈，实践中不蜻蜓点水，做口是心非的学拳人。某些拳师曾告诫学弟说："一般人的拳学，为什么与拳圣之学不同，亦不奇怪，拳圣是真正有心去做，从拳形到拳意，要'形'就立身中正，要'意'就存乎一心，拳法拳理兼修，皆非空言。而今学拳者，谈'形'对基本的立身中正重要性认识不足，论'意'对拳法之妙、存乎一心亦不知作何理解，拳理拳法兼修更是不知所云，但却喜欢将拳圣理法兼修之论作为自己与同道谈拳的点缀。如此学拳，于自身何益？"又曰："今之太极拳界友人，有崇拜拳圣之学，但又舍不掉世俗的抱残守缺、故步自封之陋者，无奈！主要是对太极拳无坚定信仰。这是学者态度有病，为啥学而无成，就是不能立做学问的真实正确之志向，不能将实实在在的拳学与自己的身心相融，惟恐承担上品拳学大家应尽之责任。拳圣所以为拳圣，是对拳学有坚定信仰，矢志不移，脚踏实地下学而上达，每一品级的功夫必做圆满。故善学拳者应将至上品拳学大家的行程做到心中有数，不受其它拳道所惑，勇往直前，终生不改初衷，拳学终有大成。"

拳学之道，有穷毕生精力学之而无卓越成就的，也有学三年比学十年而成绩显著的。可见拳学一道之学法有直径，亦有曲径；有教条主义；亦有灵活思想。要领不明，死搬硬套，事倍功半的学法是曲径，是教条主义，明其要诀，举一反三，事半功倍的学法是直径，是灵活思想。

什么是曲径教条的修习？拳理有所不明，拳法有所不悟，不知上与下之衔接，总以盲目自信为标准，而以俗学为雅学。或以下学之能品为上达之神品，或以一般为圣明，拳理认识不清，拳法又怎能如阳春三月，无利之学，习而不顺，直路变曲径，灵活变教条，虽终其身而习之，亦终难登上品拳学之台阶。何谓直径灵活的修习？技、法、理、道先后有序不乱，概念清晰，前后衔接有据可依，有始有终，循序渐进，拳道可近，为用而学，为学而用，为创新而继承，为继承

拳学之道，有大成与小成之说，小成乃中品拳学，以得中品拳道之妙为结果。大成乃上品拳学，不局限于中品拳学，故学法乎上，同取法乎无，以法为法，亦以非法为法，法法兼收，使拳法气象万千；如拳圣传拳，传己传人，以人人皆成拳圣

为最终理想，广结拳缘方为拳圣；法无名、无上、无量方成真上品拳学。

中品拳学努力造到极处方得中品，但因志向不大，境界不高，虽小有成就，但不圆满，始终不是有心于上品拳学之学子志向。中品拳学有失上品拳学之全面与深度，因而概念不清，内容不明，故易入歧途。感觉是雾里看花，终隔拳道一层，于拳理人云亦云，于拳法实践则随大流，终不能出类拔萃。上品拳学，以达上品拳圣为圆满，以创独特新颖之真品拳风为己任，故志向气质与众不同，取法学行自有广度和深度，必取无、上、中、下法而后造拳学之大成。上品之学的成功如三栖拳圣，可登大雅之堂以现拳架艺术之魅力；可登擂台与人相搏以现技击之神奇；可登大学讲台以明拳理之透彻。如此高大完美之拳学，怎能不具上品气象呢！

孔子曰："学而不思则罔。"真善学拳者，总以拳道为中心深思而悟之，所谓思，就是用心去观师之拳法有何特点，用心去听师之拳理明在何处，用心去察师之拳法与拳理如何印证。而后用心去思学到的拳法怎样才有自己的风格，用心去思怎样正确发挥师之拳理同时有自己的见解，用心去思怎样印证自己学到的拳法与拳理。再用心去博采众友之长。如此用心去思拳道的方方面面，定能明其拳理悟其拳道，定能不断总结完善全面正确的学法和得到真正的拳学。据道为学犹如一部巨著的"绪论""导论""前言"一样，所谓纲举目张也。开始就该把主要的意思点明，则学拳便无阻碍，无往而不通，拳法自然灵机活现，用力经济且出更多好功夫。这其中的关键就是勤思善悟，能如此，拳学自蕴自然之理势。

陈长兴说："夫物散必有统，分必有合，天地间四面八方，纷纷者各有所属，千头万绪，攘攘者自有其源。盖一本可散万殊，而万殊咸归一本，拳术之学亦不外此公例。"可见拳法中的掤、捋、挤、按、采、挒、肘、靠，进、退、顾、盼、定，此十三势或在此基础上衍化出的千势万势以及拳势结构、用法、风格、精、气、神，皆不出万殊咸归一本。本着万殊咸归一本这一大总源，技之术，法之能，理之妙，道之神，各司其职，拳内之法，拳外之养自然合而为一。现将拳法上品之学的大意程序分段大概述之，以供真正有志于拳学之道者参照行功。

一、上品拳学的取法捷径

学问之道，无论哪一个领域，都存在两种相对可能：一是相对地多、快、好、省地尽快直接达到目标目的的捷径；二是相对地在很短的时间内取得理想的成就。

我们知道，飞机比轮船快捷。步行更不能与飞机相比，二万五千里的行程也许要走一年甚而更多的时间，而飞机十几个小时就可能完成。为什么呢？这就是速度与路线的差距造成的。由此可知，欲求拳法的捷径，必须找到速度和路线相等的答案，不然还是有快慢之分。例如两艘轮船同时启航驶向一目的地，其功率一样大，速度相等，路线相同，然而一艘停两个码头且时间短，另一艘停四个码头且时间长。这少与多，短与长的差距，就产生停靠码头少时间短的轮船先达目的地，而停靠码头多时间长的轮船只能后抵的结果。

据上分析，上品拳学的捷径是建立在快速与直截路线和行程没有停留三者之上。但是一定要建立在上品拳学大家这一上乘理想和正确的拳学观念和拳理、优秀的传统训练法与现代科学训练法相结合的法则上。而不能建立在不科学的、旧、残、缺的拳学观念，拳理和训练方法基础上。马虹老师何以被称为"太极状元"，为后学誉为拳学大师？就是其拳学所述所论皆有所遵循，却又不拘泥于陈言旧矩。一代太极拳技击大师张志俊为何能从微观的角度来解密太极拳技术？以推手为例，他明确地告诉我们这些学生，只要每天在训练场上保质保量地完成200个双手八字圈，一年后与人推手较技想输都难。因为每月就是6000个，一年积累是72000个，这个数字将决定每个拳手的手法、身法、步法的协调性、周身的功力和技巧。好比下海挣的第一桶金，有了这个基础，今后的拳技之道就可以大步前行。当然，关键是每天坚持练习，如果三天打鱼，两天晒网，还拿一天来补网（给自己找不练的理由），就不可能收到理想的效果。这是张老师通过自己善思敏悟、勤于实践，最终得出的量化标准方式，指明了拳技学习达到成功的程序。两位大师的成就告诉我们，欲在拳学研究的道路上有历史性的突破，就不应被已掌握的拳学所束缚。故而，欲觅上品拳学之捷径，惟有对原有拳学取其精华、弃其糟粕，阐发正确拳学其意，不断悟出更科学的新拳学，这样就能筑成一条通往上品拳学的捷径。

　　无疑，有了上品拳学之捷径，到达拳法的上乘境界，当然就快得多了。固然必须实实在在地经过下、中、上、无四重艰苦的实践和求证的境地，但是，目标是清楚的，好比从贵州至北京的航线，要经湖南、湖北、河南、河北，而后才抵北京，途中每一境的经过，就是下一境的开始，没有停留耽误时间，一路呼啸而过，直达最后境地。因此上品拳学应从最下品地开始，修为过程中不论条件、不论等次、不论阶级、不论品相，才能直达无名、无上、无量的上乘境界。具体地说，拳学的基本知识、基本动作、基本技能的功夫必须直接与拳学的上乘境界接轨。

　　当今很多人的拳学为什么进展慢，因为他们对到每一层功夫的目标不能落实，对总的目标也不清楚，或者根本就无目标可言。有人说："不想当将军的士兵，不是好士兵。"就学拳者和拳学而言，若不能将拳学修炼到上品和努力成为拳圣，就是无目标地盲目修炼，这岂不是在拳学之道上一生的茫然？这样的学拳者怎能成得了拳圣呢？但若有具体和总的目标却无切实可行的修炼计划，便是将目标没有落实到实处。世人都说太极拳好，都能根据自己的体能条件和鉴赏能力选择适合自己的风格拳派，尽可能地向本流派的优秀代表人物学习，可是多数人只知好而不知其所以好，只管学而不知怎样学。就拿陈式拳为例，人人都说好，究竟好在哪里，却不知其然，有人说主要好在那不易掌握的神奇的丹田内转功法引发的松活弹抖所表现出的缠丝劲势。很多学拳有年的人对此说也信以为然。其实这有什么神奇可言？只要全面掌握全身放松、丹田内转、足蹬地的反作用力的方法，就可在瞬间爆发出螺旋振荡式的缠丝劲势。只不过相对来讲，明师发劲的时机、状态、力点比一般的行家要掌握得恰到好处罢了。如果说发出的劲力有何不同，那就是体能强者劲大，体能弱者劲小而已；要论相同，劲力的表象有三种类型：一是平面螺旋形，二是立体螺旋形，三是斜向螺旋形。当然，任何一个拳势都可以发劲，而技击意识不同的拳势则可使劲力的表现呈千姿百态。就拿平面螺旋形的发劲来说，学者不妨将陈式一路拳势一一试着发劲，每一发劲动作幅度从大到小多做几次，不就有几百上千种的不同了吗？若从拳势的奇正与高低分类计算，就可知发劲的变化更多了。而谁在掌握拳法变化的总规律前提下，又善于寻找劲力变化的各种可能性，谁就完全可能在发劲变化的丰富性上胜过历代明师。有同道说，明师发劲变化莫测，其实决定明师们的发劲变化，不是某一个或几个熟练的发劲招式，而是全面正确掌握总的发劲诀窍。如果谁真正研习过发劲的正确原理，并亲身实践掌握其方法，谁对拳法及发劲的基本法和非基本法的变化规律就会豁然贯通。

通过对发劲的种种研究，可从中发现，上品拳学大家是怎样利用具有自己特色的发劲方法作为自己攻无不克、战无不胜的绝学。也可从一般水平的拳家发劲方法中窥见，拳家们为何避免不了在黑暗中痛苦地摸索，为何避免不了自己始终要禁锢在他人的法度里，为何避免不了自己不该有的奴性。这大概就是世俗意义上的修为规律所决定的命运吧！

多、来、咪、发、索、拉、西，是音乐艺术的七个基本音阶，任何一位有成就的歌唱家，无一不是在严格遵循这七个基本音阶的基础上，结合自己对生活的感悟，对歌词的理解，来发挥自己的音质、吐字、气息、高音与低音的自然条件，即非基本法。从而在旋律上进行任意的无限排列组合，吟出脍炙人口的千古绝唱。故，欲走上品拳学捷径，亦如学音乐一样，必须重视基本法和非基本法的结合。基本法的功法程序虽简单枯燥，但是给人于明确可靠，非基本法则可以使人无拘无束地发挥自己的智慧、体能。面对历代明师的优秀成法，可以从中得到一种启示，就是要准确把握基本法的实践和非基本法自由发挥的无限可行性。笔者探索拳法的上乘境界和上品拳学的捷径，总结出"四个务必"。

习练各派拳法　通晓古今成法

自然人性为本　更高境界我造

上品拳学的钻研创新，要走把握好两个极端的路子。何谓两个极端，拳论曰："极柔软，然后极坚刚。"此说运用在拳法实践中，就是要先将拳势练得极柔软，而且要柔得有拳味，柔得慢而均匀，有了慢与柔之极，才能进入匀变速和发劲的阶段，产生快与刚之极的结果。经历这两个极端的磨炼，就会刚柔快慢兼得，任意发挥。若开始学拳，就刚柔快慢兼练，就算能达到一定层次功夫，还想更上一层楼，就要耗费更多的时间和工夫来重走慢与快，柔与刚二极之路。如此看来，路途难免艰难曲折。拿学陈式拳来说，真要修炼到历代陈式拳明师的地步，应在抓基础和发挥之二极上做好文章。基础功夫应掌握好：规矩的外形；完整的内劲；鲜明的技法；厚实的功力；拳法的神韵。这是陈式拳的根本基础，在这个基础上，再有对拳理的正确理解，就可复加自由发挥，古今明师之为我用，自然之法我造。如此学拳，才能学到拳学的精髓。若只学已经明师们定型的拳技，不追其源，不穷二极，无疑便入"狭隘形式主义"之途了。

上品拳学的两个极端，立根在"下学"基础功夫上，立根在"上达"高境界的效应上。"四个务必"的前两句，是上品拳学的下学一节功夫，总在研习各派拳法，与古今各派拳理的基本行功法则的通晓上下功夫；后两句即为上品拳学的上达一节功夫，将最基本而又实在的行功法则与上乘境界直接贯通，发挥自然人性能量，直造上品拳学的圣殿。

"四个务必"中每一句都有二极之学。首句习练各派拳法，必在古今明师的拳法上做道行：过去的明师的拳法个性与传统较浓厚，当今明师的拳法除具个性和继承优秀传统外，能洋为中用，具有现代科学文化的色彩与内容。得此二极，中间则易。次句通晓古今成法：古者晋明末清初，今者当代。若能将古与今被社会认可的明师对拳学研究的整个过程有一共识，得法一致，中间似古似今之层次则容易解决。三句自然人性为本：指人之一端与自然大道之一端的合一双运；道为我用，我为道言，天人相融。有人，必有人为之工；有自然，必有天然之工。人工之为可使一块粗玉成精美玉器，天工则现古朴自然天地，二者皆具，大能岂有不属之理。人性可使情神兼具相合，生发意气；自然可使形质与神意双学共进，神形皆妙，与古今明师并驾齐驱当属自然。末句更高境界我造，则是初学拳道的我与进入理想拳道更高境界的我之二拳合一拳道：我是上品，拳圣即我，我与拳道之更高境界合为一体，拳道之能事能不尽乎此？

想学拳有成，时间又要缩短，必须路线直接，行动上要快马加鞭不下鞍，这才是走捷径。然而，同是追求上品拳学，同是直径之途，前进中总有相对的快与慢或稍快稍慢之分。直径捷径虽是达上品拳学的可行之道，就像现在的高等级公路一样易行，但是要达拳圣般的拳学终点，还是比一般拳学要困难得多，非宜将剩勇追穷寇的精神不能实现。也就是说，只有学者对拳学的最高理想和目标有无比的信念和力量，充分发挥自身的热情和主观能动性，努力奋斗，这一美好的愿望方能达到。现在有很多学者虽有一定的目标，但是研习中疲软得很，一日曝，十日寒,你若好心敦促他,他却说,慢慢来,不着急,岂不闻太极十年不出门吗?殊不知,凡要做好一件事,一定要有只争朝夕的精神。不然,抓而不紧,等于不抓。这就是目标定位没有彻底落实,没有下定决心的缘故所致。结果呢?明日复明日?明日何其多,此生待明日,拳学成蹉跎。

对于没有将目标定位落实彻底和下定决心的学拳者来说,时间于他们像是用不完的财富,总找得到肆意抛撒的理由。而对有志于上品拳学的人来说,时间就是生命,深知生命总有个尽头,于是每天让晨光拉着,让夜露挽着,用辛勤的劳动去燃烧生命,将生命奉献给神圣的上品拳学事业,尽最大可能把自己的智慧和体能加强发挥到最高极限。所以要学习齐白石老人"痴思长绳系日"的求学精神,争做跑在时间前面的人,一旦正确的捷径明确,要抱着乐于苦、才乐于甜的良好心态,赶快下工夫上下求索,拳理结合拳技实践,敢于向运动强度极限挑战,同一切内行交流,时常向明师请教,不断取他人之长,补自己之短,争取比别人多实践,多思考,多总结,这样成就才能比别人大。

为何有的人每天能以饱满的精神,充沛的力量和大量的时间,辛勤耕耘在运动场上,其热情认真的态度和兴趣,令人肃然起敬,而且训练内容有计划有章法,因为他们把拳圣和上品拳学作为自己追求的宏伟目标,有了如此理想,怎能不乐在其中,尽管这个过程很苦、很累、但是充实而不虚度此生;而有的人由于不知学而为何,故生活除了烦恼便是空虚,活得非常无聊。这就是拳圣、上品终归是拳圣、上品,学而不知为何的拳学者最终还是外行的道理所在。

进取是求知者的乐趣,用生命去完善理想的事业最能体现人生的价值;上品拳学可以给人带来无比的欢乐,可以将自己导入"拳道合一"的境界。

二、上品拳学的实践原则

将上品拳学之道的结构层次作出明确分析,阐明拳法上乘境界的真义原理是本书的根本宗旨,在此前提下,对上品拳学的切实可行的实践程序和方法给予规范化权衡。上品拳学研习要求,实践原则的提出,目的是使拳法爱好者在学习实践中得到完整落实,步入拳法上乘境界途径,完善各自的上乘拳品。

上品拳学的实践原则有以下八条：
（1）最高理想原则
（2）高度的本我自性原则
（3）全面大乘原则
（4）前后贯穿统一原则
（5）合并同类项的组合原则
（6）基本法的确立原则
（7）中庸正大的主体原则
（8）为用而学，为创新变法而继承的原则
以下就上面八大原则作必要的阐述和解释

（一）最高理想原则

现实可见的拳学普遍有几种：一是无目标的拳法学习。此类人学拳很随意，谈不上理想，亦不会用心去研究拳法的能与妙，只要练就行。这种人学拳就像不买东西而爱逛超级市场的人一样，为什么逛，自己也说不出所以然，但很自觉地天天逛，并且每一次逛的时间还很长。二是实用性的拳法学习。这类人学拳，纯为技击，为使自己练出来的拳技有保护自身威慑他人的作用。三是名利性的拳法学习。目的是为参加某一赛事，得个名次，加入武术协会，有一定的社会地位和崇拜者，能以省市级为目标者决不以县级委屈自己，能以国家级或世界级为目标者更好。追求拳学上的成功和名利，这是一种意志、智慧和信念，人人都应该有；但如何看待名利，却是一种心境，一种修养。以淡泊的心境看待名利，对已拥有的名利你不会太过紧张，生怕失去，而是倍加珍惜；对于正在追求中的目标，因客观条件不具备，主观努力亦不够而没有实现，名利与你擦肩而过，你也不会耿耿难眠，因为谋事在人，成事在天，只要付出过，你至少觉得对得起自己，没有遗憾；而更重要的是，得到了也有可能失去，无论你荣获多高的名利，都不妨时常这样提醒自己。这样，得到的时候你会懂得珍惜，失去的时候也不至无从接受，这于那些对名利看得很重的人尤其如此。切忌莫学那些削尖脑壳去钻营名利的小人。这种人得不到名利时，就怨天尤人，名利一旦到手，就趾高气扬，甚而目中无人，以靠名气招牌过日子，同时亦失去了进取的精神。四是艺术型的拳法学习，出于有生以来的酷爱而富有天生的研究进取精神，优点是出自内心的热爱，有自然的动力活力；缺点是理想不够完善，研习中习惯于跟着感觉走，这类人如无明师点拨，常徘徊在中下水平。五是中品拳学的道路。这条道上前进着一批富有理想、目标和研究进取精神的精英，人数不多，却是继承、发展拳学的希望，他们知晓"取法乎上"的学习程序。其中的佼佼者，可在不悖法乎上原则的基础上而兼具中下品的性质，吸收各派精华成为独家特色风格。而稍逊一等者，因不知上品是上、中、下拳学之总和的造就，故专学于上品大师，看起来是跟大师学，取法巧妙，实在是误入歧途之学法，想像中的成就可望而不可即，或自叹才力不足，而不明学之无法。这类人的拳学是以中品为最终，故称其为中品拳学。

得乎上是上品拳学的根本，以拳法更高境界为目标，学法是取法乎无。取法无名，无上、无量之究竟大法，即是所谓取法乎无，这是包涵了无、上、中、下所有内容的大学。故，欲成上品拳学，拳法的更高境界为更高理想是上品拳学的第一原则。

（二）高度的本我自性原则

拳学要素已为学者明示，拳法的最高统帅是人，主宰着拳道的拳品之上下、成就之高低。人的主观能动作用若得到高度发挥，自然与人类的原始根性和底气若同乎显发，上帝、拳圣、佛陀般的心量德能若具备，自然的拳学、拳品的构筑与整合必能得到更好的完善，亦如造物主创造天地万物一样。

映入我们视野中的常规拳学几乎无视本我自性的决定作用，某些拳友相识和探讨拳理、切磋拳技，关注的是：你是某师的弟子吗？你的拳架、推手、散打得到真传吗？是否有其师的风范？或王婆卖瓜，自报师门吹嘘一番。强调的是某师的法度、技术、传统，自己的天性本能往往为某师之法所淹没。其实，学者如为一法所使，为一师所役，了不起也只能造到能品下品的水平。本我自性的高度原则是为上品拳学而立的，要求学者的主体主导作用得到更充分地发挥，要求开始学拳就应该使自己的个性风格完整地得到保留，使自己的个性特点随着拳学的进步和不断地上台阶都与拳法的基本法、拳法的传统相结合。现在有很多学者在学习过程中，不是以严谨诚恳的态度对待拳学，还未找到拳味，就想当然地做些花样，画蛇添足，把此拳架中的几个动作插到彼拳架中去，还自鸣得意地说这是自己的特点，颇有创新之谓。这种自误误人的功夫，虽不值懂拳者之一顾，但于外行人看来，反觉得是好功夫，这样的学者或拳师，十处拳场，八九皆是，既无其师的风范，更无自己的本然。有成就的拳师无不以本我为主、技法为辅、明师为助，本的含义就是我，就是自性，如孔子曰："本立道生。"古今一贯的拳法基本法则与历代各位明师不同的成法应像书僮一样无条件服从做学问的主人调遣，这位主人自然是每一位力求上品拳学的学者。纵观古今难于计数的学拳者，经过数十年的"克隆"学法，再回首找自己，自己的影子已无踪迹，更别说人的本我形质。好比与狼生活多年的小孩，能爬、会叫，但无人的正常生活语言习惯。兽的习性成形多年，欲恢复人的本然真是难于上青天。

然而更值得强调的是，上品拳学的学者初学之时要学会做两面人：一面是一无所知的学生，一面是学富五车教学有方的老师。在求知的道路上做学生的往往容易陷入盲目被动，原因是把老师的话当做圣旨，不论有无道理，这是历来的传统。做老师则可以像检查学生作文一样地发现自己拳技的不足和缺点，提高对拳法艺术的感悟和明鉴能力。主动地研究拳理及训练方法，不断总结调整自己的运动量和实践经验，改正和弥补拳技的不足与缺点，在不同的训练阶段及时给自己制定训练目标和内容，逐渐学会自己做自己的老师，这样才有可能使自己达到拳法的更高境界。这是自己做自己的老师的好处。凡有成就的明师都有一个共识：即拳学成功的最后路程并非是学就能完成的，并非是有个好老师就能解决所有问题的疑难。每一位上品拳家都有独特的生理、心理特征、气质风采，只要将本我自性的发挥与完善作为上品拳学的重要准则，努力开发和发挥自己潜在的本能和悟性，就一定会有上品拳学更大的真正成就。

（三）全面大乘的原则

全面大乘与不全面小乘相对应，就拳学而言，不全面小乘者学而不全、知而不深，以自己锻炼养性延命为最高成就。全面大乘者学而不厌、诲人不倦，通过修为不仅认识到人是大自然的产物，源于自然，亦必无私归宿于自然。而且客观认识到人是社会的人，不可能生活在真空，是在社会这个大家庭中得到众人的关爱帮助下生存的，应有人人为我、我为人人的奉献精神。应在自己不断获取知识、不断锻炼获得健康长寿的基础上以帮助更多的人得到知识的熏陶和健康长寿为更高宗旨。全面大乘的原则要求学者将最基础和高层次的修学内容兼顾并学，拳学才会全面发展，硕果累累。悖于这一原则，拳学必然不全面或仅修至小乘，甚而走向片面毫无收获，全面大乘就有名无实。

拳学是否全面大乘，要看是否包含以下几个方面的内容：一是拳学结构的全面性，人的主体性和拳理、拳法、兵械技能技术的基础性，历代不同流派传统拳学系列的参照性，所具有的自然自性，此三者能否全面高度统一，全面展开；二是取法的全面性，即能否依照法乎下、法乎中、法乎上、法乎无循序渐进，神、妙、能兼修并举，进而无上无量；三是拳理、拳法、兵械掌握的全面性，即具体的拳架、推手、散打、兵械的知识、技能、技术的全面学习、全面训练，达到徒手与兵械的熟练和应用上的全能；四是拳法本体组合构成上的全面性，对拳技中静态与动态的手、眼、身、步法的规范协调配合应用，拳技的劲力、速度、灵敏、柔韧和神韵、风格、节奏的表现，拳技的形质和神意的完整准确把握，不同阶段有所择重，总体是不偏不倚，全面提高；五是从属于本流派拳法的兵械在运动中通过持械手的支配和身步法的配合，发挥出兵械形态的攻防效用，展现出身械合一的特色；六是理法、学养、拳内、拳外兼顾。学者应做到理论与实践两条腿走路，拳内之学与拳外之养同步进行。

制定全面大乘原则，目的是为追求上品拳学的学者更好地全面发挥调节自身的能力能量，构筑具有全面整体性的上品拳学有一可靠保证。惟有全面和有深度的学习，才能具备全面而又深厚的知识底蕴；惟有全面和超强度的训练，才能造就超群的全能高手。理想中的上品拳学大家气象，是既全面又全能。

（四）前后贯穿统一的原则

是规范拳学全面正宗，大乘整齐，完善实现上一原则的有力保证。探索拳学的奥秘，犹如实施一项伟大的工程，要有效地实施，圆满地实现，就要估计到实施过程的难度，对基础知识和专业知识、技能、技术的学习要做好充分准备，制定一个提高明确、内容主次分明、条理清楚的修学计划，不能失去提纲无的放矢。我们可以从运动解剖学得知，使人难于记住的骨骼、肌肉、韧带等各种名称，甚至七经八脉和几百个穴位，为什么会合理有机地组合在一起，那么完整统一，美妙有致，形质之身受统于心神，多功能集一体，整体而具大用。上品拳学虽大而全，内容多且内涵丰富，若坚持长期细致、主次分明、有条有理的努力研习，必然万法归一，一本万殊，极富成就感。

人的本我自性，心、气、神是贯穿统一拳学内容的根本。本性如清楚拳学路线的人，心气如贯穿路线的路标，静态与动态的基本法和非基本法则等概念和条条款款都是路标，用人之心气贯穿起来，形成对路线的统一整体认识，这是本性自然的神奇作用。能贯穿统一，可为拳学之美妙增其益善；不能贯穿统一，则每一法定会不通，至少有暂时堵车现象。因此培养贯穿统一的领导心意，无论学到那一阶段，那一个内容都做得主人，既能尽各法之用又能成一整体，这是同时全面发展上品拳学所需的素质。如此既能全面统一，又统一全面，收到一本万殊，万殊归一的正果就是极其自然的事。

（五）合并同类项的优化原则

耗费最少的时间和能量而获得更好、更全面、更长久的研习效果和成就的研习方法和训练手段，为上品拳学的优化原则。每一具体优化方案须经过全面细致深入的实践考察，证明起到真正优化的作用方可确立。优化原则是建立在全面大乘和以少胜多、以简胜繁的原则上，是实现全面大乘上品拳学的参谋，是衡量拳学是否以长期终极为目标的尺度，其作用最终目的是为拳学的更高理想服务。

当今有很多学拳者想尽快地掌握拳学，这种愿望是美好的，但是怎样才能尽快掌握却从未认真地思索过，亦从未考虑自身的拳理和拳技的功底扎实与否，一味地往前学，认为先大概掌握后再慢慢揣摩，一样能实现拳学之全面大乘。在这种简单浮躁的思想支配下学拳，结果以失去全面技能为代价仅换得眼前一招半式雕虫小技，以失去长期远大目标为代价换来昙花一现的微利。真是拣了芝麻丢了西瓜，得不偿失，愿望虽好，结局不尽人意。这是不明优化原则的作用造成的。欲使拳学达上品，就要有多年的长远规划和训练步骤。初期的一二年内要熟读理解基本拳理，同时要进行艰苦的大运动量的体能素质和专项素质训练，为中期研习拳法做好基础工作，这个阶段不可能有显著效果，亦谈不上拳学之品级，要进入中期的拳法内容学习三五年后方可初见成效，而大成就则还需要七八年的深研方可告成。这不是目光短浅的速成论者可以比拟。为了对优化原则的作用有正确认识，将在有关章节详述具体优化方案，请学拳者细心阅读，正确理解，认真实践。

（六）确立基本法的原则

基本法的确立必须真实可靠，不然优化原则就少了依据和保障，失去生存的基础和实施的可行性。何谓基本法？即拳学在常规发展中不可缺少的根本且又重要的原理方法，这个原则对每一位学拳者来说应不折不扣地遵循。

良好的体能、全面扎实的基本功、稳定的心理素质，是杰出拳法家取得成绩必备的基本法则。至于个子的高矮、体形的胖瘦、长相生得谦虚与否则是各自的造就，属非基本法性质。非基本法对于成功的拳法家来说会因对拳理的理解和拳法实践的程度不同，而各自有不同程度的体现，不是擅长此，就是擅长彼，造诣深者或彼与此兼而有之。拳法家在拳学上是否有造诣，不是以谁学习哪一流派拳学来决定，而是看你是否在拳理的研究和拳技的实践上是否取得成绩决定的。不论你学陈式也好，杨式也好，武式也好、吴式也好、孙式也好，和式也好，甚而国家审定的竞赛拳架或太极拳段位教程，成绩是基本法，不同流派的拳学是非基本法。因此，基本法与非基本法是相对而言存在的。

遵循和完善拳法中的基本法，是研习各流派拳学的人应做到的事，有了它成就上品拳学就有希望。能在拳法中体现自己的特色技法，是非基本法作用在不同人身上的体现，证明各有各的思路，各有各的练法，八仙过海，各显神通。

拳法学习要进入更高境界，必须搞清楚基本法这一重要课题。明了基本法，则拳学易入正道，古今上品拳学家总结的拳论就是实实在在可借鉴的有益教材，拳法中画蛇添足、画虎类犬的事就能避免。基本法清楚明确，拳法之路就平坦宽阔，到达上品拳学的道理就像明灯一样指引着学拳者前进的方向。

（七）中庸正大的主体性原则

中庸与偏执失调相对，正与邪相对，大与小相对。有正的主体精神，学拳者易入正道；大的主体精神，学拳者做学问才客观全面有序。中庸正大为拳圣的主体精神，为上品拳学的主体性原则。

中庸要求的是"过犹不及"。基本原则是"允执其中"。用于拳法则必须做到形与意的高度协调统一。形强意弱犯舍本求末之病，意强而形弱则拳法不完美。故不协调的过程或过弱都是导致拳法犯病的根本原因。所以把握好拳法的形与意的平衡统一，使具体的拳架结构外形、用法、神意没有缺陷，一举手、一投足都很到位，形质与神意协调发展，拳法方显上品之大气。

正能胜邪，邪却不可胜正。正之能胜邪，是因为正理直气壮，邪则理曲气弱，故弱不敌强。以传拳而言，凡心有正气，以造福众人为己任的拳学大家。每到一处传拳，人人欢迎，从学者众多；而心胸狭窄、私心重有邪气的拳学小家传拳，从学者定会不多，一旦识破其小人之心，必然离去另投明师。然而正之能胜邪，不是以斩除邪为目的，而是化邪为正之用。要削弱邪的力量，增加正的能量，拳学大家要以正大气质和科学之拳学去征服和改造拳学小家邪小气质和不科学之拳学部分而为正用。如此学大家气质更正更大，拳学更科学完善。故拳学大家以正为主体每用邪；拳学小家不敢也无能用邪，以正御邪，故拳学之象小气。

上品拳学大家之所以有广博的知识和高超的技艺以及高大完善的形象气质。是因为能以大为主的知识、技能、技术统帅小知识、小技能、小技术，如此胜小、容小、集小起修炼展塑造而来的。

提出中庸正大的主体性原则，是为了学拳者的更大成就得到保证，这样拳学就不会因偏执而止于能品，因偏胜而到妙品，背立中庸正大，拳法之道的更高境界是不可能实现的。

（八）为用而学、为创新变法而继承的原则

拳法学习上的弊病之多，至少是几百条，而其中主要的是学而不用，继承而不创新一大病根。为用而学、即用先学；为创新而继承，继承也就在创新之中，这是上品拳学对学拳者的要求。如此，学习与继承的目的就永远是清楚和落

实的，就不会被印象派绘画一样的手段任意夸张而遮掩。

杰出的成就孕育在杰出的理论和实践之中，二者不可偏废。拳理学习是在整个学习中重要组成部分，上品拳学的全部内涵要得到彻底明白，必须辅以强有力的实践行动，学行统一，学用结合，高度统一学行与应用，上品拳学之域定可到达。

学习拳理要借助现代科学知识手段去善于辨别落后与先进的拳理，努力去伪存真，取其精华，弃其糟粕，而行动实践要以科学的训练方法有的放矢地指导练习；用正确的拳理引导拳技实践，达到有效的拳法实践印证正确的拳理；行动实践是整体学习的组成部分，要做到学与行结合，学与用相融。学与行关键是继承，一般注重手、眼、身、步法。而用关键在随机应变，是学与行的相互印证真实运用，故有创造性，手、眼、身、步法外更重在用心。学行与用的关系，如同有规矩的推手与无规矩的散推实战，不通过有规矩的推手这一程序锻炼，无法感受到常规八劲之法的变化和与之派生出的各种劲法，因而无法在散推实战中化打。

故散推时死守八劲之法，是不能克敌制胜的。所以推手应着重于实战性的散推，实战性的散推是最灵活的推手。高度统一学行与用，既得于手、眼、身、步法，又得于心，方是得到真传，方能体会到真受用。学必须是实在的学、用亦须是灵活的用；学的目的在于用，方谓实学，方谓真学。

学习上品拳学开始即应明示学拳者，继承是为了创新，要充分调动发挥每个学拳者继承的潜能和创新的细胞。不断更新学习观念为创新服务，不断摸索为创新而继承的学习方法。只有富于创新思想的人才能掌握发挥学习的主动性，更能在继承中体现学拳者的自然自性，这样成功的可能性即得到进一步加强。创新是继承的目的，创新与继承同步，可保证学习的上乘质量和真正价值，使拳学从必然王国向自由王国不断发展。

上述上品拳学的八大原则，是指导拳学实践，经常加以对照，不致背离正确大方向的指南针，同时也是衡量拳学是否臻上品的标准。只贯彻其中一个或几个原则，而不是全部原则，不是完整真正的上品拳学。因此，学拳者应熟记于心，若发现有所偏执时，要及时加以调整，使拳学沿着更正确、更健康的道路发展前进。

三、自然性质的反映和再造

拳法的根本是自然。从人的视角来看，是人创造了拳法之道；从大自然的视角来看，拳法之道则是大自然衍化而出的。人与大自然的关系，如同一个学拳者与要钻研的某一流派拳学系列的关系，虽然其中的拳技和兵械之技可由学拳者逐项掌握应用自如，但指导拳理、实践方法及相关的辅助练法及设备都离不开拳学系列这个范畴，技法的风格特点亦归属这一流派拳学系列名下。大自然不懂语言表达，对自己所具有的神力和丰富的宝藏与涵养总是以谦虚沉默的态度面对人类，然而修炼到上乘境界的拳圣则非常明白"道法自然"的妙处。

以自然大道为根本的上品拳学之拳法，其内容、任务、实践的依据和准则，是反映和重构自然中各种性质的美。

拳法反映和重构自然性质的美大致归纳为以下几类：

（1）宗教性质的美——自然本体的体认
（2）哲学性质的美——自然原理的阐微
（3）绘画性质的美——自然形象的勾画
（4）音乐性质的美——自然韵律的表述
（5）技击性质的美——自然运动的再现

拳道之五美，如风光无限之中华"五岳"，乐于探索上品拳学者，理应逐项登游，采摘奇珍异宝，以造拳法之完美。

（一）宗教性质的美——自然本体的体认

完善人的本性修养，其目标是与自然大道相融合一。要到此境界，只有无私、无偏执观念，才能使人的身心轻松愉快地与自然本体契合，才能做到人和自然的性格同本异，才能具有拳圣般的境界与气息神意。所以，修炼太极拳者应学习掌握儒、道、释三家传统文化的道理，简要说，儒家倡导的"大同"，道家追求的"先天混沌"，佛家体认的"圆融"，将这三要素融进太极拳，就构成了太极拳所主旨的"和"，而这一个"和"字却把三教之理慨括殆尽，如果意诚心正的长期实践，就一定能成就上品拳学者的天性德能。

（二）哲学性质的美——自然原理的阐微

信仰与实践体认相融并重于实践是宗教，研究与思辨相融并重于理论是哲学，这就是哲学与宗教的区别。

哲学是自然与人生的学问，拳理是拳法的学问。拳法的哲学性质，就是力求从本体上体认道理，并运用道理来帮助学拳者更进一步了解、反映本体。由于拳法以自然为本，故拳法之理是经自然之理启示衍变而来，所以重新体认研究自然之理，具有改造完善、重构升华拳法之理的可能性，而不断深化、提炼拳法之理，拳法实践的依据就会得到深化发展。

哲学属社会科学，所以宗教、文学、历史等知识学科都属哲学范畴。对宗教、文学、历史文化有造诣者往往是大哲学家。而宗教、文学、历史研究得深入并有成就者，亦可说是哲学家。具有渊博学识和非凡理性是哲学家具备的气质，这种气质在拳法中便体现出一种大气，体现出文雅和中规中矩的神气。探索自然原理和拳法原理，目的是正确阐述本书大部分内容，详文可见明理一章，此处不再赘言。

（三）绘画性质的美——自然形象的勾画

在拳法定义的探讨中，称拳法为造型艺术者，是从拳法的造型性质考虑而提出的。造型艺术不是拳法的定义，但是造型的成分是肯定的。造型艺术绘画最为显著，其基础是以描述塑造自然界的各种事物；而拳法因有绘画的原理在其中，故拳法堪称更高的绘画。

西方现代抽象艺术，如毕加索的现代派绘画出现，使中国和外国的拳家对拳法中隐含的深层次的绘画性质有了较清楚的认识，所以拳法中的绘画性质确有高出一般绘画的地方。由于拳法具备抽象艺术的细胞和原理，其要义需在身内用心揣摩，于是有拳家将拳法看做是高品位的抽象艺术。集古典与现代绘画性质相融并高度抽象概括，这是永恒的抽象艺术。

取自然界中最基本的元素性质为原始手段，紧紧把握住自然的规律、趋向、拳法的表现必定自然，拳法中的绘画性质必然永恒。拳法表现自然是整体的，不是局部的；是庄重的不是浮躁的。由于拳法具有这些优秀的艺术细胞质，所以拳法是高度简化浓缩了的更高绘画。

　　拳法表现自然、勾画拳势的总原则，是舒展与紧凑结合，虚中有实与实中有虚结合，端正和谐与对称统一结合，抽象逻辑思维与具体形象思维结合。落实在拳架上是头、肩、肘、手、胯、膝、踝七拳，落实在眼神上是注一挂余，即陈照奎宗师所说："眼视敌人为主，兼顾左右。"落实在内劲上是一顺一逆，落实在形质上是天与地的基本精神。拳法与自然的造型因素始终贯穿在全书中，请学拳者用心体悟。

（四）音乐性质的美——自然韵律的表述

　　自然界的节奏和韵律是音乐最基本的元素，例如人们称之为"天籁"的雷鸣风吼，称之为"地籁"的兽语虫鸣、而称之为"人籁"的则是人的语言、歌声。人的运动动作加上自然物象，彻底反映出各种韵律、节奏的变化和美感。音乐的基本元素是韵律和节奏，拳法的重要内涵成分之一亦是韵律和节奏。

　　音乐的韵律节奏美，是通过起与止、长与短、强与弱、高与低、断与连等韵律节奏基素的不同运行组合产生的。而拳法的韵律节奏表现与音乐何其相似，忽而强烈，忽而柔和，忽而瞬时停顿，强烈时似惊雷闪电、狂风骤雨，柔和时似行云流水，停顿时则劲断意不断、意断神相连；有时喜，有时悲，喜则节奏轻快跳跃如著名舞蹈家杨丽萍的名作《孔雀舞》，悲则节奏沉重缓慢如著名音乐家华彦钧的名曲《病中吟》。古今明师练拳，喜怒哀乐，平淡心态寓于拳，所以欣赏明师拳法，模仿并用心体会其间的韵味，与欣赏品味古今中外名曲一样，可使人的思想情操在优美高雅的韵律节奏中升华到崭新的高度。当今有功成名就的不同风格流派的明家在拍摄立体作品（VCD太极拳教学片）时，为什么都选用古典名乐《春江花月夜》，或选用音乐家们为不同风格流派的拳法谱写的具有古曲韵味的典调伴奏，这说明拳家们的音乐素质已得到提高，懂得音乐般自然韵律的各种美感，对提高拳法的韵律节奏有不可低估的重要作用。所以，欲造拳法上乘境界者，要主动地、有意识地、尽可能多地用心去欣赏体会世界上优秀的音乐作品，感悟自然音乐的节律美质，拳法的韵律节奏与自然才能合拍，才能臻于上品拳法的境界。

（五）技击性质的美——自然运动的再现

在拳法家的心目中，自然间凡有生命的动物和自然运动现象，都能成为启发拳法技击运动的素材，如袋鼠之间的打斗，流水与飘云等，而我们的祖先创造的拳法更是启发拳法家拳法上揭示技击运动的直接素材。技击是拳法的生命和灵魂，没有技击性的拳法，只能称之为舞蹈。美妙的技击运动完全寓于拳法之中，技击运动讲求迅猛、紧凑、利落、瞬息万变之美；讲求劲力的爆发激烈、阳刚之美；讲求柔化刚发、引进落空、四两拨千斤以巧打拙之美。

拳法技击运动的上乘表现都具备三要素：一是充分挖掘出各种技击运动方式的可能性；二是要充分体现技击的力度、速度和准确点；三是在实战中，一旦得手要具有连续打几个劲法的韵律节奏。充分发挥三要素的浓缩协调效果，可以让人感受到技击美的无上享受。

拳法的技击是灵活运动的，是具备力感、速度和准确点的。上品拳法技击不但要有美的韵律节奏，也要发掘出人身七拳技击方式的种种可能性和表现力，更须有常人不可想像的神力和神技变化。

上品拳学的新陈代谢的源泉根本是自然，从自然中吸取源源不断的新鲜血液，以保证上品拳学旺盛的生命力。上品拳学具备宗教家的神性，就能在拳法中显示出自然本体能量；上品拳学具备哲学家的哲思，就能在拳法中显示出自然深层文理；上品拳学具备画家的造型能力，就能在拳法中表现出丰富的自然形象；上品拳学具备音乐家的韵律乐感，就能在拳法中表述出自然的韵律节奏；上品拳学具备技击家的运动能量，就能在拳法中充分反映出自然的运动和力量。上述五种性质的美拳法都具备，拳法的境界不求高自然高，拳法的品位不求上自然上，拳法的性质不求神圣自然神圣。

四、太极拳的基本法与非基本法

为保证上品拳学成就，采取理顺识别基本法与非基本法的措施，是上品拳学与一般拳学的不同之处。

所谓基本法，是指拳法中最根本的、基础性的历代各派各法中必须具备、共通的基本法则规律。所谓非基本法，是指具有个性特点的变化法，是拳法技艺中基本法以外的各种方法，是基本法升华后的灵活运用。

一般言之，拳法作为一种艺术门类，有艺术门类共同的基本法和非基本法；针对言之，作为独立的艺术，又有其特殊专业的基本法和非基本法。

首先，与音乐、文学、绘画、自由体操等艺术门类等同的拳法艺术，它有艺术门类共性的基本法。既名之曰基本法，说明拳法艺术具备艺术门类最根本的共通性质。故，理顺体认拳法艺术门类的基本法，就是要善于将各种艺术门类性质同类的东西合并，去掉不同性质的东西，同类性质者为基本法，不同性质者为非基本法。理顺的结论告诉我们：根本的、共通的基本法，包括知识修养、精神修养、艺术修养，是修炼不同艺术的艺术家必备的艺术素质。这是各门艺术的相同点。而特殊的专业技法、形式则是各门艺术的非基本法。既有不同点，当属非基本法。例如，拳法家练拳，舞蹈家跳舞，美术家画画雕塑，音乐家唱歌演奏，文学家作文赋诗，都在以不同的语言、形式来表达自己的艺术思想，其艺术语言的运用和必备的物质条件虽各不相同，但是精神修养、知识层次、艺术素养应达到较高水准，以助自己的专业知识和技巧形式、技能达到精湛的造诣则是各门艺术的总体要求。

上述分析告诉大家，不论你钟情于哪一门艺术，创造艺术的过程中，人的精神素质永远占主导地位，人的精神素质是创造艺术经典的灵魂，人的精神修养就是艺术的无形基本法则。为什么拳学上极有成就的人，论及其它文化领域口若悬河、滔滔不绝、旁征博引，给人一种儒雅风范。其实这正是平时博览群书、吸收书中的艺术思想，接触在其它艺术上有造诣的明师并受其艺术思想的熏陶，使精神修养达到高层次后，产生武极能文的表现。统一的、恒定不变的是各门艺术的基本法，而文学家、音乐家、美术家、拳法家的多项任意选择却属非基本法。由于存在多项任意选择的非基本法，具有不同艺术兴趣的人才有非基本法的多项任意选择，才能看到各自艺术成就的曙光，才有各具造诣的可能性。换言之，要使不同艺术领域的人才得到发展，要增强人的主体性，就不能视某一非基本法为根本唯一之法。所以，理顺基本法与非基本法是各门艺术能否各造其极的关键。

从宏观的角度说，各门艺术的基本法则与非基本法因素要在比较中寻觅；从微观的角度说，拳法作为一门特殊的艺术，其特殊的基本法则与非基本法因素同样要在拳法的各派各法比较中分析合并同类理顺。

如果我们将各个时代、各种流派、各代明师拳法并列观之，可以见其共通及其变易，理顺出基本法与非基本法，就会得出这样的结论：拳法艺术的无形基本法——人的基本素质作为拳法基本法的前提因素是肯定的。而拳理的阐发，落实在拳法实践上，便成为拳法艺术的有形基本法则。其次，作为拳法艺术的非基本法因素——文化艺术内涵，落实到拳法的专业上来，便成为拳法的又一基本法则。文化艺术内涵的修养是历代各派各法所共通的根本的拳法元素，文化艺术内涵修养到高层次应确定为拳法的基本法。至于偏重于哪一门艺术文化，采用什么修养方式，达到什么样的意境，则异别于人、时间、条件；由于性质变化无定，有任意选择余地，所以各种变易因素应列入拳法的非基本法。为何本书将拳法内涵概况为"……表达传统文化艺术内涵及人的思想感情的武学艺术"？为何本书所拟拳学要素将人放在首要地位？这是因为人的上乘文化艺术素质与表达文化艺术内涵达到高层次是拳法艺术的两大根本要求，两条基本的法规。

拳法的基本法是人的上乘艺术素质，所以涵养道德本性，本我自心的推行，是拳法的必修课程；所以拳法家一切言行的推行，与拳法上乘境界的追求紧紧相关。正是文化艺术内涵高层次的表达为拳法的又一基本法，故熟习各派拳法及妙用相关的文理，把握拳意拳势、形质神意，乃至拳法的劲力、速度、灵敏、柔韧和节奏、风格，神韵的表现，拳法中静态与动态的手、眼、身、步法的规范协调配合运用，继承创新、履行八大原则，自然五美的再造，调整拳法练习状态等，都是拳法趋于高品位的每一关节途径，亦可将这些概念条款看做为上品拳学的常规课程要求。

拳学者在拳法实践中发挥本我自性的特异性，基础必须是人的文化艺术修养层次上生发的非基本法因素，作为"自己"的一种特殊应验来实施基本法，在完善基本法的同时生发出属于自家的非基本法因素。不同的观念体系、修养方式之所以能生发出特异品质来，关键是人的精神素质得到提高，这是基本法因人因"己"生发出的非基本法性质。

拳法的非基本法是从文化艺术生发而来，首先是拳学者有兴趣于哪一门艺术：或书法、或美术、或音乐、或文学等，古今拳学大家在专攻拳学的同时，擅长一门或两门艺术的大有人在。例如当代的马虹老师就通晓书法和文学。此则是拳学者在文化艺术大范畴内选择进修某一门艺术生发出非基本法来。其次从拳法实践效果上生发：循规蹈矩练拳是基本法，趣味、形式、效果不同是非基本法，或从拳学上品八则、拳道五美中某一则某一美中生发，或从拳法技击、劲意上生发，或从形质神意上生发，或从创造拳法的变法中生发，或拳内生发，或拳外生发，可见非基本法因素是处处皆可生发。

拳法的非基本法是从文化艺术内涵上生发，而拳法的静态与动态的手、眼、身、步法的规范协调配合运用的不同，劲力、速度、灵敏、柔韧和神韵、风格、节奏表现的不同，创造变法的不同，实践程度的不同、取法途径的不同等等，处处都可生发出多种多样的非基本法来。提倡守简易的基本法而丰富无穷的非基本法是修为上品拳学的原则，对拳学理解不深者往往视真正的基本法不见而习惯对非基本法钻牛角尖。由基本法生发非基本法，则万法皆通，一法统万法，对非基本法钻牛角尖，则法法有阻碍，处处有陷阱。二者之差仅一念，颠倒本末，就造成拳学质量上的天渊之别。

基本法与非基本法实际是一个整体的两个方面，说其是整体，因为基本法与非基本法总合成拳法的大法，总属拳法的大范畴；说其为两个方面，因为基本法是从古今各派、各法、各非基本法中提炼出来的，代表共通的行功法则规律，属同一性质，非基本法代表的是同一性质的基本法之外的变化无穷之法。基本法是非基本法的分母，由基本法可能产生的各法各象则是非基本法分子。就以陈式拳体系来说，之所以为一个体系，是有陈式技法风格的共通之处、同一性质，无论拳架、推手、散打等都离不开这共通之处、同一性质，然而拳架、推手、散打等却各有各的技法特点，各具风格，彼此各是各的。就其异处来看，拳架、推手、散打等各不相同，就其共通处来看，拳架或推手、散打等无非属陈式拳派这一总的风格体系。

所以，学拳者不能将基本法与非基本法混淆，而以某一派、某一法来替代掩盖拳法的基本法；又不能执着于基本法与非基本法的不同而互相排斥。而应看到其整体性质的相辅相成。

学拳者在看到拳法基本法的简易性和根本性的同时，亦应看到非基本法的无穷变化性和个别特异性。若要分清基本法与非基本法须先明理，若要统帅、生发种种非基本法须先掌握基本法，这就是上品拳学的取法捷径。

关于拳法的基本法和非基本法，我们可以拿酒作比方。酒的共通基本性质是水，变化的各种性质为特异的制作方法和配方配料，包括窖藏时间。对于酒来说，水的质量永远是基本的，水质差、酒的质量也差；水质好、酒的质量也好。例如茅台酒就是水好，配方配料也好，制作工艺精湛才成为世界名酒的。水相当于拳法的基本法，而各种不同的制作工艺、配方配料，因为各有不同，既可此也可彼，故称之为非基本法。茅台酒是公认的好酒，但如将其作为酒的唯一标准，则断了其它好酒开发的各种可能性，如"五粮液""竹叶青""剑南春"等，市场上就不可能有如此丰富的美酒品种了。能够深悟基本法与非基本法的关系的各位上品拳学者，只需懂得拿基本法性质的"水"来酿制自己的"酒"，每一位拳学者就可能完善自己特异的拳品，而跳出"狭隘拳学主义"的怪圈。

我们再从各派拳法中拿陈式拳作为代表，来分析陈式拳的基本法和非基本法。以加深对拳法的简易守则和无穷的变化因素的认识。

面对从明末清初一直到当代的陈式拳，如果将各不相同的非基本法暂时搁置一边，也许陈式拳的基本法会让人感觉简单之极，我们将拳法家共通的艺术素养除外，仅存陈式拳练习要领这一基本法则。这两条除去，其余皆属非基本法因素。陈式拳的特征：在刚柔相济、松活弹抖、螺旋缠绕、擒打跌掷技术中体现掤、捋、挤、按、采、挒、肘、靠等劲法。学习陈式拳，是不能超越陈式拳风格范畴，但可借鉴其他拳派的长处来丰富自己的技法。至于学拳者如何才能具备更佳的艺术品质，则看学拳者如何取法于基本法之外的一切因素，或请明师来指教，或走出去拜师访友，或向艺术书籍学习，或向一切有艺术造诣的明师请教。总之，凡属光明的手段都可具体落实到非基本法的构造上来，以利于提高艺术品质，使拳学更大有作为。

凡是教学艺术水平高的拳家，指导学生做学问，不是照本宣科或填鸭式的教学，而是培养学生有一个自由翱翔、对拳法学习有发展发挥余地的宽阔的思维方式，只告诉学生必须完成拳学系列内容，达到很高专业技术水平的目标，遵循哪些基本行功规律规则，掌握哪些基本功法，学习哪些拳学专著或与拳学有关的参考书籍，同时为学生演练规范的拳技功法示范，把自己成功的经验提供给学生。至于学生怎样去达到目标，运用哪些先进训练手段，走什么样的学习渠道，则由学生决定、选择。为什么有独立思考头脑的学拳者，拳学进展会那样快，拳法质量会那样好？原因是他们把基本法简化了，使技法发展的可能性在借鉴其他运动项目的训练手段而相应扩大了。所以让学拳者像鸟一样在海阔天空里学习是理顺简化基本法的目的。能如此，依附某些拳家传统的死法学习就可转变成科学创造的活理，学拳者则可做拳法的主人，主宰自己学习的命运，主宰古今一切学法，主宰基本法与非基本法。能这样历代明师的拳学成就，便不再是亘古定理，而是他们仅仅把握拳法基本法、变化非基本法的一种借鉴。对于学拳者来说，只要不因循守旧、完全照搬前辈的学习模式，在继承优秀拳理、拳法的基础上，又科学地规划自己的拳理、拳法的切实可行的路线，发挥自己的才智力量，就能创造出上品拳学的成就。

"太极一人"陈发科及同代拳家的拳学取法范围明末清初，当代陈式拳明师则取法民初清末。陈照奎、马虹、张志俊的拳术是：端庄大气、柔绵秀美、雄壮刚猛、潇洒飘逸兼而有之，然而又各具神韵。他们师徒的拳术所以能各具神韵，就是吸收前辈们的长处，又兼有自家的创造，这就是智者造法的结果，亦印证了基本法是共法，非基本法是不共法；基本法有定而非基本法无定的真理。

笔者与不少艺术综合素质很好的学拳者相处过，他们都有志于攀登上品拳学，且花了不少的功夫。然而事与愿违，不知是自己没有武学方面的悟性呢？还是拳法学习程序有症结，甚而是最关键的症结。症结就是基本法与非基本法混淆，以非基本法代替基本法。故，一般学拳者在拳法中转悠了一生也没有搞清楚拳法的真面目。

一般学拳者因急于求成的思想作怪，往往在基本法上走过场，便想当然地学习非基本法，由于是凭想像就认为是创造基本法，于是乎无根的非基本法泛滥成灾，将人搞得分不清拳法的正确方向，人的自然自性就逐渐沉没在法海中。几十年的自我感觉良好的"包头布"裹下来，原来的"头脑"何处去寻呢？几十年的无根非基本法像饺子一样整个吞下去，人的原始德性，个性气质也不知随风飘到哪个爪哇国去了。

在拳法起步时应该挖掘与保护属于基本法性质的，主宰拳法的人的个性气质。有些人的拳法之所以有特色，正常的真实个性气质在拳法上起着不可低估的作用；有鲜明个性特点的人，常理推论应该是很有希望成为有特色的拳法家。可惜一般人的拳学却以忠实于前人传统成法为基本要求，于是在因循守旧的要求声中，有天资可以成为好拳家的人就被要求出了拳法大门。好的体操教练会根据运动员的性别、身体条件来决定其主攻的运动项目，使每个运动员都可以练就自己的绝活。假如要求男女都练同样的项目，岂不滑天下之大稽了吗？遗憾的是一般学拳者的拳法常规学习就是这样要求的。

上品拳学要求的是先掌握基本法，而后强调人的主体作用，再是加强艺术修养的同时不要抹杀人的个体特异性。还要求学拳者将自己修炼的本拳派拳理拳法作为根本大法，同时重视各派拳理拳法的特点规律，亦将其特点规律作为根本大法之一。

上品拳学以人的本心本性发挥和专修的本拳派拳理拳法及各派拳理拳法的特点规律为基本法，以自然间各种现象运动产生的效果为非基本法的参考依据。基本法通达非基本法是拳学臻至更高境界的捷径直路。在上品拳学中，前人的成法不能墨守成规，只能成为拳学者的参照和辅助。对古今上品拳学大家的取法应直接通向对基本法的理解，直接通向对非基本法的启示和运用，直接通向拳法的更高境界。

五、拳学的程序和程式

一代太极宗师陈照奎对前来向他学拳的学生总是先问："你是想学细一点呢？还是想学粗一点。"其意很清楚，细有细的学法，粗有粗的学法，细意味着目标高，粗意味着目标低。在追求拳学的道路上，有什么样的目标就必然有什么样的修炼程序和程式，特定的目标是拟定拳法修炼程序和程式的前提，这是一般常识。如果说目标是学好拳架，就无必要先学推手，但确有必要对推手的连续发劲化打有所了解。原因是推手的连贯性发劲比拳架的发劲更细腻、艺术性更强，其劲力的轻重变化及匀变速运动更加清楚突出，非拳架所可比拟。所以拳架上很见功夫的拳家常从推手中来印证拳架劲力的正确与否。仅仅学习拳架没有必要学推手；然而目标是学好推手，就很有必要先学好拳架。为什么？因为拳架包含了推手、（散打）所有的技法和要求的各种劲法，是推手、尤其是活步散推的基础。练习拳架可以将一些实战重要技法如肩、肘、膝及各种屈伸性的隐蔽腿法发挥得淋漓尽致。只练推手不练拳架或少练拳架，虽然能掌握一定的技巧，但由于拳架的全部正确动作不能掌握，一旦错误的定力性动作形成，即使推手技巧达到一定水平，要想更上一层楼已是很难。所以，要全面掌握推手或散打的各种技法与劲法，拳架是唯一的手段和机会。推手技法的训练计划应该把拳架技法的训练及成果纳入到推手的范围中来，并有意识地以拳架技法作向导、为推手技法探明道路，为推手技法作应有的服务。

将拳架作为推手技法的一种先行和基础，不但对推手技法有益，对拳架技法本身更有好处，拳架与推手兼学兼通相互印证，二者都可以达到较高水平。所以，上品拳学理应充分发挥拳架技法锻炼机会多，拳法中的静态与动态的手、眼、身、步法的规范协调配合运用，拳法的劲力、速度、灵敏、柔韧和神韵、风格、节奏的表现，拳法的形质和神意的完整准确把握容易成就的有利因素。从训练的程序来说，应将拳架技法训练安排在推手技法训练之前。只有将"知己"的拳架艺术功夫与"知彼"的推手技击艺术功夫作为拳法整体的两个方面协同发展，才可互益，若将其分为二途，且偏走一道，则人为造成两亏。

有什么样的拳学目标就有什么样的修炼程序和程式。科学拟定辅助拳法达到更高境界的修炼程序和程式是上品拳学的必然。

上品拳学与一般的拳学相对而言，定位就有远近高下之分：一般的拳学，学拳者以"取法乎上"为手段，以掌握拳学的大概为目标，以拳学达到下品或中品为满足。上品拳学以"取法乎无"为万能，学拳者即令取得很高的成就也不满足，总是"这山看着那山高"，以拳学的更高境界为目标。所以学拳者在学拳之前要以"法乎无"为更高拳学，要做好不学则已、学则必通、学则必精的思想准备，所立志向、所下决心应与上品拳学相应。这是修炼程序和程式的序幕。

一般的拳学先从拳架入手，而后推手、散打，进而兵械，分成如此三个程序。上品拳学则不同，要求无形的基本法精神修养与有形的基本法同时修炼，将最基础的拳理、技术、技能与更高的境界效应直接联系，下通上，上取下。由于拳学境界要求有别，故拳学程序也不一样。

（一）基本法修学与应用——"着熟"

上品拳学犹如参天的大树牢牢地植根于基本法大地上。掌握拳法的基本拳理、基本技法和各种专项基本功，熟习各派拳法的特点，重视人的修养是拳法的基本法。基本法具体落实到拳技，就是要达到"着熟"。学拳者欲要沿着德与道的进程修养到最终合乎自然大道，其修与养的基础必须是"本我"个性特点，从现有之"我"开始。这是学拳者的基本法修学程序，虽然已从修炼拳学第一步"着熟"之时起，但是必然要贯穿拳学之全过程。各派拳法的基本拳理、基本功法、基本技法特点的熟习，是以专修一门拳法为前提逐层展开的，以专门拳法的基本拳理、基本功法、基本技法为主，以借鉴吸收各派拳法的基本法特点为辅。在具体修学专门拳法中，基本拳理，基本功法、基本技法三步程序应同时开展，再由三步程序衍化出拳势。基本拳理是基本功法、基本技法，基本拳架技术的总基础，具体实践中，基本功法（与拳架相关的各种身法、手法、腿法、步型、步法及功力练法等）是基本技法的基础。基本技法（手、眼、身、步法的协调配合基本动作）是拳架的基础。这"三基"好比孪生兄弟相生相长。而专门拳法与各派拳法的关系如是友好邻居，如需要可向各派拳法请教。所以，学拳者同时修炼专门拳法的三基时又不忘吸收各派拳法的特点，既可以贯彻专门拳法的基本拳理，知晓基本功法与基本技法的密切关系，又懂得专门拳法的基本法与各派拳法基本法特点的渗透作用，加深实践是检验拳理正确与否的唯一标准的认识，总之以全面掌握专修一门拳法的基本法为根本要求。因为熟习各派拳法基本法特点属于专修一门拳法全过程的课程之一，故从拳学的"阶及神明"来看，此阶段所收获的成绩只是初级阶段达到"着熟"的最初程序。

基本法的应用，一是指无形基本法即人的修养气质在拳法中的体现，二是指专修一门拳法中的有形基本法和各派拳法的有形基本法的熟习在拳法中的活用，三是学拳者与专门拳法和各派拳法的基本法结合统一。三者通过潜心修炼若能初具规模，且能合三为一应用，"着熟"第一步拳学达矣！"着熟"的标志是规矩，其范围是拳架和兵械。

（二）非基本法的研究和发挥——"懂劲"

非基本法的研究和发挥，应在无形和有形的基本法初见规模并逐步深入发展时不失时机地紧随其后展开，这叫趁热打铁才能成功。这就从上品拳学的最初程序转入到上品拳学的第二程序中来了。

从"基本法与非基本法"一节的分析已经明白，就拳学大范围来说，除了人的精神素质与主修的专门拳法、兼修的各派拳法二大基本法之外，拳法中的一切技法、形式、效果，皆属非基本法（指拳架、推手、散打、兵械内容）。拳学者在掌握专门拳法的非基本法因素的基础上，辨别清楚历代各派拳法的非基本法因素并且运用在具体的拳械上加以发挥，便是进入劲法程序研习。基本法，即"着熟"是不变的定理、必须遵循；非基本法，即"懂劲"则是可变数，有很大的选择发挥余地。我们可以从陈式拳体系的劲力发挥看到非基本法因素的作用：为什么有的人演练拳架可以把陈式拳劲力风格特点表现得淋漓尽致，而有的人只能略现一个或两个劲力风格特点；有的人在推手中能打出灵活多变的步法，打出千变万化的劲法、千姿百态的招式，而有的人只能禁锢在定步中推手，只能打出常规"八法"中的一两个或三四个劲法，一两个或三四个招式；有的人在散手中能做到对方脱、我能粘、对方粘我能化，化打结合，而有的人一进入散手则把太极散手的劲法特点忘得一干二净，只知蛮力相拼。徒手技能劲法尚且如此，更何谈兵械的特有技法与劲法呢？可见能否从陈式拳非基本法因素和各派非基本法因素中提炼出属于自己个性品质的非基本法，即具有个人特色的劲法，是充分发挥陈式拳体系劲力风格及特点的关键。不能尽显陈式拳劲力风格及特点者，一是陈式拳非基本法因素未掌握，二是各派拳法非基本法因素吸收不够。这两者做不到，属于自己个性品质的非基本法就不能形成，属于个人特色的劲法就难于具备，发挥陈式拳劲力风格及特点当然就谈不上；只有掌握陈式拳非基本法因素，吸收各派拳法非基本法因素，将二者糅合提炼出属于自己个性品质的非基本法，才能具有个人特色的劲法，才能将陈式拳劲力风格、特点挥洒极致。所以，拳学者在自己的拳学范围内尽量将有益于个人特色劲法的各派拳法非基本法纳入，为发挥主修拳法的劲力精义风格奠定各种不同的生发应用基础，在"着熟"的基础上研究和发挥"懂劲"这一非基本法。贯穿拳学过程始终的是"着熟"这一基本法的修学与应用，是"懂劲"这一非基本法的研究与发挥，然而只有努力使"懂劲"这一非基本法的研究和发挥达到相当大的范围和深度，才有资格说上品拳学的第二程序——"懂劲"学程得到理想的圆满。"懂劲"的标志是对已掌握的拳架、兵械和推手、散手的各种劲法的纯熟运用。

（三）拳道三要素的高度融汇——"阶及神明"

人——本我自性，文化——各种文化艺术和主修的拳法与各派拳法，自然——大道自然是拳道三大要素；此三大要素是在"着熟""懂劲"的基础上，由取法乎无实现高度融汇，从而达到上品拳学的"阶及神明"。在此阶段，通过修炼人的本我自性，涵养得到圆满和自由发挥并与自然相合；由取法乎无统摄各种文化艺术，主修的拳法与其他拳派的基本法和非基本法相合，与自然相融而育自在；具备人的本我自性和各种文化艺术、主修的拳法与其它拳派的同一法则，相合为一而以灵活多变出之，复归自然，则"阶及神明"境地达矣！"阶及神明"的标志从技击角度来说，实战中已达"人不知我，我独知人"。甚而无需身体接触，能以精神控制对方，令对方不战而栗。从理论而言，已是"着熟""懂劲""阶及神明"三乘道理明白透彻。公式显示，可为：

拳学阶及神明=本我自性+主修拳法、文化艺术与各派拳法同一法则要义+大道自在

如是，则修学的三大程序前后连贯，高与低上下呼应，拳学的阶及神明是着熟的金字塔，着熟是阶及神明的坚实基础。由于拳学的上乘境界已有探讨在前，此处不再赘述。

为使拳学者对上述上乘拳学的三大程序概念更加明了清楚，再以程式明之：

着熟=基本法修学+基本法应用

懂劲=非基本法的研究+非基本法发挥

阶及神明=拳道三要素高度融汇有机结合

上品拳学=着熟+懂劲+阶及神明。

上品拳学的程序因为与一般拳学有别，所以具体的学习方法顺序有其特殊规律。

拳法的学习方法常规的约有如下几种：①导师指导；②模仿；③实践；④默识；⑤学友交流；⑥向导师请教。上品拳学则要求对上述方法作如下调整：①读书；②模仿；③导师指导；④实践；⑤学友交流；⑥向导师请教。

学习上品拳学的第一步就是读书。未模仿前，首先自己阅读要学习的这门拳法专著和其他拳派的书籍。然后从思想上默识揣摩自己的学拳动机，是自己修身养性而学呢，还是为大众受益而学，或是受低级庸俗思想支配而学。其二，所选拳法是否符合易理和技击特点、具有时代价值。其三，从理论上了解掌握所学拳法的精义风格，能区分不同拳派的特点，有明确的概念。将这些读书心得记录下来，这是非常重要的原始资料，它反映了初学者的先天思想素质、理性思维、个性特征及拳法境界定位高低的趋向。

第二模仿，模仿有两个阶段：一是基本法范围的基本动作阶段；二是非基本法范围的高级技术动作阶段。第一阶段特别重要，基本动作模仿得正确与否，关系到第二阶段的技术是否能更快提高的问题。模仿对象：一是导师，二是有成绩的学友。模仿方法：先看手，次看脚，再看手脚配合，而后身体力行。如此便能正确掌握动作的大概。

第三是导师指导，因为学生的模仿动作仅是大概正确，不代表动作细节的完善，所以要给予规范矫正，导师指导正是弥补学生模仿动作细节不细腻的有力措施。要给学生做出正确的动作示范，讲解动作要领，明确告诉学生，练拳实际就是练动作要领。

第四是实践，将自己模仿的并经导师指导过的动作进行多次反复的练习，通过量变到质变，从中悟出自己对动作的认识，并能上升到理论的过程叫实践。实践的目的一是加深对拳理的理解，二是加强动作的规范性。

第五是学友交流，学友之间互相可以做老师或学生，通过相互观摩指点，不仅可以发表和演示各自的动作和心得体会，还可以培养启发初学者的技艺直觉，敢于批评与自我批评，鉴赏评价的品质精神。若是个人独学，就要扮演好学生的角色，检查自己的动作是否符合拳理，如动作体现拳理不完整，对自己的动作要提出中肯的意见和建议，并进行必要的整改。

第六向导师请教，学生经历前面几种学习方法后，能够自觉完成导师每天布置的学习和训练任务，懂得拳理与拳技相互印证的道理，在拳学方面已具备一定程序的理性认识和感性体会。但是由于同时学习的拳友有进步快的和进步慢的，进步快者对导师集体传授的拳理技能消化快，吸收好，有吃不饱的感觉，渴望加餐；进步慢者因为接受能力稍次，故消化慢，吸收不理想，而一时又找不出原因。所以，二者都需要向老师请教。前者可向老师提出学习新的内容，对这类学生，导师可适当增加内容，让其学习积极性和创造性得到进一步发挥。后者可向导师请教进步慢的原因何在，对这类学生，导师要具体对象、具体分析，找出问题及解决问题的方法，使其加快前进的步法。

主动向老师请教，证明学生的学习思维已趋向活跃，思想已逐渐成熟，已成为驾驭知识技能的主人，这与被动接受老师的传授，还是知识技能的奴隶是两种不同的学习方式。学习方式不一样，学习效果自然有别。

调整后的六种学习方式的排列，既是修学拳法行之有效的最佳顺序，更是修学拳法的总则。拳学者应周而复始地循环交叉进行，也可据具体的修学情况变化而作必要的侧重调整。通过各种修学方式的灵活应用，能使拳学在不同的进程中得到扎扎实实的修炼或有所侧重的反复锻造，拳学便可从初级逐渐进入高级。

学拳之始，首先明白拳学目标定位高远的性质，再是学习程序和内容由简单到复杂、由大概到具体、由单一到全面、由被动到主动和由散乱到完整，而后由初级到高级。这是上品拳学三个程序的特点。

单一散乱、矛盾冲突是一般拳学的性质。笔者认识一位拳友，此人先求学于甲师，后知乙师来自河南，认为远方的和尚会念经，便弃甲而学乙，后又知丙师在河南随明师修炼陈式拳多年，颇有造诣，觉得乙又不如丙强，再弃乙而从丙。真好比地里拾麦穗，总认为拾到后面会有更大的麦穗，于是随拾随弃，谁知拾到头来得到的还是一棵麦穗。

此人的行为多为明智之士唾弃，且不愿与之交往。这个例子当然是针对一般拳学所出现严重偏差而言的，其实一般拳学的累积性存在是相对的。

真正值得效法者乃当今明师马虹。马老先是随友人习简化拳架得其要诀，后得陈照奎宗师拳法之妙，此时马老的文武二学之天赋加上陈照奎宗师的成就，经过苦心锤炼，具有他自己的风格的陈式太极拳便自然而生。马虹老师的学习过程，实际来说就是上品拳学的学习程式。

拳学如此积累，因学得多而体会越深，体会越深，拳学自然丰满，自然有新意，风格自然独树。一般人的拳学于初级阶段、中级阶段始终以学而再学为能事。而马虹老师的拳学之能够达上品，就是他抱定"发扬陈式太极拳，我这后半生，只要有碗粥喝，生命就献给太极拳了"这一崇高目标。并且落实到学习的全过程之中，所以马老的学习始终以自己为中心，每有所学，即为我用，故不断地学习积累便不断完善了具有马虹风格的拳法拳品。

一般人的拳学之所以达不到上品，是因为对拳学的系统性和完整性认识不足。以学推手为例：看见老师运用掤法得心应手、便学掤，后见挤法好、认为掤不如挤，便去掤改练挤，待发现捋巧妙时，又认为挤不如捋，便又去挤改练捋……如此三心二意，最后仅掌握了一个当时看来最有实用价值的劲法。实际上每个劲法都有其独特作用，掌握劲法应该全面完整，不能以一概全，与人较技应交叉配合灵活运用。上品拳学者对拳学的系统性完整性认识应该全面而有深度。所以学推手时，先掤、后挤、再捋……凡是推手要求的劲法招式都一一认真细致地修炼，天长日久、积累有成，与人交手劲法招式全面，应用时机恰到好处，已锻炼成一个深谙劲法变化、技术全面的推手高手。

一般拳学的症结和病根，恰如一位精通拳学的大师欲将一个小孩培养成拳学传人，但是培养一段时间后觉得不理想又换一个小孩，反复折腾，如此怎能顺利培养出一个好的传人？欲得传人，选择很重要，必须选好具有武学天赋和身体条件上佳的小孩，才能具备传人的条件，方可实现培养传人的理想。将拳学的更高理想作为上品拳学的第一原则，作为拳学程序的第一过程，目的是要初学者把自己看成是拳学的传人，上品拳学的继承者。在有理想的基础上每前进一步，便缩短一步与更高理想的差距，作为上品拳学的传人就成熟一分，不断前进，不断成熟，就会修炼成为拳品高尚的传人，发展拳学事业就愈有希望和信心。

建立上品拳学，如同开发中国西部经济，先汇集各个领域专家，吸收众人智慧，作出科学的规划，然后以自力更生为主，引进外资为辅，在不破坏生态平衡的前提下，开山筑路、进行各项基础建设设施等等，一切都在理想的前提下去具体的合理规划，完成每一具体过程循序渐进，保证西部经济腾飞的成功。

所以上品拳学应将理想目标定位在先，然后逐步实践，学习程式应如下列公式：

5=1+1+1+1+1

而"5"是拳学的上乘境界，"1+1+1+1+1"则是基本法与非基本法及拳道三大要素等阶段内容。

六、文化艺术和各派拳法的熟习

在太极拳的历史、形成基因和原理一文中，我们将文化艺术及人的感情看作拳法的基础；在基本法与非基本法一文中，又把各门艺术和各派拳法的有形和无形的基本法与非基本法确定为拳法的根本大法，可见，各种文化艺术及各派拳法的基本法和非基本法的地位和重要性质是不言而喻的。

有志在拳法上有成就，发誓要达到拳法更高境界的拳学者，在初学拳时就应该重视文化艺术和各派拳法的研究和熟习。学习古今中外文化艺术不可能都精通，但是应该掌握最基本的常识；学习拳法亦不可能精通各个流派，但是应主修精通一个拳派，同时兼学一两个拳派，目的是为精通一个拳派吸收可取之处。所以同时修学文化艺术和拳法时，要主次分明，拟定好课程计划，每天的课程要当日事当日毕，尽量早日掌握，且时时温故知新，学出新意，提炼出素材，以备拳法创新之用。文化艺术与各派拳法要义的研习熟用，是主修拳法为主，兼学艺术和各派拳法为辅，总以精通主修拳法、熟用各种文化艺术和各派拳法的要义为功夫圆满。

初学拳法就重视文化艺术和各派拳法要义的熟习功夫，对提高主修的拳理拳法有着非常重要的意义。当代陈式拳明师马虹、张志俊演练拳法时所表现出的信心，犹如清代著名诗、画、印三绝的郑板桥画竹一样成竹在胸，故所练拳法的每一拳势都将心中所有一一体现在身体语言上。可以从陈照奎和马虹、张志俊三位明师的拳照"雀地龙"与"青龙出水"对比来看，照奎宗师的拳法具有家传的拳风，马虹与张志俊老师的拳法则既有师门的拳风、又有自己的新意，更为舒展大方，更有大家风范，已成自己特有的风格。从研究拳理角度来说，马与张二位老师既重视前人的拳理遗产，但又不迷信古人，不故弄玄虚，不读死书，不盲目崇拜名人，对历代明师的拳理拳法有不科学、不实际、不准确、不能使人信服的观点和论述，敢于阐述自己独到的见解。例如在《陈式太极拳理阐微》一书的"谁能合、谁能赢"一文中说："发人手法多种多样、此谓'不厌诈'也。不论运用何种手法，不论掤、捋、挤、按、采、挒、肘、靠，不论以什么部位发劲，皆走螺旋缠绕柔韧之劲。"这段论述说出了陈式拳的精华所在，同时指出了王宗岳《太极拳论》美中不足的地方。至于阐述拳架、散打或养性功夫等，引用古今中外著名文学家、艺术家、拳法家的经典名言则是旁征博引，信手拈来，贴切之至，不仅增添文章的华美，更使拳理论点突出鲜明。故马虹老师的拳法端庄大气，拳理文章科学，深受中外拳法者交誉。张志俊老师则更具体，他说："对于我们的民族文化遗产，当代人应该采用的正确态度是批判性继承，创造性发展。在研究和继承古老的太极拳理论这个领域里，我们要引入现代科学理论，用人体科学、运动力学、心理学、自然美学等理论来解释看似玄妙的太极拳原理。用杠杆、切线、螺旋等科学名词来诠注'四两拨千斤'之妙"。这就完全摆脱了"玄"的迷障，同时使传统太极拳理论更科学。要坚持不懈地探讨教与学的规律，对传统理论去伪存真，去曲取直，删繁就简。因此，张老能锻造出科学简练的训练方法让后学者受益并少走弯路。

　　学习拳法对文化艺术和各派拳法的要义加以深入研究，既要像郑板桥那样细致观察篁竹的枝叶竹节、不同气候所处的状态、从嫩笋到成竹直到老化的不同变化等等，又要像马虹、张志俊两位老师那样为精研拳法而博览群书和相信科学，每一本书都读进去，看出来，将各种文化艺术和不同拳派的要义熟记于心，揉碎嚼烂、彻底消化、充分吸收，并通过科学仪器的测试得出标准化的数据，转化成拳理、拳法能量，这样练拳或做文章时方不为拳势所障碍，不为词法字义难倒，方可顺势达情，乘兴造境，拳法生花，文章有神。如果文化艺术和各派拳法的要义掌握不熟，练拳时顾得了此招、顾不了那势，阐述拳理时又恐词不达意，文不对题，这样拳法演练过程必不顺畅舒展，拟写文章必神阻笔滞，难称奇妙。如此拳理拳法谈何至善。

太极法理的奥妙

　　文化艺术和各派拳法要义的熟习功夫，从年少初学拳做起最好，因为人的记忆最佳时期是少年时，年岁大尤其是进入中年，记忆衰退最快，纵有很强的理解力，因杂务多，精力不够透支，这个阶段欲练此节功夫，常常是愿望虽好却无力达到。邓小平说："足球要从娃娃抓起。"拳法亦然。中国武坛涌现出的太极王子、太极之花，都是在训练教育有方的老师指导下从小既学拳法艺术又同时兼学文化艺术，最后根据自身的身体条件主攻太极拳的。由于老师教育训练得法，学生的技能转移能力增强，拳不离手，精益求精，把文化艺术和各派拳法要义的体会融汇于拳法，规矩熟于胸襟，故练出的拳法自然是潇洒自如、形神兼备。当今有很多练拳水平较高者就因为差了这一节文化艺术和各派拳法要义的熟习功夫，纵然拳法神意皆修炼得火候较足，然而在大赛中却不能以良好竞技状态尽拳手之能事，不能尽显自家思想情趣，更不能满足老师及众人之厚望，实乃可惜！笔者从学拳到现在，平素虽喜阅各种文学艺术书籍，但不懂得与拳法融汇贯通，亦因未得明师提示此节重点，以致拳风气势不宏，拳法功能不全面，拳味淡。故以切身体会在此告诫初学拳者，一定要多多熟习各种文化艺术和各派拳法要义，明白相互渗透的道理，不然将"拳到用时方恨少"。

　　熟习文化艺术和各派拳法要义的路程，应该在全面优化这一大原则指导下进行。何谓全面，即古今中外艺术领域应多多了解，各派拳法要义应尽悉皆知；何谓优化，即以主修某派拳法为重点，兼修其他拳派为辅，以精简代繁杂，努力用最短的时间、最少的能量去获得最佳的学习效果和技能成绩。以陈式拳为例，有成就的陈式拳明师都以基本拳理、基本功法、基本技法为主要修学内容。这三个关键环节的相互关系及其衍化的拳势，上文已粗略论及。能够掌握这三基，拳架便可顺利掌握。因为拳架是这三者的综合体现，基本拳理指导基本功法，基本功法的不同组合形成基本技法，基本技法进而衍化成拳势，再通过合理合法的编排便成为完整的拳架。至于其中某些拳势的难度差异，则是需要下点功夫有的放矢地苦练才可能掌握。一旦熟习拳理、功法、拳架，掌握推手这一较难的技能就不是困难的事。因为指导推手的方法源于基本拳理，而推手中各种劲法及招法的变化运用则深深烙上基本功法和基本技法与拳架的烙印。散手虽自成一体，但其结构通于拳架、体势近于推手，只要具备拳架与推手技能，散手则不攻自破，只需根据自身条件选择适合自己的招式，加强功力和技术训练即成。纵观历代拳家，未有能练拳架不善推手者，亦未有能盘拳架能推手而不善散打者，倘若不善，并非实际不善，而是未用心发挥应用而已。好比世界著名短跑冠军博尔特，虽承认他站得稳、跑得快，却又怀疑他不会行走，说这种话的人，岂不是自相矛盾思维混乱了吗？

无论钻研那一个拳派，基本拳理，基本功法，基本技法最为关键；而这三者中，拳理与功法尤须下苦功。因为拳理是指导所有技法的基础，每招每势都与拳理相关，如今搞太极拳教育的人，能练的人多，而能练会讲的人少，能理论结合实际的精熟者更少。功法亦因拳理的相连，形成独特的锻炼体系，不过它与拳架、推手、散打在形式表达上有一定的距离。这两者都有自身形成的规律特征，各派有各派的特色，不是凭想像就臆造的。掌握这两种功夫，要像记英语单词一样，安排好每天的课程经常用功不辍，才能臻于精熟境界，才能适应拳架、推手、散打的应用需要。拳理人人都可理解背诵，功法人人亦可天天实践，虽有一定难度和艰苦性，到底不难学成。值得注意的是，科学识别拳理的正确与否和正确实践功法，是进入拳架、推手、散打王国的重要关口。

从上所述，拳技学习尤以基本拳理与基本功法为全面优化的重点。若想在拳技全面而精熟上走一条捷径，初学阶段理应走基本拳理、基本功法、基本技法为主，兼学拳架、推手、散打为辅的路子，前三基关口顺利通过，拳技全面的道路便铺开，再以拳架、推手、散打学习为主而兼习三基。各种文化艺术和各派拳法要义的兼熟，则有辅助主修拳法成功的好处。笔者是专攻陈式拳的，陈式拳要求刚柔相济，可是如何柔到极处方显刚，便以注重大松大柔和柔化为主的其他拳派的具体要求针对性地练习拳架和推手的走化，从文化艺术书籍或文艺节目中感受到的艺术思想和形式来处理拳法演练风格。如此"他山之石，可以攻玉"的作法，感觉意趣颇多，丰富了拳法的风格及实际变法契机，效果比较理想。不过，距离著名教育家蔡元培对绘画艺术造诣很深的刘海粟的评价"宏、深、约、美"差得太远，在此愿与诸位同道共勉。古今拳家在文化艺术和各派拳法要义兼备上得益而有卓越成就、有突破的大有人在，陈王廷就是取戚继光的"三十二势长拳"中的二十九势结合自己的实战技术经验，创编出一直独领风骚的陈式太极

太极法理的奥妙

拳；笔者的老师马虹、张志俊钻研陈式拳，其拳架风格、推手劲法、散打技击法无不贯穿不同文化艺术内涵和其他拳法要义。记得老师为我讲授"斜行"第一分解式时说："这种手法在形意拳中称"虎洗脸"，在螳螂拳中称为"螳螂手"，还将上述中蔡元培的名言教导笔者，由此可见马老的文化艺术涉猎是多方面的，对各派拳法的兼修已从太极拳类扩展到其他内功拳和象形拳。

两位同一时代但武学上已获成功的明师的例子告诉我们，如能掌握一至两个拳种功夫，并广泛吸收文化艺术内涵和各派拳法要义的兼熟，就有可能创造出独具一格的拳种；即使只研究某一拳法，也会因文化艺术内涵和各派拳法要义的渗透作用，而使拳法产生许多令人信服的特异效果和深邃的意境。

循序渐进是一般拳学者初学时的规律，决定了拳法的学习必须由基本功入门，而后基本技能、再拳架、推手、散打、兵械。这样的学习方法确实没有错，实则费时多，又难以全面准确地掌握，究其原因，是初学拳时忽视和低估文化艺术内涵和各种拳法要义的作用。有学拳数十年专攻拳架风格，且以相当好的其他拳技作底本，手眼身步法、拳势、精气神修到家，欲兼备各派拳法要义和文化艺术内涵的熟习功夫，就因为记忆智慧的衰退，精力不够旺盛而使拳学最终难成，才发现学拳入门路径没有找准，欲要从头越，时光老人已不允许，因为人的生理自然规律不可抗拒。

中国的太极拳法因独特的东方哲学理论而成立，又因丰富的文学、美学、医学、兵学、心理学、生理学、训练学等文化内涵基础而有辉煌的建树。所以，作为一个拳学者，上品拳学的最终成就者，应该在文化艺术内涵和各派拳法要义的熟习上有突出的成绩。

兼学不同文化艺术和各派拳法要义，对初学拳者来说是否难度太大，要求太高？是否应像一般的拳学依据常规一个项目一个项目地修炼？显然这种怀疑是不成立的。现在各地开办的武术院校的教学，都是文武并进，文化课和专业技术课每天都交叉进行，文化课内容包括数、理、化、语文、政治、外语、美术及生理解剖、运动心理、运动训练学等知识，技术课内容同样是不同拳械同时展开，区别在根据年龄及初、中、高级班的学生的文化与武术基础来决定文化、武术内容的不同层次教学，并且进行定期或不定期的考试，随着学生的不断升级，所学文化和武术内容也不断地丰富，尽管有的常规内容有重复（指基本法范围）但有着主与次，多与少，难与简，初级与高级之分。这样的学习程序和程式无疑是科学的。因为它顺应了学生的记忆、模仿、理解思维能力和体能提高的最佳生长发展期，可以收到最佳的学习锻炼效果。倘若让学生学完文化课再学武术技术，或同一内容中学完一个项目再学一个项目的话，不知要延误多少可以早日成才的学生。

笔者曾对中年和青少年两个年龄层次的学生做过拳法教学实验，教授前对他们的文化素质和身体条件作了一番了解和测验，发现他们的知识结构较合理，身体素质也不错，便告知他们不同文化艺术和各派拳法要义的熟习，对所学的陈式拳有很好的辅助作用，学拳之外应多接触艺术书籍和其它艺术表现形式，他们也赞同此说。通过一段时间的教学，发现他们的学练精神可嘉，都能将所学拳势和拳理含义熟记理解，把自己掌握到的其他文化艺术内涵和各派拳法要义参考应用在拳技中，相比之下。青少年因性格活泼而使拳法显得潇洒，成年者因性格稳重而使拳法显得沉稳，二者都同时收到自己理想的学习效果。所以，文化艺术及各派拳法要义的同步学习模式不但能加快拳学进程，更能给拳学者带来学好拳法的信心，并从中享受到无穷的乐趣。

文化艺术内涵和各派拳法要义，既是使主修的拳法精熟的有效辅助，又是提炼拳理使其更加精炼的基本素材。拳法不但表达拳学者的性格和思想情趣，同时也表达拳学者对不同文化艺术内涵和各派拳法要义的理解。所以，拳学者在主修某一拳法的同时，要尽可能多地熟记一些健康的文学内容和科学正确的各派拳法要义，为提高拳法质量，形成自己的拳法风格做好综合素养准备。

对于文化艺术和各派拳法理论的预习，首先要以有中国特色的文学艺术和主修的某一拳法理论作品为主，以外国的文学艺术和其它拳法理论作品为辅。同时，随着拳学的进程，中外文化艺术素养和主修的拳法理论水平的提高，就可根据自己的拳技实践经验和对不同表达形式的文化艺术的理解，对所修的拳法上升到理论的概括和总结。每天坚持记笔记，不求言词华美，只要朴素实际，只要不是多余的话，三五句也可，七八句也行，相信日积月累，拳学理论一定会从量变到质变。笔者的老师马虹有很深的文化艺术功底，擅长诗歌、书法、撰写文章等，跟陈照奎宗师学拳时，不仅把每天听、看、学、悟得到的拳理拳技一一记录在笔记本上，而且将自己具有的文化艺术素养滋润到拳理拳技中。他生前从事太极拳教育，更是重视与时代发展同步的文化艺术和各派拳学理论的学习。并且从"原理、基础、技击、养生、解惑等角度拟文，不断反复推敲提炼，而后成为一篇篇脍炙人口的文章，为后学指明学好太极拳的道路。因为用心耕耘，其拳学著作论文表达的情感体会才那么诚挚生动感人。所以，有同道说马虹老师的拳理阐述是用血写出来的，此誉不为过。

拳学者的精神素质及其在拳法中上帝主宰地位的奠定，与中外文化艺术和各派拳法要义的熟习，两个根本法确立实施后，便可逐步深入到拳学体系内结构的不同内容上去，逐项把握其进程规律方法，探究拳法妙趣。

七、拳法的用具和资料

已知拳法上乘境界的道理和上品拳学实践的原则，应该理论结合实际好好实践一番，以证拳理拳道。古人云：工欲善其事，必先利其器；兵马未动，粮草先行。以拳法而言：器，指练习拳法和增强功力所需的用具；粮草，则指提高拳法质量和拳意境界的各种书籍和资料。

衣裤、鞋、护具和增强功力的器械及各种兵械为拳法的主要用具，过去称之为"行头"。

科学的发展带来了社会的进步，轻工业技术得到极大的发展。练习拳法时所穿的鞋，已由橡胶底和尼龙或帆布制成的各色短筒运动鞋，替代过去的多层布底鞋。布鞋虽轻便吸汗，但是不耐穿，尤其是雨季，一沾水更烂得快，练拳时若发劲过猛，还会使鞋帮鞋底分家；运动鞋却具有经穿耐磨、不惧雨水的作用，其鞋底的弹力性能还有助于高难动作和发劲动作的完成，如腾空飞脚的跳跃，顿步或蹉步的发动。衣裤由具有时代感的化纤面料和棉布里子制作的各式运动衣裤，替代过去的纯棉布料制作的中式对襟衣和灯笼裤。中式衣裤有穿着舒适、透气吸汗、开裆下胯扯得开的优点，有传统服饰文化味道。但是极少作休闲服穿着上街，每次练拳后都要换穿衣服，麻烦耽误时间，而运动衣裤不仅具有上述优点，还能根据每个人的审美水平选择自己喜欢的色彩和式样，最大的优点是易洗、干得快，可以休闲服穿着上街，有大众化的特点和新潮文化的感觉。不过，在正规比赛或表演中仍穿中式对襟衣和灯笼脚形裤，使拳法的演练风格更具古朴典雅，潇洒飘逸。保护人体关节及相应部位的软组织的护腕、护肘、护膝、护踝是用橡胶筋和棉纱混织成弹力很强的松紧带制作，护膝盖面选用羊毛丝加厚。戴上这些护具练拳，可以因弹力作用使各关节及相应软组织部位得到适当的收紧，可大胆发劲，不致关节扭伤或脱臼，冬天还起到保暖的作用。保护胸、腹、裆部的护具用人造皮革制作。穿上这些护具推手或散打，在受到对手击打时，能起到缓冲力量和保护作用，从心理上给人一种安全感。提高力量素质的器械已由金属性能材料制作的多功能健身器，替代由人工打造的石担、石锁。这种健身器的优点是：设计合理、功能全面，能使人体各部位肌肉得到充分锻炼，增强肌肉的力量，形体健美。然而这种器械锻炼出来的力量并不代表拳法所要求的松活弹抖劲，并且价格高，占地面积大，一般家庭是不敢问津的，可以采取购月票的形式定期到健身俱乐部锻炼，同时结合传统器械的练法，如拧太极棒，抖太极大杆，托、推、按太极球，旋太极轮（旋大缸）滚动装有铁沙的竹筒和百把气功桩等，来提高拳法要求的特有功力。这些器械花费不多，易制，存放方便，更主要的是经过数代拳家的实践，证明这种传统的器械及功法锻炼出来的劲力，能够在技击中产生极其有效的作用。因而，可以说是先进的训练器械和手段。兵械，作为太极拳系列的组成部分，有长短、单双之分，属硬兵器。虽具不同独特的技法，作为拳法的延伸，仍须依据太极拳理而用之。现在的兵械有专营厂家制造，主要材料是弹簧钢、不锈钢，白蜡杆（北方独产的木料）配件有用马尾或麻丝经红色染料浸红制成的缨穗和钢制的小响铃。春秋大刀就是用白蜡杆做把，弹簧钢做刀片，缨穗和响铃组合制成；剑、刀、锏用弹簧钢打造，用梨木做把，鞘用硬木制成，最名贵的鞘则用鲨鱼皮制成，价格、规格、根据自己的意向选购。在生产兵械的众多厂家中，尤以浙江龙泉剑厂出产的系列品种最受欢迎，产品因质量上乘、历史悠久而名闻天下。中美两国恢复关系时，周恩来总理曾以龙泉剑作为高贵礼物赠送美国总统尼克松。

  自古习武之人对自己使用的兵械特别看重，尤其是功夫高深者，可以为一把宝剑、宝刀而不惜千金，而且保护得很好。所以；当今凡有兵械的拳学者都用厚实布料缝制一个装短兵械的套子，两头钉上背带，以方便携带。大刀或枪则做短套子将其金属部位罩住，以防雨水和灰尘，同时准备有防护油，每次用完后即用油擦拭，预防生锈。

对初学者，穿、戴、用等用具的选购，无须质量特好，价格昂贵。在学习掌握技术阶段，用一般质量的就行，能自制的尽量动手，这既是节约用费，也是对手工艺术的一种尝试，何不乐在其中？兵械的使用应选购专门用来练习的即可，这种质量的兵械可以使练习者放心大胆地发挥所学的技术，即使因用力过猛或因兵械的不协调而触地折弯碰断，换一把就是了。若用名贵的兵械，会因技术不纯熟而不能恰到好处地发挥，一旦意外地碰弯或碰断，实为可惜。所以，好"行头"须配拳学者良好的修养气质，高超的技艺，大雅赛场中方能显示出服饰、兵械的名贵，技术的精到，人的丰彩的高度综合艺术。

资料对学习拳法很重要，尤其是追求拳学更高境界，资料的重要性不言而明。

拳法资料可分两类：一是纯理论资料；一是纯技术资料。欲求上品拳学者，应购置历代拳家的理论资料和技术资料加以研修。然而在科学不发达的咸丰时代，某些拳家的精妙绝技因摄影技术这一空白，只能身传口授，并因社会、人为种种因素，择人而传，得不到普及，甚至濒于失传，仅留下理论，这对后学的研修是一种遗憾。研修拳法，应以自己专修的拳法为主，在研修实践中与其它拳法的理论相互印证，逐步理顺明确拳法的更高境界及拳法的步骤性质。不过，无论出自哪个时期或拳家的著作，都不应盲目崇拜，要用现代科学知识和求实的态度去认识阅读理解，以避免为一家一法所迷惑。

前人总结的拳学理论都以文言文表达，若不善古文，则苦涩难懂，皆以手抄本和线装书形式留传；现代拳家的心得体会则以白话文解释，易理解，成书印刷精美。为了方便后学研习，如今有很多有识之士皆将前人的著作翻译成白话文，这是一件好事。无论古今拳家论著以何种记载表达形式传播，后学皆得益。为了更准确地理解掌握拳家们的真知灼见，上品拳学要求拳学者置办两类性质的书籍：一是拳学专业性质的字典型书籍，一是提高拳法艺术性质的艺术书籍。

字典性书籍主要用于解决各派拳学内涵深奥的熟习和借鉴，对于初学者这是应即刻准备的。字典性书籍因当代武术文化的普及，可在各地书店购买，重点应以主修的拳法和与其有渊源关系的拳法两类为主。

关于艺术性书籍，笔者清理归纳现有书籍，将其分为两类：一为静态性，一为动态性。前者为书法、绘画、雕塑类，拳学者如能从此类凝固形象中窥见艺术内涵神质，可为具备使拳法艺术得到升华的理性认识；后者为文学、声乐、影视类，可视为艺术能量的发挥和变相。文学中使人明智的历史，使人灵巧的诗歌，使人富于想像和浪漫的散文；声乐中表现出的抑扬顿挫；影视艺术中人物的形体语言等艺术能量，对拳架、推手散打、兵械之技的风格均起到潜移默化的变相艺术作用。拳法的各种变态中，以明末清初陈王廷所创拳法为基本，后来产生的陈式拳分支皆为参考辅助。以陈式拳而言，始终以陈长兴传至陈发科又传陈照奎再传马虹、张志俊等一脉的老架、大架、低架为正宗代表，无论是单势、组合、完整的拳架皆表现出大变大动的形象；由陈式拳派生的杨式拳则表现出拳势舒展、松沉，拳架结构去繁就简的变化形象；较杨式拳更为柔化见长，守静而不妄动的变化收放，则以武、吴、孙等拳派为代表。概而言之，陈式拳不仅保留了自然之荒原野山古风，又具有人为巧夺天工之意。杨、武、吴、孙拳派虽尽人工之能妙而显其魅力，毕竟是晚开的花朵。拳法艺术性书籍，可依此思路选购。

上品拳学的成功仅靠钻研某一拳法和在其它拳法内求索是不够的，应以拳外之养，精神修炼与拳学同时并进为指南。所以，可从自然五美提示的线索，去选购能使拳学顺应自然规律的释、儒、道经典书籍，选购能使拳法风格更富于艺术变化的东西方名画图册，选购能使拳法节奏更富于优美韵律的音乐书，选购能使拳法技击内涵更丰富的各种武学书籍，对电视台播放的国际、国内体育运动会和精彩的文艺会演更要不失时机地欣赏。

上品拳学是吸收"宏、深"艺术性质的拳学，是有足够能量和乐趣蕴存其中的拳学，是力争顿悟圆通，一了百了的拳学。所以，有心于上品拳学者除拳法"行头"置办外，更应该选购有关拳学的各种书籍。

八、拳法的手型与作用

技击拳法并非中国独有，外国同样有，美国的拳击，泰国的泰拳，韩国的跆拳道等都属技击性拳法，这些国家的拳法手型和作用有自己的要求。然而，外国的拳法手型作用不能像中国的拳法手型作用那样富于技击艺术变化。原因是中国的拳法内涵博大精深，拳法的手型作用自然如珍珠般异彩纷呈。所以，世人称奇的太极拳手型有其特色是很自然的。相对而言，外国的拳法手型作用因技术简单变化不多，中国的拳法手型则因技术丰富而作用多变。

学习拳法要涉及的首要问题，就是掌握手型，手型分为拳、掌、钩三种，这是应先掌握的。照理说，手型并非复杂问题，没有必要作为一个问题来论述。之所以说手型不应成为一个问题，是说手型是非常简单的事情，太讲究会失去自然而走向违反生理现象。

掌握手型的目的是为拳技的发挥服务的，什么样的方法能使手型保证拳法技击功能的发挥，什么样的方法就是最佳方法。要全面体现拳法技击功能的自然，其手型就要符合所学拳法的规定要求，符合因力点变化而使手上技法与头、肩、肘、胯、膝、脚技法和身法、步法眼法形成整体技击的辩证关系，符合人体关节允许的范围内所做的转动运使。这三条要求达到就是正确的手型方法，反之就是不正确的或不完全正确的手型方法。

要保证手型在技法要求的运动范围内，做出最大灵活自然地变化运用功能，无论手型怎么变化都要放松自然，绝不允许某一个部位产生不必要的紧张扬掣的状态。放松是首要重点。但是，松不是懈，要松柔有力，松到什么程度最好呢？松到手型无论因技击要求而变化都不失其外形饱满，手心掤松，有掤劲而不僵，即松而不软。所以，手型是在正确方法的前提下放松，在松的基础上调动协调手上的掤劲，又在加强掤劲的同时最大限度地放松。放松是加大手型灵活自然，使技击功能得到全面发挥的强有力的保证。

太极拳法的手型有多种，各家拳法的手型因技术要求及风格不一样而有所区别，不能一概而论。笔者仅在此扼要地叙述所学陈式拳法中三种主要手型的方法、定位、作用。

拳：五指卷拢握紧为拳。方法：五指并拢伸直，将食指、中指、无名指和小指的第二、三节指骨（有指甲的一节为第三节指骨）向内弯曲，再将第一节指骨向内弯曲，最后，弯曲大拇指的第二节指骨紧压在食指和中指的第二节指骨上，形状如螺旋。

拳的定位：

拳心——手心的一面，即五指弯曲的一面。

拳背——手背的一面，即拳心的反面。

拳面——食指、中指、无名指和小指第一节指骨互并形成的平面。

拳眼——拇指一边的虎口。

拳轮——小指一边的拳眼。

拳的作用：撩、砸、贯、摇、栽等。例如陈式拳一路八十三势的第一势"掩手肱锤"，动作（1）：左手上掤于左额处，同时右手握拳由下向左、向上、再向右下圈绞截对方左臂肘，拳心向上，拳背向下，实际也起到"砸"的作用；动作（2）：右膝上提护裆，同时右拳与左掌分别从左右两侧由下向上于中间合劲时，右拳面与左掌心相合，是"贯"击对方头部两侧的作用，俗曰"双峰贯耳"。动作（4）的一节：右拳从左掌下顺缠外翻用拳背向前弹击，是"摇"击对方面部的作用；动作（9）：左肘向后发劲，同时右拳随右脚蹬地转体用拳面向前旋臂击出，是"撩"打对方胸、腹、肋部的作用。"击地锤"一势，动作（8）：左拳从下上提至头部左侧，右拳从上下沉用拳面指向地面，是"栽"击对方倒地后的头部、耳门、胸部的作用。

掌：五指自然伸直，指与指之间略有缝，拇指梢节微向里合，使拇指梢节与小指相合，掌心内凹，这是陈式拳特有的瓦垄掌。

掌的定位：

掌心——手心的一面。

掌背——手背的一面。

掌指——手指的前端（指尖）。

拇指一侧——大拇指一边的手掌边缘。

小指一侧——小指一边的手掌边缘。

掌的作用：托、撩、穿、戳、推、抹、劈等。例如金刚捣碓第一势，动作（4）：两掌随身右转以左顺右逆向右侧掤发，右手擒拿对方左手腕的同时，左掌起"托"住对方右肘的作用；动作（9）：左掌随身左转由掤变顺缠用指尖向前上方抖击，是"撩"击对方面部的作用，同时右掌从后向前顺缠发劲，起

· 101 ·

"穿"击对方胸腹的作用。第三金刚捣碓一势，动作（8）：右掌向前穿出、右脚向前踢击的同时，左掌由下突变向上以掌指向前发劲，是"戳"击对方面部的作用。

斜行一势，动作（5）：左掌向左翻腕随身左转向左前下逆缠，使掌心斜向下、指尖向前下，经左膝前下运至左膝外侧，实际是起"搂"对方手或脚的作用。杨式拳的"搂膝拗步"即由此演变而来；动作（6）：右掌掌指略向内，从右耳下向胸前正中逆缠击出，一是合肘作用，二是"推"击对方胸腹部的作用；动作（7）：右掌推出后，接着塌腕使掌指向左，掌心向外，向右上划弧至两腿中线与胸同高沉腕定位，是"抹"击对方面部的作用。

前堂拗步一势，动作（6）：右脚向右前斜上方进步踏实的同时，两掌随身右转从胸前中线向左右逆缠再顺缠往下分掌，是"劈"击对方头部和胸部的作用。

钩手：五指撮拢在一起，腕关节弯曲为钩。

钩的定位：

钩尖——撮拢在一起的手指尖端。

钩顶——腕关节弯曲向上凸起的地方。

钩手的作用：横掸、横戳、抓面、前啄。

单鞭一势，动作（3）：右手五指撮拢，沿左前臂内侧逆缠旋转，经左手背下向右斜前上方展开，是"横戳"攻击对方胸腹或面部的作用；动作（8）：左掌从右胸向前、向左上划弧抹击时，右钩手同时随身左转，以钩顶向左运行，实际是"横掸"对方左太阳穴的作用。

手型的简述及作用举例，是从特定拳势中的特定招法来阐述的，在拳架中，一个拳势就包含有不同手型、作用的变化，这是拳架的编排，也是拳学者演练时应该做到的。实际上在推手或散打中，手型的变化作用是多变的，无规矩可讲，拳论曰："挨何处，心要用在何处。"就是告诉拳学者不可拘泥于成法，要用心来指导手型的变化及作用，即懂得通变。可用拳击的状态，若用掌击能重创对方，即可用掌，用钩尖比用掌更有效重创对方，则可用钩尖，这就应了俗言"拳不如掌、掌不如指"的说法。当然，这要看拳学者掌握手法的水平和较技时的手感如何了。要像乒乓球高手一样，球拍触击球的一瞬间，就能在对手察觉不到的情况下，运用手法的多变，使球更旋转刁钻，球路变化莫测，打对方一个茫然不知所措。

九、拳法的身法作用和意义

所谓身法，是指拳法运动中躯干的运动方法。陈式拳的身法，有以变化胸部方向为主要运动环节的身法，以躯干屈伸为主要运动环节的身法，以躯干旋转为主要运动环节的身法，以躯干动作为攻防技术的主要环节的身法等四类。

（一）以变化胸部方向为主要运动环节的身法

1. 正身：胸部正对进攻方向。

举例：一路拳的第一金刚捣碓，动作一：两掌随身左转左掌逆，右掌顺，向左前上方掤出，胸部是正对进攻方向。

2. 斜身：由正身向左或向右转身四十五度，使左胸或右胸对进攻方向。

举例：懒扎衣一势，动作（9）：接动作（4），身右转螺旋下沉，重心右移。同时右掌逆缠使掌心向外向右平抹展开，左掌顺缠掌心向上沿右胸下沉轻贴腹部，此时右胸已从正前方转向右掌进攻的方向，约四十五度。

3. 侧身：由正身向左或向右转体九十度，以躯干左侧或右侧对进攻方向。

举例：六封四闭一势，动作（2）：接动作（1），左掌顺缠右掌逆缠随身右转螺旋上升再下沉，向前上翻成右掌外左掌内掤出，胸部从正前方右转九十度，使躯干右侧对进攻方向。

4. 横身：由正身向左侧或右侧开步，横移身躯，成为由正对敌方变为置敌于我右前方或左前方。

举例：中盘一势，动作（6）：接动作（5），左脚跟着地向左蹬出，同时两掌约向右引，接着上体向右横移，此时已由正对敌方变为置敌于我左前方。

5. 回身：指借助步法的进退、摆扣、辗转等，使躯干转动一百八十度，将原来的背面，变为面对方向。

举例：抱头推山一势，动作（3）：接动作（2），左脚跟为轴脚尖向内摆扣约九十度，同时两拳由逆缠左下沉再向上顺缠掤起，随上体右后转一百八十度螺旋上升，此时已将原来的背面转为面对方向。

6. 转身：凡是变化躯干方向时下肢有位移的动作，皆属转身。转身的方向和幅度，皆以左转或右转多少度来表示。上述"侧身"、"回身"也可粗看为转身。转身不同于拧身，拧身时下肢没有位移。

举例：抱头推山一势，动作（4）：两脚蹬地起跳向左后方转身一百六十度落地，同时两拳变掌左内右外逆缠向左斜前上方引，使上体和左右脚尖对左斜前方。

（二）以躯干屈伸为主要运动环节的身法

1. 合身：是躯干屈合并后缩的身法。练习中，多以腰为中线，胸和腹作相向内合；以心窝和肚脐的连线为中心，躯干左半部与右半部作相向内合；整个躯干微后缩。

举例：海底翻花一势，动作一：接右蹬脚一势，右脚与左右拳逆缠收于腹前相合，因命门带动背部向后产生张力有略微后缩之状，使胸腹和左右躯干以腰、心窝、肚脐为中线同时相向内合，此为"合身"身法。

2. 开身：是由合身伸展开躯干的身法。

举例：抱头推山一势，动作（1）：接小擒打动作（9），两掌变拳左前右后顺缠分开，左拳位于左肩前屈臂勾腕、拳心向内、略比左肩高，右拳位于右肩前与肩同高，拳心向内，同时重心略后移，因右肩后引，上体已由相向内合的合身法变为"开身"身法。

3. 长身：由缩身一边展开躯体，一边向上或向前运动的身法。

举例：野马分鬃一势，动作（9）：接动作（8），以左脚跟内侧贴地铲出脚掌踏实，同时右掌逆缠与右边躯干向右后下展开，右掌顺缠掌心向下，左掌顺缠由腹前与左边躯干向左前上方展开，掌心向上，因左右两掌与左右躯干同时前后展开运动，此为"长身"身法。

（三）以躯干旋转为主要运动环节的身法

腰是人体的枢纽，躯干的旋转主要通过腰的旋转来实现，主要有以下两种。

拧腰：指支撑脚不动，躯干向任一方向扭转身法。拧腰要求松腰、松胯。拧腰不同于转身，转身时支撑脚需位移。在拧腰类动作中，以腰胯的转旋、侧身来避敌攻击的方法，称为"闪身"。

举例：甲乙两人按捋推手。

甲右掌坐腕按乙的右腕略上处，左掌坐腕按乙右肘稍下处，伸臂以双按向乙胸按进，同时进身弓步相随。

乙以右前臂掤住甲的双按，左掌粘贴甲右肘外侧，接甲的来劲坐腿后退，两掌随退随向内收（右臂曲度不小于九十度）身体随退随右旋将甲引进，当退到重心大部落于后腿之后，以旋腰胯为主。乙的这一运着过程，即是"拧腰"身法。

（四）以躯干动作为攻防技术主要环节的身法

1. 进身：支撑脚不动，仅以上体向敌方逼进。运用时，可以长身配进身。并尽量松腰松胯，加固下盘，防止倾斜过多。上述"野马分鬃"一势的举例，实际就是"进身"身法的表现，此处不再赘述。

2. 挤靠：躯干着力倾斜对手，迫其倾倒或离开的身法。一般多用背部、肩背部。如背靠、肩靠。

举例：白鹤亮翅一势，动作（4）：接动作（3），身向左转螺旋下沉，使重心渐沉偏右，眼视右肩、肘外侧，同时右膝里合，右脚尖上翘内转，脚内侧逐渐着地，左掌腕粘住右前臂近肘弯处，交叉点在胸前。这一细微的运着，实际就是"肩靠"的身法。俗言"靠不过寸"。所以运劲要做到隐于内而不显于外。

3. 抖撞：突出以丹田劲从中向外爆发，身躯抖颤，撞击敌人的身法。一般多以肩、胸部为着力点抖撞敌人。

举例：六封四闭一势，动作（2）：左掌逆缠于腹前掌心向左后，右掌顺缠于左肘下，掌心向左前下，两腕交叉，接着以丹田带动发劲，即松活弹抖。就是"抖撞"的身法，此势抖撞的力点是肩部。

身法的作用：

是通过合理地运用上述身法，最大限度地缩小防守面，延长攻击和退守路线，增加进攻招式的力量，使"知己"的功夫"拳架"更具武术技击的本质；使"知彼"的功夫"推手、散打"更具重创对手的效果。然而，欲达此目的，须在立身中正的状态下求得虚实变化。虚实变化，关键在以腰脊命门穴为轴心的左右腰（两肾）的抽换；左腰抽则左实右虚，右腰抽则右实左虚，虚实变化，在于命门为轴心的左右两肾抽换，这不仅是全身总虚实的根源，也是"源动腰脊转股肱"，"内动不令人知"，"以闪为进、避实就虚"的机关所在。掌握了身法的虚实变化，手法的运用就不成问题。

　　例如，当对方以右或左冲拳向我胸部击来，我可以两脚不动，将身体重心倒换至左或右腿，同时以腰旋转使上体向左或向右拧转，形成右实左虚或左实右虚的状态，对方冲拳即沿我胸部向侧面滑过。我即时以右或左脚趋步套往对方前足跟外侧或插入裆步中间，同时以"长身"身法贴近对方，即体侧侧对对方的姿势，用"野马分鬃"势或"前膛拗步"势击之。这一运动过程中，腰向右或左拧转的一刹那，本身就是攻守结合的妙着。试想，对方若孤注一掷，用劲过大而不能保持平衡，造成自身拔跟向前失重，而这巧妙的一闪，岂不是令对方不打自倒吗？若需重创对方，只需在其侧面或背面任意击之，即可成功。若对方出拳快而有力，下盘稳固，能保持平衡，收拳快速，这一闪身也能减小自己被击打的部位，同样具有攻击对方的条件，至于能否以迅雷不及掩耳的速度反击，则看自己的功夫了。

　　又如，与人推手较技，当对方向我胸腹推击时，亦可不必动步，只需向后坐胯、缩腰、含胸，合身至对方攻击动作距我分毫，若艺高胆大可以"以身受手"承接对方强弩之末来劲，却不能伤我。此时，可以顺对方回收之际，趋步送胯、立腰、展胸、舒身将对方击出，亦可在胸部粘住对方的同时，一手擒拿对方的右或左腕，一手托拿对方的右或左肘，配合转腰，加大回将的幅度力量，将其捋倒。

　　再如，不论我以何种手法攻击对方，发劲时仅凭上肢由屈到伸或由伸到屈发劲。那么，所发之劲远远小于"由脚而腿而腰，总须完整一气"，上下相随配合完成的"腰脊发劲"。原因是，前者参与发劲的肌群较后者少，发劲距较后者短，不如后者有较长距离创造发劲的初速度。因此，对方攻击时，我以转身或合身配合防守动作，同时又有助于蓄势和蓄劲。当我防至对方末劲略过之时，以回拧或舒伸躯干的身法配合进攻发劲，就能借助身体拧转或舒伸的势能，发出聚积的劲力，获得更好的攻击效果。

身法的意义：

通过人的四肢和头顶与躯干相连，使躯干运转能带动或制约四肢和头顶的运转。从运动方向来说，躯干拧转可带动手臂向两侧横击；从运动幅度来说，躯干前探可加长上肢的前伸距离，躯干回缩可增加上肢的后移距离；从劲力的蓄发来说，躯干的含展交替或腰的拧转交替，皆有助于劲力的蓄发互换。从人体整体运动来说，躯干之中的腰是躯肢运转的轴心，四肢和腰以外的其他躯干部犹如连在轴心上的轮，轮沿着轴心可作出向左右的转绕，也可作向上下转旋等各种运动。其上动下随、下动上领、中间动两头合、两头动中间攻，能使人体各部相互密切配合。躯干除了协助四肢运动，发挥攻防技能外，也有一些以自身运动为主构成的攻防动作。例如，"懒扎衣"动作四，以肩背挤撞对手，"六封四闭"动作一，右臂下沉划弧随身左转（即转侧身闪让）螺旋下沉引进，使对方按劲落空，随即乘势攻击对手。

在运动中，身法以中正灵活为主，尤重腰为主宰。仅做到立身中正，但不灵活，是铁板一块，不能称为身法；为求外形上的灵活使腰转动幅度过大、速度过快，变成扭屁股吊腰，这种失去立身中正的"活法"，同样不是身法所在。因此，腰的旋转应根据不同拳势运动方向和幅度的要求，作出"恰如其位"的转动。这样，身法的运用就会避免僵板生硬，而显其自然。

另外，谈谈身型与身法的区别。身型是指躯干的静止状态，身法是指躯干的运动方法，不同的拳势对身型的要求不一样，呼吸也不一样，呼吸方式决定拳势身型的变化。陈式拳刚柔相济的特点决定了"肺呼吸、体呼吸、丹田呼吸"为呼吸方式。频率激烈的拳势或个别分解动作，要求胸开背合、立腰收腹，采用丹田呼吸和体呼吸，例如，"六封四闭"动作（5）。频率柔缓的拳势或分解动作，要求胸合背开、塌腰实腹，以丹田呼吸和肺呼吸交替运用，例如"运手"一势。上肢动作幅度大而快速的拳势或分解动作，躯干前合、后展幅度较大，兼有上述两种身型要求，则采用上述三种呼吸方式。例如"闪通背"一势动作（8）（9）。

身法的运动方式以胸背的开合和胸腰折叠拧转来表现。按照陈式拳动作的编排规律，以丹田呼吸、体呼吸、肺呼吸为呼吸方式、动作频率柔缓的拳势，身法动作较为柔和，运动幅度有大有小。例如"运手"；动作频率激烈的拳势，其身法动作的速度较为明快，运动幅度大小结合。例如"掩手肱锤"；而柔缓与激烈相融的拳势，区别在于，不同的拳势中，幅度大的分解动作与幅度小的分解动作所占比例的多少，其呼吸方式，则根据不同拳势的不同阶段出现的柔缓或激烈的分解动作而顺势行之。

十、拳法的步型区别和作用意义

步型指两腿两脚的静型。按照两腿两脚的空间位置可将陈式拳的步型分为五类：即"左右开步""前后错步""交叉碾转""双脚并立""单腿独立"。其中前四类又以脚掌位置不同，身体重心不同、架势高低不同等因素，各分为若干种。后一类则以悬起腿在空间位置的变化，形成多种做法。因此，了解各类步型的区别、常见错误及其纠正方法，是掌握正确步型的首要环节。对后面将要论及的步法作用，有着极其重要的意义。请初学者莫嫌啰嗦。

（一）左右开步类常见步型及其区别

两脚向左右两侧横向分开的步型统称开步，这类步型包括马步、仆步、横裆步、弓蹬步等。其中，马步是两腿屈膝、重心位于两脚中间的开步，弓蹬步、仆步和横裆步是一腿伸出成曲而不曲、直而不直之形（陈式拳不允许有绝对直的做法），一腿弯曲、重心偏于弯曲腿一侧的开步。

马步、弓蹬步、仆步、横裆步的区别：马步步幅一般等于本人脚长的3~3.5倍，但是，陈式拳的"预备势"和"收势"，则要求以左脚外侧至右脚外侧的距离仅为本人的两脚长，即与己之肩同宽。弓蹬步的步幅与马步相同，不同：马步两脚尖向正前方，弓蹬步两脚尖向右或向左斜向65度，这是陈式拳的特殊要求。仆步和横裆步除前述步幅相同点外，两者的脚掌位置也相同。区别：仆步的弯曲腿是屈膝全蹲至大腿与小腿贴拢，平仆腿脚掌着地；横裆步弯曲腿是屈膝半蹲至大腿水平面，伸出腿脚尖上翘。

马步做法：两脚开立，相距约本人脚长的3~3.5倍，两脚掌平行、脚尖向前；屈膝下蹲至大腿水平面，膝盖的垂直投影线不能超出脚尖，身体重心在两脚中间。

要领：两脚开立后，头顶百会穴上领，有被绳向上悬提之感；臀部犹如坐凳上；十趾抓地，有意以下肢前侧肌群远端收缩为主，控制臀部于比膝略高的位置，持平也可。

练习中常见错误有足尖外撇、跪膝、撅臀三种。

"足尖外撇"是因为踝关节内旋的柔韧性不好引起。纠正方法有二：

（1）"仆压"练习：侧对墙壁站立，靠墙侧的脚外侧抵紧墙根，另一脚向外横开一步，屈膝全蹲成仆步。

方法：两手抓住仆腿脚掌，上体向仆腿振压，尽力使头部向仆腿脚面贴拢。

（2）并步站立，一脚侧向开步，落地时脚前掌先触地，立即外蹬足跟，下蹲成马步，保持片刻，体会踝部肌感。两脚交替练习。

"跪膝"和"撅臀''是因为没有掌握正确的技术规格及腿部力量不足所致。纠正方法有二：

（1）背对墙壁，脚跟距墙约20厘米；然后，两腿屈膝下蹲，背靠墙壁，尽量使小腿与脚跟垂直，锻炼下肢前侧肌群的力量，体会其肌群用力的感觉及臀部下垂、躯干直立、头向上顶的感觉。

（2）手扶支撑物做原地马步蹲起练习。下蹲时，借助手扶支撑物的助力，保持正确马步规格，体会正确的肌感。逐步减小手扶支撑物的力量，增加靠自身内力维持正确姿势的成分。随着下肢力量的增加，正确肌感促使形成马步正确规格的动力定型，错误就会消除。

弓蹬步做法：两脚相距与下蹲至大腿水平面、及膝盖的垂直投影线、重心在两脚中间，皆与马步相同。不同点是两脚尖须向左或向右斜向65度。

要领：与马步基本相同，不同点是后腿的腓肠肌、比目鱼肌、腓骨长肌、趾长伸肌、须有意识控制收紧。

练习中的常见错误及纠正方法，皆与马步相同。

仆步做法：两脚开步站立；一腿屈膝全蹲，大腿紧贴小腿，膝微外展，脚尖外摆45度；一腿伸直平仆接近地面，脚掌扣紧至与小腿成90度夹角；两脚掌全着地。左腿平仆为"左仆步"，反之为"右仆步"。

要领：髋关节尽量松开下沉，平仆腿要有外蹬劲。

练习中常见错误有翘跟掀掌，挺胯直踝两种。

"翘跟"指全蹲脚后跟离地，"掀掌"指平仆腿的脚外侧离地，都因踝关节柔韧性较差所致。纠正方法：采用"仆压"，提高踝关节柔韧性。

"挺胯直踝"指平仆腿胯部未松开下沉，脚掌没有内扣。这是因胯、膝、踝关节柔韧性欠佳导致。此类错误常致仆步过高。纠正方法：可采用纠正翘跟掀掌的方法，但须注意拉大步幅。

横裆步做法：两脚开立；相距约本人脚长的4倍，一腿屈膝下蹲至大腿水平面，膝盖的垂直投影线不能超出脚尖；一腿向身体侧面伸出，直而不直，曲而不曲，脚尖上翘，身体重心在两腿中间。

要领：屈膝的一腿与马步下蹲腿的动作相同，伸出的一腿其腓肠肌、比目鱼肌、腓骨长肌、趾长伸肌、须有意识控制收紧。踝关节收紧。

练习中常见错误有跪膝、撅臀二种，纠正方法：与纠正马步的错误方法相同。

以下四种属"左右开步"类的正确步型在陈式拳中的表现。

（1）"十字手"动作二与"青龙出水"动作四（1）（2）是标准的马步。

（2）"雀地龙"动作二与"十字单摆莲"动作四，是标准的仆步。

（3）"懒扎衣"动作三（2）是标准的横裆步。

（4）"懒扎衣"动作六与"单鞭"动作六是标准的弓蹬步。弓蹬步是陈式拳的主要常用步型，请初学者练习时处处留心。

（二）前后锉步类常见步型及其区别

两脚前后纵向分开的步型统称"锉步"。这类步型包括半马步、虚步（包括前点步）、坐步。这三种步型可以按照身体重心投影的位置不同，区分为身体重量偏向后脚的半马步、虚步，身体重量几乎全在后脚的前点步、坐步。其中，体重偏向后脚的两种步型又以两脚负担重量的多少分为四六步、三七步。四六步是身体十分之四的重量在前脚，十分之六的重量在后脚；三七步是十分之三的体重在前脚，十分之七的体重在后脚。

半马步和虚步的区别：半马步的后脚脚尖指向正前方；虚步的后脚脚尖比半马步后脚内扣45度相同点：都要求臀部自然下落、塌腰。

坐步和虚步的区别有二：一是虚步前脚脚尖或全脚掌虚着地面；坐步是前脚脚跟虚着地面。二是虚步中亦有两腿膝、胯微屈站起，只保持体重几乎都在后腿的高虚步（亦称"前点步"）；坐步须膝胯皆屈，保持臀部似落座凳上的姿态。

半马步做法：两脚锉步站立，相距与马步等同，一脚外展45度，其膝与上体亦随之侧转45度。

要领：与马步基本相同，区别：一脚外展时，不能大于45度。

练习中常见的错误与纠正的方法，皆与马步相同。

虚步做法：两脚锉步站立，前后相距约本人脚长的2倍；重心后移至后脚跟，屈膝下蹲至大腿接近水平面，后脚掌内扣45度，前脚尖点地或前脚掌虚着地面，脚尖正对前方；两膝靠近，相距约十厘米。左脚在前为"左虚步"，反之为"右虚步"。

练习中常见错误有歪胯撅臀、荡裆敞裆、虚实不清三种。

"歪胯"指虚步中虚着地面的胯根向同侧歪出；"撅臀"指臀部向后上突起。纠正方法：将虚点脚尖指向正前方。注意头上顶，腰微上撑，支撑腿膝关节微后移。

"荡裆"指臀部低于膝部，上体前俯接近大腿，可以通过股四头肌远端用力，控制住臀位不低于膝高来纠正。"敞裆"指两膝相距过宽，可以前脚内移，减少两脚的横向距离，两膝微内合来纠正。

"虚实不清"指重心落于两脚中间，失去了虚步前虚后实的基本形态。纠正方法：练习时注意重心后移于后腿支撑，达到前脚即便抬离地面，身体仍稳定无左右倾斜的程度。

上述三种错误，除技术规格不清楚外，其共同原因是单腿支撑力不够。因此，提高单腿支撑力是不可忽视的练习。做法：侧对扶撑物（窗台、栏杆等）直立，左手抓握于与胸齐高处，右手侧平举成立掌或叉腰；左腿屈膝上抬成"提膝"；然后，右腿下蹲成虚步；静蹲一会儿，感觉吃力时站起，稍稍放松，又蹲。重复次数量力而行。再换练左腿。

坐步做法：两脚错步站立，两脚跟相距本人脚长的2倍；前脚脚跟着地，脚尖微上翘，膝关节微微松屈，后脚尖外展45度，身体重心后移，以后腿屈膝支撑体重；松屈髋关节，胯根向后抽缩，使臀部向后、向下落，好像坐凳一样。坐步是整个下肢相互配合形成的一种前虚后实的步型。

以下三种属"前后锉步"类的正确步型在陈式拳中的表现。

（1）"抱头推山"动作（3）是标准的虚步。

（2）"金刚捣碓"动作（2），是标准的坐步。

（3）"第三金刚捣碓"动作（1），是标准的半马步。

（三）两腿交叉类常见步型及其区别

交叉碾转步在陈式拳中的两种步型。一是"交叉步"，二是"盘步"。区别在于：身体重心距离地面的高度不同；两腿交叉后的拧转程度不同；脚掌的位置不同等。

交叉步做法：两腿交叉分开站立，相距约本人脚长的3~4倍；一腿屈膝下蹲至大腿接近水平面，脚尖外摆45度，全脚掌着地；另一腿屈膝约70~80度，脚前掌着地；上体向弯曲至水平面的一腿拧转。

盘步做法：两腿交叉叠拢半蹲；前脚全脚掌着地；脚尖外展，后脚脚前掌着地，脚尖外展方向与前脚尖相同；身体重心略偏向前脚。右腿在前称"右盘步"，反之称"左盘步"。

要领：前腿脚跟内侧向前外蹬，脚尖外展时五趾抓紧地面，后腿与前腿约有空隙，脚跟离地、前脚掌趾抓紧地面，保持上体中正。

练习中常见错误有，半蹲不稳。原因是前脚掌脚尖外展不够，两腿相距太宽，脚趾抓地不牢。纠正方法：采用原地盘步碾转。做法：两脚开立同肩宽，然后提起脚跟，向左原地碾转180度，同时下蹲成左盘步；再向相反方向原地碾转站起，下蹲成右盘步。左右交替练习。

以下两种属"两腿交叉"类的正确步型在陈式拳中的表现。

（1）"运手"动作（3）是标准的交叉步。

（2）"右擦脚"动作四（5）是标准的盘步。

（四）双脚并立类常见步型及其区别

"并立步"是指两脚靠拢站立的步型。在陈式拳中有"不丁不八步"和"并步''两种。区别在于膝关节弯曲的程度，脚掌位置不同两个方面。

"并步"是两脚掌内侧贴拢，大小腿弯曲接近90度。

"丁字步"是一脚外摆，脚跟贴靠另一脚内侧成丁字步。左脚外摆称"左丁字步"，反之称"右丁字步"。

以下两种属"并立"类的正确步型在陈式拳中的表现。

（1）"中盘"动作（3），是标准的并步。

（2）"白鹤亮翅"动作（6），是标准的左丁字步。

（五）一腿独立类常见步型

凡是一腿以支撑体重，另一腿悬离地面的步型，就广义而言，统属"独立步"。独立步仅是在步法变动过程中，具有瞬间悬脚态者。常见的有猫步、前提膝步，两者的区别在于悬空脚的位置不同。陈式拳中出现的是"前提膝步"较多，而"猫步"仅出现两次。

前提膝步是悬空脚屈膝前抬，支撑腿微屈。前提膝步既用于避让对方勾扫我脚，又含有攻击对手的暗腿，同时有护裆的作用；猫步形似猫捉鼠时提起之腿，含有随时扑踩猎物之意。

以下两种属"一腿独立"类的正确步型在陈式拳中的表现。

（1）"金刚捣碓"动作（5）是标准的前提膝步。

（2）"右擦脚"动作（3）是标准的猫步。

以上步型仅为举例，请学拳者练拳时注意归类。正确的步型其作用和意义在于提高拳势动作的沉稳性和灵活变转，使每一拳势的艺术造型更具有扎实的下盘基础。

十一、拳法的步法作用和意义

步法，是指脚步按照不同拳势运动衔接要求移动和变换方向的方法。步法具有运载身体前进后退、左右闪展的作用，能加大动作的伸缩和拧转幅度，实战中，灵活运用步法可以调动对手的身体位置，造成彼背我顺，从而更有效地打击对手。步法沉稳是拳势动作保持平衡的根本，步法快疾是拳势迅猛的保证，步法灵便是拳势敏捷的基础。陈式拳的步法内容丰富多彩，运动时独具特色，根据其运动特点，步法可分："走步"和"跳步"两类。前者有上步、跟步、退步、盖步、插步等；后者有跃步、盖跳步等。根据动步时身体在空间是否出现明显位移，又可分为动步而不移位（指仍在原地），步法移动一步，步法连续移动三类。第一类有碾步、提步等，第二类包括不同方位的进、退、横移的各种步法，第三类包括直线移动的前跃步和盖跳步等。下面将各类步法的解释和在拳法中的表现及技击作用举例，供同道参考。

（一）"走步"类步法。

何谓"上步"，即后脚越过前脚向前上一步。

例："闪通背"动作（11）上接动作（10），我右掌顺缠由腹前向上向前成弧线运动向敌咽喉戳击，左掌以发捋捌劲向下捋捌敌右臂手，同时提左膝迈步经右脚内侧向前踏实。此步法便是"上步"步法。提膝是向敌裆、腹部撞击，如敌方离我较远，则上步踩击其脚背，使其不能抽脚回防或进攻。

何谓"退步"，即前脚越过后脚向后退一步。

例："退步压肘"动作（5）上接动作（4）右脚跟提起，以脚尖内侧逆缠沿左脚内侧划里弧向右后斜退一步，以脚跟落地发劲，同时配合左掌由逆缠变顺缠经腹前从右胸前及右肘弯内侧翻出向右前外，再向左前略上发劲，右掌略变逆缠合至左胸前，虎口贴胸。此势步法便是"退步"步法。技击作用：加强左臂肘掌击敌的爆发劲，形成斜线退步，目的是加强身后的勾绊，即拳论曰："有前则有后，有左则有右。"同时亦是保持身体平衡。此步法配合手法运用，能重击敌方胸面部，劲大，效果比较理想。

何谓"盖步"，即一脚经另一脚前向对侧横向盖上；成两腿交叉，盖上腿屈，不动腿弯曲程度小于盖上腿。

例："右擦脚"动作（5）上接动作（4），左脚随身左转提起向右脚前方迈步，以脚跟外侧着地再踏实。此步法便是"盖步"步法。技击作用：以脚跟向敌方膝迎面骨踩击，同时，配合右掌下引，左掌上击敌面部。

何谓"插步"，即一脚经另一脚后向对侧横向插出；两腿交叉，不动腿屈，插出腿的弯曲程度小于不动腿。

例："运手"动作（3）上接动作（2），右腿随身左转以腰胯带动，屈膝脚跟离地，脚前掌提起略划里弧向左脚后对侧横向插出，同时配合左掌逆缠向左上掤出，右掌顺缠经由右前外下沉至腹前。此势步法便是"插步"步法。技击作用：如敌方善摔跤，用右臂肘插到我左腋下肋部，我身左转下沉，重心变左，右脚向左脚后插步，配合左臂肘掌顺缠下沉绞敌右臂肘，使敌方摔出跌倒。

何谓"闪步"，闪步有多种做法，如左脚向左横跨一步，右脚随之跟至左脚内侧，称为"闪步"，亦即"左闪步"，反之则为"右闪步"。

例："护心锤"动作（1）至动作（2），双掌左逆右顺缠下沉，变左顺右逆缠向身前掤起，同时左脚向左前方45度以脚跟贴地蹚出。然后，两掌再左逆右顺缠向左掤出，左掌上、掌心向左，右掌位于腹前，掌心向左略上，同时右脚贴地划里弧并于左脚内侧。此势步法便是"闪步"步法。技击作用：一人与两人搏斗时，左脚向左面敌方下盘蹚去（是套、是插或直接蹚击，随机应变），右脚划里弧并于左脚内侧，是拉开与右面敌方的距离，使其右直拳或左摆拳击我右肋部或头部的目的落空。同时配合左右掌以挒劲横击我身左侧之敌。

以上五个拳势的步法举例，除"护心拳"的步法移动时，身体出现明显的从右往左的空间移位，而且，左脚未向左后移动前，胸部方向是正东，当左脚向左后横移一步，右脚随之划里弧并于左脚内侧时，胸部方向已由正东转到东南方向。所以，该拳势步法属"步法移动一步"类的不同方位变化的横移步法。其余四例拳势的步法移动，均是在一脚支撑为轴心的前提下，另一脚在一步范围内动步，身体无明显空间移位，属"动步而不移位"类步法。其中，"退步压肘"步法，在右脚划里弧退后一步过程，于左脚内侧有短暂的提起停靠状态。所以，该步法又是"动步而不移位"类步法中所说的"提步"步法。

（二）"跳步"类步法

何谓"前跃步"，即前脚进一步蹚地跳起，后脚摆起向前超过前脚，使身体腾空前跃；后脚在身前落地，前脚随之在后脚前落地。前跃幅度要超过一个弓蹬步之距。

例：二路炮锤的第一个"玉女穿梭"的动作（1）至动作（2），上接"连珠炮"，右腿提膝提起向右前进一步蹬地跳起，左腿逆缠屈膝提起随身腾空越过右脚以脚尖着地再脚跟着地，同时左拳在空中击出，该拳势步法属"前跃步"步法。技击作用：右脚提起避让敌方左脚扫钩，接着右脚与左脚连续跳起落步进身，逼近敌方，配合手法重击敌头面部。

何谓"盖跳步"，即后脚向前摆起超过前脚，使身体腾空；在空中，盖跳脚尖外摆，上体随之向盖跳脚同侧拧转，使两腿在空中呈交叉状；然后，盖跳脚向跃进前方落步，前脚随之落于其前；上体回转朝前。盖跳步分向前、向左、向右三种。

例："抱头推山"动作（3）至动作（4）（5）（6），上接动作（2），两掌变双逆缠下沉至颏前向左右展开，右掌与嘴同高，掌心向后，左掌位于左胸前、掌心向左胸，高与下颏同，接着左脚屈膝提起向右脚前方跃进落步，右脚随之屈膝提起向右前迈一大步以脚跟内侧着地过渡到全脚掌踏实。同时双肘外开上挑两掌逆缠里转外翻向后翻腕，两掌指尖再翻至两耳下腮旁。左掌心向右前、右掌心向左后，然后身向左转下沉、同时双掌逆缠下沉至胸前再向右前略上推出。右掌在前偏上、掌心向右前，左掌在后略偏左下、指尖向上。该拳势的步法，属"盖跳步"步法。技击作用：以左脚盖跳步蹬踩敌方小腿和脚背，右脚迅速落步插进对方裆内，或绊住其脚跟外侧，配合手法击敌倒地。

上述两者的区别：跳起腾空时，前跃步是正身而起（身体向前），盖跳步是侧身而起，两腿在空中交叉，盖跳脚尖外摆。

陈式拳的步法特点，具有稳沉、轻灵、重心走下弧（即裆走锅底型）、匀变速和跟步必走里弧等五个特点。这五个特点贯穿于拳势步法变化中（个别步法除外），并且有侧重地表现于步法的动步之初、移动过程、成型之时三个阶段中。具体表现方法：

1."动步之初"：要求是虚实分明，身体重心稳定在支撑腿上。另一脚提起，在不动摇重心位置范围内落地。此阶段主要体现迈步轻灵的特点。

以"金刚捣碓"动作（5）至（6）为例说明：当身体从左向右转动，两手同时以左顺右逆向右侧掤出，接着左膝提起，此时身体重心以前移稳定在右支撑腿上，形成右实左虚的状态；接着左脚跟里侧贴地向左前方45度角如履薄冰似的蹬出，这是在不动摇重心的前提下完成的。所以，这一分解式充分体现了"动步之初"要求的虚实分明和迈步轻灵的特点。

2. 移动过程：要求是重心逐渐沿下弧倒换，脚着地部位逐渐过渡到全脚掌，此阶段主要体现重心倒换走"锅底形"，两脚匀速移动的特点。

"金刚捣碓"动作（7）：接动作（6），身向右略转下沉，同时两掌左逆右顺走下弧向前略上掤出，左掌心向下，高度在胸前中线，左肘与左膝上下相合；右掌顺缠成侧立掌（指尖向右外）掌心向前略偏右，位于右膝外侧，重心走下弧左旋转，左脚尖随身左转由脚跟过渡到全脚掌踏实，眼视左前方。这一分解式，因身体重心从右下略沉到向左旋转上升的过程中，倒换走出一个类似"锅底形"的下弧。所以，充分体现"移动过程"要求的重心沿下弧倒换，两脚匀速移动的特点。

3. 完成动作：要求是当手、眼、身、步法一致到位时，重心移到靠近两脚中间位置，此阶段主要体现步法沉稳的特点。

"金刚捣碓"动作（9）：接动作（8），身略向左转，左脚尖不动，左掌由逆缠前掤变顺缠、掌指向前上抖撩，掌与头顶同高；同时右掌与右腿随身左转向前快速发击，右掌心向上、指尖向前略高于腹，右脚上步以脚尖点地脚跟提起位于左脚前的右前方，重心在两腿中间略偏于左，眼从两掌中间注视前方。这一分解式，因两掌和右脚都是同时随身左转向前运着，重心在两腿中间，形成稳定的虚步托掌势。因此，突出了"完成动作"这一阶段要求的手、眼、身、步法的协调完整和沉稳的特点。同时也体现了与动作四连接起来运动时表现出的匀变速动态的特点。

另外，凡"跟步必走里弧"是陈式拳中经常出现的独具特色步法。例如，"六封四闭"动作（7），上接动作（6），身继续向左螺旋上升，重心在右。眼视右前下，耳听左后，同时右臀及外胯略下沉再略上升由右后向右侧外旋转，突出右外胯，左腿胯松，顺缠外转，膝屈外旋，脚跟提起，以脚尖里侧划里弧至右脚里旁略后，脚尖向左外虚点着地。左脚划里弧的作用是起到加大右胯撞击敌方的螺旋劲，其特色亦在于此。

学拳者练拳时，须遵循上述五个步法特点和三个阶段的原则，根据拳势的步法不同及其规律，处理好步法运用这个关键问题，使步法符合拳势的要求。

十二、拳法的眼法作用

所谓眼法，即运用目光眼神的方法。眼法的一般要求是精神团聚于目，表达武而不俗、威而不露的气质，神气逼人而无贪欲之心。目光趋向平而直、不偏不倚、不左右斜视、上仰下俯，给人一种散乱的感觉。眼法的基本规律包括随视、注视、传神达意。此三条在陈式拳架演练和推手或散打中的目的和具体做法略有区别。

眼的运转与头的运转关系密切。头的运转能反射性地引起上肢和躯干的肌紧张。因此，要使"目似闪电"，必须加强颈部肌肉关节的锻炼，使之灵活自如又有力；要想眼正、身正、必须头正。因为，头为周身之首，只有保持头部位置端正，才能实现眼神直正，立身中正的目的。现在将上述三种眼法在拳势中的具体运用举例如下。

"随视"是拳法的基本眼法之一。指目光随自身动作或攻防需要运转。

例："懒扎衣"动作（8）至动作（9），身向右转螺旋下沉，重心随身旋转再右移。眼看右肘外侧。同时右掌逆缠翻转向前上升掤掌心向右指尖向左略偏后，左掌变顺缠，左腕粘连右肘里侧上与右臂同时翻转外掤略下沉（左肘尖下沉与左膝上下相合），接着身略右转下沉，重心偏右。眼看右掌，耳听身后，右掌逆缠经眼前向右展开。左掌顺缠下沉至腹前轻轻贴住，掌心向上、指尖向右，同时左脚跟为轴，左脚掌贴地里扣。此拳势在眼神先看右肘外侧到转移在右掌向右展开这一过程中，以注视右侧方为主，兼顾左面，此眼法属"随视"眼法运用。

作用：随视眼法在拳架练习中，可与"眼到手到、手眼相随"的密切配合，体现出神随势注。这种眼神有较强的艺术感染力，在表演时，能引起观众的联想，跟着演练者进入逼真的攻防技击意境。在攻防搏斗中，随视以集中注意观察敌方眼神变化为主，同时顾及敌方的四肢动作，即"注一挂余"。从敌方眼神的变化来判断其动作的击打目标，随机应变，采取相应的攻防战术，达到保护自己，击败敌方的目的。

"注视"是拳法的基本眼法之一。指视线像手电筒的电光一样聚成一束、毫不移闪眨动,亦称"凝视"。

例:"懒扎衣"动作(9),身略左转螺旋下沉,重心由右渐移略偏左。同时右掌略变顺缠劲运到中指肚,手指斜向右上,掌心向右前下,中指高度约与鼻同,左掌心向上轻贴于腹,指尖向右,接着左掌顺缠下沉略变逆缠,左肘外掤劲不丢,眼视右掌。此拳势在右掌顺缠沉腕定位于右脚上方时,两眼从注视右掌转而注视胸部正前方,这种眼法属"注视"眼法运用。

作用:注视眼法在拳架练习中,拳势处于静态定型时、目光以凝聚注视假设敌为主,有看得准、看得透敌方内心活动之感,使拳势体现出静中有动、伺机待动的神态。与人较技中,双方相持时,注视对手、可明察其变。即使对手被击倒,由于强烈的技击意识并未因对手倒地放松,眼中的击打意识有威慑对手不敢再战之势,又有察其反扑,一触即发之态。一般情况下,搏击中注视对手的方法有三种,一是眼二是肩,三是三关(即眉、肩颈、及肚脐部位)。

"传神达意"指通过眼神和视线表达内在气质及拳势的攻防意识。具体做法:首先要理解拳势的攻防含义,再将这种理解变为一种临敌想像。运动时,眼好像监视着敌人的运动,预测着敌人的动作变化,以至将得之于心的观察,体现在整体拳势中。

例:"单鞭"一势名称的含义在于象形。整个拳势共有(9)个分解式。每个分解式都有其鲜明的技击含义。

动作(1):上接"六封四闭"动作(7)。设敌的右掌或拳向我右肋击来,我即顺势身向右转,重心变左,同时右臂手顺缠外翻用探、捌劲外掤略下沉引化,使敌右拳或掌发劲失空,我右手顺势顺缠收回,同时我左掌向敌咽喉、右腰、肋空间处击去。借敌失控之势发之。

另一含义是设敌人从我右前侧以右手逆缠掌心向下抓住我右手腕,其左手顺缠掌心斜向上抓住右肘关节。欲进步以双手用按劲将我推出,或欲反扭我右臂,使我成背势,我即乘势先外翻顺缠用采、捌劲使敌重心失控,乘势用左掌向敌右肋、背、腰等部击去。

动作(2):如前例,敌欲将我右臂反扭,使我成背势,我即顺势以右臂手变逆缠从左臂肘里下侧旋转向敌腹部击去，同时我左手乘右拳向敌腹击出之前，配合右臂手旋转解脱敌右手之时，用逆缠从敌右腕里侧略向上向里加外旋劲向左侧外分敌右臂手之劲，使其手开劲散，借势用右拳击之。

动作（4）至（5）：设左侧之敌上右步用左手管我左手腕，右手管我左肘部用按劲欲将我推倒，我即乘势身向右转左臂上引，重心放在右腿，同时提左膝里合向外斜下向敌人右膝蹬出，将敌击伤或蹬倒。或左臂手随身上引，左腿向左迈步套在敌右腿后，准备用摔法将敌摔倒。

动作（6）：如动作三第二例，我用左腿套在敌右腿之后，重心由右移到偏左，用左肩外靠配合左膝里扣的合、开劲，使敌后仰摔倒在地。

动作（8）：如动作（5）例，在我用左脚将敌右腿套住后配合左肩靠里扣外翻之时，敌向右旋转欲引化或要退右步，我即乘势用左肘向敌胸部击去或以臂手用捌劲外展向敌胸、头部击去，使敌受伤或摔倒。

动作（9）：是运化、发劲时，劲要通达于手指，运到梢节。重心螺旋偏右是左臂肘手下沉（左重则右虚）上下相合。另外是左臂向左运化或发劲，要形成对称劲。所谓有左即有右，有右即有左，对称。这是练习拳术运化、发劲、稳定自己平衡的关键，即中定。

单鞭的右手五指捏拢形成勾手，是当意注左手之时，以防右侧之敌乘虚抓手扭指。同时在左掌向左敌方施捌劲打击时，右手腕背紧随其后，有打后手拳之用意。这大概就是人们常说的"螳螂捕蝉，黄雀在后"之意吧！

传神达意的作用：在上述各分解式假设攻防阐述中，根据拳势技击方向的不同，结合"随视"与"注视"眼法的运用，使眼神更加灵活不滞、明亮锐利的集中观察假设敌的技击意图和位置变化；把自己对拳势技击含义的正确理解通过眼神和视线完整地表达出来，并且在具体的一招一势中准确运动到位。这便是眼睛"传神达意"产生的效果。在推手较技中，能够做到欲往上打，必先寓往下之意，目光须先微往下视而后往前上直射，发劲的动向就正确而又意远劲长，击打目标就准确。这亦是"传神达意"之眼法。以向下的虚神假意迷惑对手，引其进入我设置的向上发则必中的圈套。

十三、手眼身步法的训练与用意

有关手、眼、身、步法的规范问题解决了,其作用也通过拳势的举例一目了然,现在可以转入专门训练一课。

手、眼、身、步法的训练,关系到拳法中静态与动态的手眼身步法的协调配合运用,拳法的劲力、速度、灵敏、柔韧和神韵、风格、节奏的表现,拳法的形质和神意的完整准确把握。故,历来就有"手眼身步法,精神气力功"之说。

手型的练习,最为简便,不必非要选个场地,家里、行人稀少的道上、办公楼的走廊上,皆可。只要把手一伸,看看是否瓦拢掌、螺旋拳、加有掤劲的钩手,如不符合要求,即刻调整。也许你在专心这样做的时候,周围不理解的人会投来一种怪异的眼光,你可不必介意。如有人问,你正好将太极拳文化给人身心带来的好处向其宣传一番。练习手型的标准,可结合拳势中的手法要求,如坐或站着的"运手""掩手肱锤""单鞭"等做意向性的练习,目的是检查手型和手法运用正确与否,大可不必发劲。如此有心,不出月余,理想的手型和手法一定会在拳势练习中出现。

眼法的练习也不复杂,下面介绍"闭旋开定法"的眼功练习法,供同道参考。

闭旋开定法为眼功基本锻炼法,是一种静态观静物的练习法。

练习方法,选择远处一棵绿色树木为目标,作为定睛注神的观察物,练习时先瞑目入静、按顺时针、逆时针方向交替运目传旋各32次,然后睁眼定神注视"观察物",要看得仔细、清晰,有目光穿透观察物的意念。"闭旋"和"开定"交替练习,次数不限。此法练习一定时间后,接着选择一个拳势的手法练习,根据拳势技击意向的需要,该看左而兼顾右,就看左兼顾右,决不反其道而视之,该注视决不神光游离。总之,一切眼神的运用,以表达拳势的攻防含义出发。长期坚持专门的眼功与拳势眼法相结合的练习,目光敏锐和明亮度、扩展视野面、凝注能力、瞪目直视不眨的能力、变动中观察变动体的能力,以及提高手眼相随的能力都会得到大大增强。

身法的练习略多一个程序,即腰部柔韧锻炼这一课。欲在拳架演练中或推手时,把"欲左先右、欲右先左","胸腰折叠","松活弹抖等运劲的身法特点充分表现出来，仅仅靠练拳架来提高，进步很慢。纵观很多习陈式拳者，拳架演练或推手时能做到立身中正，却体现不出上述运劲身法。不是两肩乱晃，就是上身铁板一块，或是吊腰扭臀。善悟者即使找到身法的感觉，也是费时已久，这在一定时间范围内影响了拳法整体水平的提高。究其原因，一是少了腰部柔韧锻炼这一课，腰的柔韧性差，灵活性不够，使身法运转僵硬。二是不清楚腰与四肢的关系；不理解腰在攻防技法中所起的作用；不明白腰是发劲的机关。三是腰在拳势运动中转动的角度没有做到心中有数。所以，与此相应的是，一要选择科学简易的练腰方法，补上腰部柔韧练习这一课，提高腰的柔韧性，且柔而有力，使其左右拧转自如。二是搞清楚腰在人体所处的部位，与四肢有什么联系。理解腰部在攻防技法中的作用所在。明白腰部是发劲的枢纽。三要对腰在拳势身法中转动的角度心中有数。这三个问题解决好，那么，身法的灵活运用就迎刃而解。现在我们先把腰部的练法问题解决，再探讨其他。

腰部的柔韧练法有静态和动态两类，各有多种锻炼形式，要快速有效地提高腰部柔韧性，动静结合最佳。哪两种动与静的练法为上呢？一是两手向后撑地成桥形的弯腰，二是两手由前向后甩，带动腰向后弯、抬头看手的弹腰最理想。这两种练法能锻炼腰椎的坚韧力量和整个脊柱的柔韧性，在运动中能够做到极度的后弯和后伸。不过，这两种练法是青少年的专利，对成年人来说，由于骨质的老化，不适宜这两种练法。那么，有没有既适合成年人又能产生较好腰部柔韧性的练法呢？肯定有。下面介绍两种简易的腰部柔韧练法，供同道参考。

（一）前俯腰

动作：并步站立，两臂伸直上举，两手手心向上，五指交叉握住；上身前屈，两手在脚尖前贴地；两手松开向后抄抱，握住小腿下方，使面部紧贴胫骨前面；上身直起还原，两手再交握上举，重复第二次。

目的：锻炼腰椎的关节、软骨和韧带的柔韧性，使腰椎在运动中能够达到前屈的极限。

要求：两腿一定要并拢挺膝伸直；面部要贴紧胫骨，尽量使头顶碰及脚面；初练阶段如不能一次性到位，可逐渐增加难度，直至符合要求。

（二）转腰推拧

动作：两脚开立同肩宽；两手侧平举，手心向下；脚不动，身体向左拧转；同时，左手外旋拧转，竖直小臂使手心向后，右手变掌随转身塌腕成立掌向左腋后推伸，使腰加大拧转幅度，眼看左后方。此为左势，还原成直立侧平举，再接做右势，动作相同，惟左右相反。左右交替进行。

目的：锻炼腰椎的旋转能力。

要求：推掌与拧腰动作一致，拧腰要用腰劲，逐渐加力，速度由慢到快。

以上两种腰部柔韧练法，练习时要有一定的量，否则不能产生"质"的效果。初练阶段可做10~15次，以增加到32次为宜。太多，就占用了拳架、推手、散打的训练时间，本末倒置，不可取。另外，练腰时，由于腰是人体的中部，必然也练到其上下两端，上肢与下肢积极主动参与运动，能收到更好的锻炼效果。这是因为以上肢用力作为力点，以腰部作为支点，以腰以下肢体作为重点，其力臂比仅以躯干发力要长，而且参与发力的肌群也增多的缘故。腰部柔韧练习安排在拳架、推手、散手练习之前为好。既是腰部的专门练习，又是有效消除腰部（腹内外斜肌）及其连接部位的肌肉、韧带、关节黏滞性的热身活动。这样，就不会因活动不开，影响拳技的练习。

掌握腰部柔韧练法后，随即应了解腰与四肢的关系，腰在攻防技法中的作用，腰为什么是发劲机关的道理。

从腰与四肢的关系来看，腰是联系上下肢的中间环节，具有带动和调整上下肢协调运动的作用。从攻防技法来讲，拧腰送肩或探肩可延长进攻距离；坐胯转腰可加大退防和引化幅度；左右拧转可闪避对手攻击。从劲法角度而言，腰是上肢重量和发力机关。为什么？因为无论是走柔劲，或是松活弹抖的螺旋爆发劲，都是以腰（丹田）带动进而体现在上肢动作上。同时，上体重量经腰下沉至脚，地面给人体的反作用力也经腰上传。此外，腰动引起躯干动、然后催动上肢的发劲方法，能使躯干大肌群的力量也经上肢发出，增强了发劲的力度。所以，劲法中强调塌腰与拧腰配合蓄劲，以舒腰、转腰配合发劲。

明白腰与四肢的关系，在攻防技法和劲法中的作用后，应及时解决如何运用身法的问题。

拳势身法的运用。陈鑫有云："身法不论大身法转关，或小身法过角，以灵动敏捷为尚。""能会此身转移法，神机变化在其中。"陈照奎宗师亦云："腰不动，手不发；内不动、外不发；发劲要主宰于腰，结合丹田带动。"马虹老师又云："为了使腰、裆、胯既松沉又灵活协调，有条体验是：要感到小腹是放在大腿根上，而不是支挺在大腿股骨头上，这样有利于松胯、圆裆、活腰。"由此看来，欲使身法运转灵活潇洒，技击功能得到最大限度又恰到好处的发挥、具有神奇变化，腰的运用是关键。根据笔者的经验，欲要拳势中的腰运转恰如其位，可先在拳架中找出相同的拳势归类，即合并同类项。然后像解剖麻雀一样，从不同类型的拳势中，各选一个拳势出来练习，体悟腰在不同拳势中转动的角度是多少，是90度呢？还是180度。得出正确结论后，下功夫去练习，务必使腰运转到位。掌握一个拳势的身法，就等于掌握同一类型的拳势身法。例如，陈式一路拳中，共有七个单鞭，都是以腰为轴作"欲左先右"的运转。腰的转动是90度，最后定式时，腰向中间螺旋松沉以保持重心平衡。练好一个单鞭，实际也就练好了其余六个单鞭。其它拳势的腰部运转，不一定像单鞭是"欲左先右"只转90度，有的拳势的身法是"欲右先左"，腰的转动是180度，有的拳势则体现"欲上先下"或"胸开背合、背合胸开"等身法。总之，不管属于哪类身法拳势，只要找到其规律性，不同拳势身法运用的问题就能解决。值得注意的是，无论是拳架、推手、散打的练习，切不可为追求形式上的灵活，盲目的使腰转动幅度过大、速度过快。这种华而不实的身法，在拳架演练中，会不自觉地破坏拳势的身法规矩，在推手中，易造成我背人顺的状态，有利于对手破坏我重心的平衡。顺势发力的机会。在散打中，会造成自己左右横移、前后斜向进退步法混乱，导致手上技法失措，无的放矢，对手就会不招不架，连续给你十下、八下的打击。此外，不同拳势身法掌握后，必然要进行拳架的分段、整套练习，运动量的安排，一定要依据自己的作息时间和体能量力而行，不能盲目去效法专业者和训练有素的拳家。专业有专业的标准，业余有业余的要求，摆正自己的位置，心平气和地坚持练习，是会有成绩的。当今有为数不少人在拳学上有成就，除了他们在追求拳学中严格要求自己外，根据自己具备的拳技基础、体能条件，制定科学而又具体的训练计划，来指导拳技实践，是他们获得拳学成功的法宝之一。

如何训练手眼身步法已经找到答案。现在谈谈用意的问题。

历来的拳家都强调练拳必须以意念统率。例如：

"意气君来骨肉臣"

"凡此皆是意，不在外面"

"势势存心揆用意"

"始而意动，继而劲动"

"气未到，而意已吞"

……

以上关于用意的拳论，说明拳势的手眼身步法训练与用意是紧密相连的；不用意就谈不上拳势的手眼身步法运动，拳法的形质神韵，都是用意加手眼身步法协调配合运动的结果。以练剑来说，人人都知道这是徒手技法的延伸，只是剑有其技法的特性，最难得的是具有这样一个意念：剑是拳的延伸，拳又是心的延伸，所以剑是心的直接延伸。要将剑看作人体的一个组成部分，为心意而直接控制的机体。并且要作这样的臆想：不论剑软硬与否，剑技的发挥是在人的心意支配下，才具有"来如雷霆收震怒，罢如江海凝青光"的生命活力与灵性。所以，剑法因为人的心意支配而显活力，又因为活力的性质有神奇的灵变之性，而神奇的灵变之性则造剑达意，使剑在演练中，似飞凤、如游龙。由此可以印证，手眼身步法中意念之用实为重要。

在练拳时，每当我们要将拳的周身规矩落实在具体的拳势中，或接受业师所传拳理拳法，完全是在意念的支配下进行的。意念要你用心听，仔细看，具体操作，你就得跟着意念的感觉走，在意念的指挥下，人才能尽显拳法的健身、技击、艺术的博大内涵。可以说，意念是人的统治者，人是意念的奴隶。由手眼身步法协调配合，按照攻防技法形成的拳势运动，离开意念，其生命力就荡然无存，用意之重要，可想而知。

完成拳法的程式如下：

意念——训练——拳技

正确完整理解拳理拳法形成的意念，必然指挥学拳者拟定科学的训练计划，而科学的训练计划则决定高水平的拳技。

拳论有言："意在拳先。"因为拳之运动，总得由意来支配。而意却分有意识和无意识；有积极主动之意和消极被动之意的区别。"意在拳先"肯定是以正确、科学、圆满之拳意来指挥拳法运动，决不能让肤浅之意来做主，徒劳体能。

拳法中的劲力、态势、形质、神意、继承、创造等一系列拳学事业，全靠意念的统帅来调动人体的功能和能量，全靠意念的支配转化为拳法训练的操作，再由拳法训练的操作转化为拳技的现象。作用于拳法中的先锋意念，往往能超出并达到一般人难于想像得到的意想、意力、意能，拳技之现实，全是意念善于将人的神思、意识转化而实现的。这就是上品拳学中用意的职能。

拳法之用意，早在前面明理章节中就开始作原始积累的工夫，并且逐项逐条明辨道理，目的是心存真实理念。而后来的边学边养、以至学以致用、继承、创新等皆为意之作用效果。

上品拳学的手眼身步法运用，强调的是节节放松，以腰为主，四肢为辅，以眼传神。惟有指、腕、肘、肩、胸、腰、胯、膝、踝诸环节放松，手眼身步法协调配合而成的拳势方能与人融为一体；以腰为轴带动的劲力运动，显得劲足势大，四肢的协调运动，加上胯、膝、踝、肩、肘、腕、指等技法的细腻精微，准确达意，则拳势的万千变化、千姿百态，悉由手眼身步法尽情表达。上品拳学的用意，强调状态须随时调整，用意为主，眼法要准确传意，只有将状态调整到最佳，全身放松，心静，拳理拳法之意方能凭虚而起，神游太极王国，思接古今明师之法，用意方能高而大，不拘不泥，辅之以眼法的正确传意，无有走样，则种种虚实转换皆灵活备于拳。上品拳学中，手眼身步法协调配合的拳势与用意，又强调意在拳先，拳随意动，只有以意指挥拳势，才会无阻无碍，方能眼到拳到，劲力刚柔相济，连绵不断，虚实轻重，松活弹抖；拳势的起伏转折、胸腰折叠、欲左先右或欲右先左等身法；步型、步法和手型、手法运动的方向角度等要求，皆能浑然一体而通达于自然拳道。

十四、拳法的形质与神意

创造太极拳的祖先，一开始就是从"以人为本"的角度出发，按照人的形象来创造太极拳。从历代明师的拳法理论可知，先师们创造的太极拳是"以形取意，以意象形"，例如陈式拳的"懒扎衣"一势，在拳的含义上就是形容从前人穿长袍，在遇敌时把衣襟撩起塞在腰带上，表示从容不迫迎敌。再如"六封四闭"一势的含义是：上、下、左、右、前、后都封住门为六封；四闭，即东、西、南、北四方，即使敌无隙可乘之意。这些拳势既形象又内含其技击之意，并通过眼法的运动，来体现拳法的神韵。"形随意转，意自形生"。形神合一、内外合一，乃是太极拳之精髓。故明师们曰："太极拳以外练形体，内练意气神而为道，为养生、技击、艺术观赏之术也。"

拳法如人，主要表现在两个方面及其关系：一为人体形质，一为意气神。从人的一面来说，人若失去意气神，人便无生命运动的活力，故没有意气神的人便是植物人；同样是一个有生命活力的人，但由于形体上的完整和残缺，意气神的强盛与衰弱的区别，所以即令有生命活力也不一定就是身心健康完美的人，必须是形体完整、意气神充足者，方能称之为身心健康完美之人。拳法层次的高与低、至善与否，与人的道理是一样的，亦必须是规范的拳架外形、劲力素质与意气神兼具方称上佳，方能称为神品、上品。所以明师论拳，说"拳必有神、精、意、气、劲，五者阙一，不为成拳也"，只有"神韵"与"外形"两方面"兼之者"，方可绍于历代明师。

考察拳学，一般将拳法分为劲与势、拳势的结构与结体，运动的章法，气息运用，神韵表现等五个方面，综合而言，不出外在形质与内在神韵两大类。拳法的劲与势，拳势的结构与结体，拳势运动的章法属外在形质类，如同人有上肢、下肢、躯干、乃至全体；气息运用、神韵表现属神气性质，如同人有意念、气息、情性、元神。所以，拳法中外在形质与内在神意及其相互关系的建立与完善，是拳法之道的大事。

何谓拳法的形质呢？形是手眼身步法、步型组合成的拳势在运动中体现出的特有动态规律。质是拳法攻防动作中体现出的踢、打、摔、拿、靠的技术内容、具体规范和要求，是手眼身步法、步型等形态变化的集中体现。

有质便有形，形是质的表相，质是形的内核，故形与质一体，统称为形质。自然界的物象、形状千变万化，看似各不相同，而实际有其分类及总的规律可以考求。拳法的形质也是如此。

拳法与自然的形态虽然千变万化，然而归纳起来，不外乎如下特征：方、圆、直、曲、精、细、长、短等。拳法的外形就是源自以上自然形状几大特征组合变化而成各招各势，只是有的拳势简单、有的拳势复杂；简单的一二势组合，复杂的四五势或七八势互成。太极拳的特点是动作圆活协调、完整细腻、非圆即弧、（直中有曲）长短有致。初学者由于神经兴奋过程占优势，泛化明显，静不下来，加上拳理理解不透，难以做到"圆、细、曲"长短有致。故学习训练塑形之初，必须从"方、直、粗"开始，一举手，一投足，都要规规矩矩，方方正正。虽然动作方一点、直一点、粗一点，但是正如学书法正楷一样，一笔一画，横平竖直，都交代清楚，若是缺少楷书的根基，往后学行书或草书、隶书都会缺乏基础和功力。拳法也是这样，只有先具备"方、直、粗"的动作，同时加强对拳理的学习理解，才能进一步去求"圆、细、曲"及长短有致。通过一段时间的实践。掌握拳法外形的表现方法及综合变化能力与技巧后，就可通晓自己所习练的某一流派拳法的外形特征，而不会因某些拳势外形略有变化而被迷惑、感到困难，因为学拳者把握的几种表现方法是通达一切拳法形态的通行证，只要学拳者能应势而符法因不同的拳势外形而活用，就能畅通无阻。

拳法的形质如同大地的形质，形易见而质难辨。上述中的拳法外形，只要训练得法，掌握拳法之形不难；难的是掌握形中之质，即拳法攻防动作中所体现出的踢、打、摔、拿、靠的技术内容、具体规范和要求。所以，必须明辨拳法内质而出之于形，不然，难见拳法外形之微妙。踢、打、摔、拿、靠技击内容、具体规范和要求要恰到好处的到位，就要看学拳者的手、眼、身、步法、步型及各种不同劲法的巧妙变化运用了。

怎样才能使手眼身步法、步型及各种不同劲法达到变化巧妙呢？笔者的体会有以下几点。

（一）练好四功，兼学拳架

哪四功呢？即腿功、腰功、臂功、桩功。这四功是练习技击技术内容，达到具体规范和要求的必然基础。拳家们常说"打拳不遛腿，到老冒失鬼；练拳不活腰，终究艺不高"；"未习打，先练桩"，"桩要站、鼎要拿，劲力稳固托泰山"（鼎功就是臂功）。基本功是初学拳法者的入门之艺。太极拳是内外合一的运动，它不仅需要人体各个关节、各大肌群、肌腱、韧带具有灵活性、柔韧和劲力，还需要内脏器官的协调配合。基本功练习不仅能使初学者较快地提高这些身体素质，而且为以后较好地掌握拳法动作，进一步提高动作质量打下坚实的专项基础。对避免伤害事故，达到手眼身步法、步型及各种不同劲法巧妙变化有着重要作用。

（二）明路线，守规矩

太极拳法变化多，复杂的动作更是极富变化。故学拳时，一定要将拳势路线的来龙去脉搞清楚，对拳架的高低和到位与否暂时可不必在意。当弄清楚和记住拳势的来往路线后，就要进一步追求拳势的工整、准确，这叫守规矩，合规矩。古人云："大匠诲人，必以规矩，学拳者亦必以规矩。"

（三）讲攻防，重含义

太极拳主要以攻防动作为素材，以技击术为基本内容。初学时将复杂的攻防动作先分解再完整练习，是太极拳的特色练习方法。练习中均要求"轻柔练习、注重技击意识"，重点突出攻防含义和培养攻防意识。而快打重击，既不符合太极拳的慢似行云流水的风格，又极易破坏技术成型效果，难以建立正确的动力定型，这类练法，有教学经验的拳家视为不妥。

（四）重技法，重形神

学会拳架，懂得每一拳势的攻防含义，并不意味着能自然地将拳法的"手眼身步法，精神气力功"协调完整起来。学拳者在独立演练拳法时要表现出这种"协调完整"，需要多观察老师或功夫好过自己的拳友。因为老师与拳友多年的揣摩练习，其技法劲力、眼神、气息、节奏的运用技巧和方法肯定有自己的特色。所以要多向他们请教，在练习的不同阶段中有侧重地兼顾练习，逐渐进入技法熟练、形神兼备的境界。

（五）重视运劲之法

技击技术内容，要达到具体的规范和要求，劲法运用是关键。在怎样科学运劲这个问题上，当代太极明师马虹已为我们作出了科学的回答：

"运劲之要，在于阴阳互为其根。太极拳原理，是以太极阴阳学说为依据的，所以运劲的要旨，就在于把各种功力的阴阳关系处理好。不论练习拳架，还是练习推手，不论是一个动作的运行过程，还是定势之时，都要使阴阳两种劲搭配好。使阴阳两个劲互为其根。例如掩手肱锤右拳向前发劲时，左肘必须向左后发寸劲；六封四闭，双小臂向右前上发挤劲时，左臀必须向左后下沉；白蛇吐信，向前穿右掌时，左掌必须向左胯后下沉按，同时右掌上穿与右脚顿步又是一组上下对称劲；击地锤，右拳下击，左拳必上提、顶劲必上领，形成上下对称；白鹤亮翅双臂掤开时，双手虎口要合，形成开合相寓。如此一系列刚柔相济、开合相寓、轻沉兼备、左右平衡、虚实互换等等，我在拙作《阴阳相济论》一文中已讲得比较详细。这里我着重补充一下蓄发互根的问题。有些人打拳没有节奏，或为快而快，为慢而慢，不明其蓄发关系。陈式太极拳，不同于其它拳种的一个突出特点，是快慢相间。而快慢的关系。又主要是蓄劲与发劲的关系。一般蓄劲较慢，而发劲较快。如野马分鬃，左手在左膝里侧合时要慢（蓄），而双手展开时（发）较快；青龙出水动作四，双臂相合时慢（蓄），右拳右小臂发劲时较快。十字手，双臂绞合时（拿）较慢，而向右发肩靠和擒拿时较快；撇身锤，双臂边引边合（蓄）时轻灵较慢，而发放左拳左臂时快（爆发力）。如此打拳，一蓄一发，一吸一呼，一合一开，两者互为其根，可以既有节奏感，又不累，真正做到'汗流而不气喘'，也正是运劲妙诀之一。"

上述五个要点，如果每一位学拳者能用心坚持做到，手眼身步法、步型及各种不同劲法的巧妙变化是会因人而有各自的特色，拳法的质也就在其中，拳法之形也因质的丰富多变而出之以万千灵变之形，如此，方为上品拳学所要求的形质双美。

何谓拳的神？拳的神是以拳架外形为依托所表现出的神态。神虽听不见、摸不着，然而拳势一动则无处不显。不过，神不是靠意念或想像产生的，它有其产生的物质基础。

神的来源与产生有两方面：一是来源于生命，即源于父母双方精气媾和，这就是我们所说的天生元神；二是人出生以后，依懒于水谷精气的滋养来生成。在《黄帝内经·灵枢》平人绝谷篇中说"……故神者，水谷之精气也"。由此可见，后天之神的来源与产生，必须首先是精足气盛，如果精衰气亏，神也就随之而散减。

拳论曰"有神在目"，是说人在练习拳法时所表现出的神态，主要是通过两只眼睛来传达的。此外，从人的皮肤、面色、光泽和劲力、体态等方面，同样能看出一个人的神是否旺盛。凡精气旺盛的人，神气也表现得饱满十足，眼神有光，皮肤润泽，劲力充沛；凡是精气衰退的人，也就目无神光，皮肤枯燥，面无光泽。所以说精气是决定一个学拳者神气盛衰的物质基础。例如一个病入膏肓、久治不愈，饮食巨减或接近死亡的人，其目光必然是迟疑呆滞，神散难聚，目无光彩，神气耗竭，皮肤枯朽，干燥无润，这些现象说明是由于精气的巨衰而使得神气减弱。

《黄帝内经·素问》中说："得神者昌，失神者亡"，"形与神俱"，都是人生命存亡的重要征象。用于拳法，则是神与形相互依存，不可分离，拳法的生命力旺盛在于学拳人有饱满的神气，若学拳者的精弱、气短、神衰，其拳法的生命力也就必然随之而衰竭。

再谈意，意是隐于人的大脑思维系统中的意念、意识，深藏于灵魂之中，是任何人难以捉摸和发现的，故而称为内意。

内意虽出于无形，然而拳法中有形之动，则出于无形之意，正如拳论所曰："人之运动、以意为始，以形为终。"学拳者的意念、意识，是决定学拳者的拳势运动正确与否的关键因素，若是"意拳不明，而形意也无由而成"，证明内意必须是反映和表现在形体上，方能成其为行动，或出拳迈腿，或转身进步，才能构成外形与内意相合的拳法运动。一句话，意指挥形，形表现意，无意难以成形为动，无形无动则内意就无所依托。故，内意是由心动而所始，由行动而告终。

"神意"在拳法中，主要指眼神及由眼神表达出的技击意识、和与之相配合的动势灵感、攻防法度、内在气质等，从表演角度讲，才能体现出太极拳艺术动作感人的魅力。从技击角度论，才能体现出太极拳武术的本质。

已知拳法的形质与神意，怎样来认识他们之间的关系呢？

神意与形质在拳法中是一完整的概念，只有经过长期锻炼，方能真正体悟它的实质内涵。

在拳法中突出神意与形质兼备的特点，除了遵循拳术特点技法、运动表现形式、风格要求外，还需要学拳者在了解、体会拳法攻防意识的同时，在上与下、内与外、左与右、前与后、先与后、虚与实、开与合、刚与柔、顺与逆、快与慢的变化中去寻求和把握住拳法运动的共性，攻防实践中相对的平衡感和内在结构，以及技法与劲法的发挥。使拳法在"招招有势、势势有法、法法有用"的实践特点基础上，立意表现太极拳所独有的"由脚而腿而腰，总须完整一气，向前退后，乃能得机得势"。气势磅礴，秀逸多姿，古拙遒丽的结构和造型。使"神意"与"形质"达到完美的统一。

具体来讲，要达到以神意为主导，首先要注意眼神在拳法中的变化，在练拳时，眼神要追随技法攻防中的假设敌，即眼视敌人为主和主攻的主动手及方向并做相应的配合，如"十大关系"中所要求的"欲前先后，欲左先右，欲上先下"等等，使手眼身步法，精神气功力等内、外因素达到高度的统一，使整个动态过程体现出一种神气贯注，气势饱满，内外合一的效果。这就需要在每一招势的练习过程中，注意眼法的配合，研究头部的适宜转动，使其做到灵活自如，定势自然，手眼相随，突出其左顾右盼、明亮、敏捷、威而不露的特点。使眼神和由眼神传达出的神意及灵感贯穿于拳法的始终，充分体现太极拳独有的精气神和富有表现力的风格，使整个拳法气势雄健，浑厚俊朴、古雅灵秀的形象气质达到出神人化的高深境界。这种动作密切配合神态的表达方法，完全是依靠人的一双眼在"看、瞧、观、瞟、瞄、见"等多种眼神变化中实现的。这些方法使之"神意集聚于目"，运用自然，方能使人感到神气袭人，动势清晰、顺达、充实、神机莫测，亦如我们常说的"动有传神之妙，眼有通达之灵"的技击神韵。许多初学拳者注意力往往放在拳的程序变化上，不明眼法的配合，或配合不协调即使瞪大两眼也会使人感到"空洞无物"，好像缺少些什么，自然也就不易达到神意与形质的统一，只能给人一湖平水，淡漠无味之感，缺少应有的动作激情，固然也就更难显示拳势的神气与活力。拳谚中有"眼无神，拳无魂"，"拳法之神、眼为先"，等比喻，简明扼要地点明了对于眼神的作用和要求。由于眼神与拳势动态美的结合，会使观者感到拳法的演练如同一首绝妙诗篇的意境，令人振奋，回味无穷。例如陈式太极拳中的"运手"的眼神，以"看"为主，动作如游龙戏水，取势轻灵，身臂沉荡，突出其内在神气；"抱头推山"的眼神，以"见"为主，动作配合腰实臂沉，势出猛悍，攻法坚刚，突出其硬逼快攻的技术风格；"掩手肱锤"的眼神，以"瞧"为主，动作迅猛暴烈，松活弹抖，柔起刚落，突出其搏击凶悍，转换灵活的特点；"白蛇吐信"的眼神，以"看、瞟"为主，动作柔巧沉静，曲折盘转，轻灵迅疾，突出其突变刁钻，瞬息即变的拳法风格。"白鹤亮翅"的眼神，以"观、瞧"为主，动作轻灵，稳重轻柔，突出其聚精凝神，以柔化刚，暗含杀机的特点。上述五种拳势，配合相应眼神的运用，并使之互为精华，熔铸一炉，才充分体现出陈式太极拳独特的精气神和攻防意识。所以，拳法中的眼法是以技术风格和具体实战意识紧密结合的，因此无论拳势动态如何变化，都应从具体攻防动作需要出发，并以此为基础，因为拳法眼神的运用规律，是不能等同于其它表演艺术的。

  体现"神意与形质"另一特点的，是在拳法攻防技法以及对于身法高度运用的过程中，立意做到"形"似。相对而言，陈式拳攻防意识较为明显，运用范围比较全面，头、肩、肘、手、胯、膝、足等均可用于击敌。但是在练习过程中，无论进行上述任何部位的攻防动作，首先要做到方法正确，意识逼真，险象峻生，气势雄浑。在这里最重要的是方法正确，如技法错误，即使神意气质再好，外在形质再端庄，也会失去太极拳武术的技击本质，说得具体点，也只能仅仅描摹出拳法外在形质的皮毛而已，很难达到拳法的意境。因此，在拳法实际演练过程中的动、静、起、落、站、立、转、折、轻、重、缓、疾、等动势变化，必须与拳法的具体内容相结合，根据不同的神态、形态而组成的结构风格，集中体现出不同动作语汇和特有实战形式的美感。无疑，体现身法（以腰、胯、肩、背为身体主要部位）的高度运用，也是组成"形似"的重要因素，这是因为上述部位在起到中心枢纽作用时，集中体现了拳法的闪、伸、展、探、翻、屈、顿、拧、起、伸、胸开背合、背开胸合、松活弹抖等多种形体变化，使有形的拳势和无形的神意意境往往熔铸于其中。因此在平时拳法练习过程中，要多细心检查自己，多观察老师和拳友的动作，多体悟上述部位的运用方法，密切结合技击实践，并有意识地借鉴人体动态美的原则，努力使其身法做到动而有法，活而有致，舒展稳重，吞吐自如，随势而动，随形而变，上下协调，劲力顺达，刚柔适度，在劲道方面，还要有意识地做到关节、肌肉在不失去掤劲的前提下放松，使技法灵变自然。例如：身体"中节"跟随得柔和敏捷，协调有劲，方能使"根节"的劲力得到有效的传递配合和充分利用，进而在"梢节"起的拳、肘、膝、足、头的攻防中，使劲力得到有效的发挥，从匀变速的拳法练习中，完美地完成复杂多变的拳法技法，使手、眼、身步法的每一个细微变化，都能规范和谐地置于恰当的方位，使技法在动态美的基础上更接近于搏斗实战，更利于攻防动势、法度严谨、体现出动、静美的神采。使之更富于传神的意境，使拳法的演练在技击的基础上，充分抒发丰富的感情内涵，达到拳法实用性和艺术美的统一。因此，把握好静止动作中"型"的内在气质，处理好运动中"法"的技术原则，是决定陈式太极拳"神意与形质"气韵的重要因素。张志俊老师则说："浑圆力运动的规律就是六个方向的圆（上下、左右、前后）。只有六个方向的圆弧劲运动，即立体圆劲运动才能在实战中使对手对你的劲力方向无法判断，这是太极拳有别于其他拳种劲别的精妙之处。"并总结出："逢力必掤、逢掤必缠、逢缠必转、逢转必沉"的科学训练法。

拳法之道尤须以人之道为参考，以自然之道为根本，依形质与神意之主次关系逐步建立完善的拳法形象，即以神意生形质、主形质；神意之中，以神为本，以意、势、情为分用；神意生质，质之中又以内劲为主，技法附丽；质为神使而生形，则千姿百态、千招万势无所不见，随机应变，能如此，则可早登拳道上品之域。

十五、拳法的劲和势

明师练拳，讲究"运劲"之道。陈照奎宗师曰："太极拳的精髓，在于把每个拳势、每个动作中的劲点、劲路搞清楚，练拳才会越练越充实。"马虹老师说："有胆有识之士，其功夫高低如何、决定于他运用劲力的技巧如何。所以运劲和技巧，则往往决定一个武术家层次高下的关键。可见，"拳法之妙，在于运劲"。明师：练拳讲究用劲、讲究拳劲，拳劲惊绝，方显拳法神奇变化。

拳法的攻防含义是由身体语言来表达的，拳法的劲亦须是；"其根在脚、行于腿、主宰于腰，形于手指"方可称之为拳劲。所以，欲究拳法之拳劲，必先认识"以腰为轴"的妙用道理。腰部柔：而有力地运转，将从地面反传上来的力经脚、腿、腰，再经脊背传导至肩臂、肘、手，拳劲方能得到落实，能够惊绝，倘若不懂腰的妙用，纵然你有千钧之力恐怕也无济于事。

欲使腰劲柔而有弹性，首先遵循上一节腰部的锻炼方法，求得腰的柔软，再从柔软中体会腰部天生具有的弹性。体会腰部的弹性，可开步站立，两臂由身前上举，手心向上；抬头，眼看两手；屈腰向后弯；使腰部上下振摆弹动，振摆角度，可以30度为起点，只要你非常用心去体会，就能感受到30度的弹性强度；当你能适应30度的弹性强度，再逐渐增至90度，对腰部天生具有的弹性强度便会有一个清晰强烈的印象。如果成年人能像青少年那样屈腰后弯，两手撑地，靠腰劲弹起来站立，并且坚持每天抽一定的时间反复此动作。那么，拳论所曰"腰劲贵下去，贵坚实"将不期而至。任何一个拳势，对腰劲的运用都有其自身的要求，轻了软了，步法、身法、手法不到位，重了硬了，步法、身法、手法要越位。最善使腰劲者似驾驶员在高速公路上开车，充分利用车的牵引力和质量，人只是把握方向，扶正方向盘而已。一般人练拳求腰劲，也知道"由脚而腿而腰"，可是求去求来，皆因心浮气躁的缘故，竟连腰部带动四肢的自然之力都没有利用到，粗看似以腰劲带动四肢运动，实则是硬着躯干带动四肢运动，腰部无灵活而言，其实，学拳者只要注意两肩、胸部、两胯都向下松沉，气沉丹田，利用腰部天生自然重力稍加螺旋运转，便是善使腰劲者，且胜过拳技平平者许多。然而，对于上品拳学来说，利用腰部的天生自然力还仅是第一步功夫，后面还有人为的巧力和意念力两种腰劲的学习和掌握内容。

笔者的体悟，腰劲的运用，不过90度之内，超出90度，拳势的手眼身步法协调性就会受到破坏。腰劲之用，仅在90度内之巧用，而不是超出90度的蛮力拙用。这正是某些明师虽不幸疾病缠身，力量素质下降，照样能发人于丈外的惊绝腰劲和技法的原因。所以，在腰部的天生自然力的基础上，在不使腰椎、脊柱超负荷地承受重力的情况下，人为地加以巧用，使腰劲加强加大，这便是人工之力所为。

对腰之神劲的理解，学拳者只有通过用意用气来实现。大海在平静时，其柔是人人都承认的，可是一起风，挟着狂风的海浪其力量之大，也是人人都不否认的，拳法的神来之力就是在腰部的自然力、人工之力的基础上，加上意念的作用，用人的气、势使手眼身步法在疾速和惊炸力上达到狂风巨浪一样的超常力量。

拳法腰劲的体验与掌握，始于自身力的体会，而后是人工所为之力，有了这一层、第二层工夫，才能体悟和追求第三步神力工夫，不然便会像初学者那样看似用劲实而无力。用腰时有劲与否，推手最清楚，真正懂腰劲妙法者，与人推手时，其劲"由脚而腿而腰"的运用，体现出劲的协调完整，一旦得机得势，由腰进而形于手指所发之劲，无论集中于身体的哪个部位，都可"斯其根自断"。即劲催对方的根基，使对手腾空跌出，显示出真实有效的用腰力度。不懂腰劲妙法者，任你是重量级的体重和力气，使出吃奶的力去推，未必能劲透对方脚跟，就算力大能胜法，也是拖泥带水，表现不出发人干净利索的太极拳劲，不能使人心悦诚服。

拳法讲究拳劲的同时，亦讲究拳势。

《周易·击 上传》中说"一阴一阳之谓道"。《老子·四十二章》亦说"万物负阴而抱阳"。说明阴阳是两种对立而统一的物质和状态，其相互交替作用是宇宙的根本规律（道）。拳势的变化亦合此理，"一阴一阳之谓拳"（陈鑫《太极拳图书讲义》）。从拳势运动形态而言，动态为阳、静态为阴，快急为阳、缓慢为阴，上升为阳、下降为阴，伸开为阳、屈合为阴；等等。总之，"阳"代表动态、快急、上升、伸开，以及具有这些特性的势态。"阴"代表静态、缓慢、下降、屈合，以及具有这些特性的势态。依据阴阳互根，拳家认为孤阴不生、独阳不长。运动中的拳势必须是阴中有阳，阳中有阴，例如在练任何一个拳势时，欲动先静、欲静先动，欲快先慢、欲慢先快，欲升先降、欲降先升，欲开先合、欲合先开，欲伸先屈、欲屈先伸，注意这种有序的配合，才能构成运动中拳势的阴阳统一一体，动作才会协调灵活、富有生命力，才会相生成势，如古人曰："阴阳既生、形势出矣……势来不可止，势去不可遏"。

拳法之势，指用意念指挥的拳劲运行或运行的拳劲，从自然的角度来看属风的性质。风所产生的势与力是大自然的产物，且有多种势态，与拳势的螺旋形式最相似的当属旋涡风。此风可将房屋和人卷抛离地面数十米之高，其动势运力与能"斯其根自断"的螺旋太极劲何其相似。拳势的运行能否像风之动势运力那样自然，全看拳学者的悟性。

拳法之势可分两种性质：一是人为之势，二是天然之势。人为之势由意念指挥调节运行，任一拳势随拳学者的意念而动，快与慢，刚与柔，蓄与发，虚与实、轻与沉，全凭拳学者一念导之，一气而运。拳法中的人为之势开始不能随心运用，应善于借鉴韵律节奏变化性强的艺术体操、舞蹈、音乐等运动之势运用于拳法实践，使拳势变化多姿多彩。更重要的是取法于自然之势例如春风吹，夏云行，秋叶落，冬雪飘。从这些自然之物动态中，我们可以感受到势的无穷意趣。陈照奎宗师的拳法就是自然之行的最佳典范，其拳有总势而无定则，陈式拳的精义风格的表现力非平常拳家可比，所以深受众多拳家及后学的称赞。

拳学者可从静站桩功中体会自然而然非人力之动势。站桩时，不是以意领气，以气运身，放松身躯，而是全身僵硬，那是一点动势反应都不会有。如果放松肩、胸、胯、膝、踝等关节和相应的大小肌群，使其重量从上至下沉到足部，形成上体轻虚，呼吸自然畅通；下部沉着，两脚支撑稳定，肌肉张力以维持上述正确规格为度，不做任何多余的收缩，妄动。如此身无倾倒之虑，气无阻滞之苦，肌无僵紧之感，意识就能自然安静，集中体验各部关节和肌群在保持静站时的舒缩状，体会气沉丹田，流走四梢的感觉。静站约三十分钟后，全身会发生动象，而且越松沉，时间越长，身体会由微动到小动，小动到大动；动到一定时又自然回到小动、回到微动，那种感觉是不由自主的，好比宇宙飞行员进入太空中的飘游，无须找什么支撑点，顺其势即可，必须注意的是切不可反其势而抗之，反抗会晕头转向，致全身不舒服；顺势则轻松、舒服，对机体内外环境有良好的调节作用。桩功产生的这种自发动功的基因，其实就是自然具有的动势。自然有动势，宇宙有其运行规律；人体有动势，遵循气脉血道运行。自然界有风平浪静、狂风骤雨时；桩功的意气能引发人体有微动小动大动时。而这种自然动势原理用于拳法，能使拳架演练更自然流畅。能使推手或散打中所发劲势如雷霆之势不可挡，若想点到为止，须有心如止水般的宁静和慈悲为怀之德，不然会出手见红，伤了武林中的和气。

　　人为之运也罢，天然之势也好，总之，都要力求完美地落实到拳法实践与创新中去。拳法之道千招万势，皆始于第一招势，以第一招势贯之，正如太极生两仪，两仪生万物，万物化归太极。有见地的拳师说："练拳：手眼身步法出入之迹、欲左先右或欲右先左。"即一个拳势的运动，须上下左右自然兼顾；又说："凡出招接招，上防下攻，下守上进，须使拳势寓攻于防，无使势背。"即一个拳势的寓攻于防之运动乃至无数个拳势的寓攻于防运动是：动静相互为因，招招相生贯通，势势之间承应相接。陈长兴说："夫太极拳者，千变万化，无往非劲、势虽不侔，而动归于一；夫所谓一者，自至顶至足，内有脏腑筋骨、外有肌肤皮肉，四肢百骸相连而为一者也。破之而不开，撞之而不散，上欲动而下自随之，下欲动而上自领之，上下动而中部应之，中部动而上下和之，内外相连，前后相需，所谓一以贯之者，其斯之谓欤！"拳法之道源于自然之势，又复回到自然之势；人为之势与天然之势相融妙用，以使拳法之运达到"功宜纯"之境。拳法之势无论快与慢，刚与柔，虚与实，无论微动、小动、大动，均须遵循自然的"枢始得其环中"之理，因势而运、顺势成招，因势而动、顺势而发，方能尽拳势之妙、显拳法之奇。所以有明师说："拳有自然之形，劲有自然之势；顺劲之势、则拳形成；尽劲之势、则拳法妙。"

　　拳法之成是以手眼身步法运动为手段，所以运动时能得势的多种变化，这种多变之势，若能"由脚而腿而腰，总须完整一气，向前退后，乃能得机得势。"行拳走架可随意，推手、散打可随机而发，得着如此自然之势，拳法便"如虎添翼"胜人就胸有成竹。

　　静为动之源，势本于无势。动为静之故，有活力之势出自于无势，所以，大静到极处时必有大动，长时的沉默必爆发大势。静无之存，动势亦存于其中；大动势之运，大静亦在其中，动静互为其根。所以，虽言其动，然动中有存于静，虽言其静，然静中也有寓于动势之活力。如此方可知势、方可造势、方可用势。

十六、拳法的结构和章法

　　拳势的动作结构规格，指完成某一拳势动作时，人体各部在一定时间、一定空间所应遵循的动作标准。它包括点、线、型，三个要素。点：指身体任一部位开始动作时的起点位置和动作结束时的终点位置。线：指身体任一部位在动作时移动的路线。例如，弧线（如捋势）。型：指在动作过程的任一瞬时，身体各部位综合呈现的姿态，包括肢体各部间的相互位置（夹角多少）、身体正面（头部、胸腹部、胫膝部）朝向几个方向等两方面的标准。点、线、型的规格，受拳势攻防技法的规范和制约。"点"，强调的是施力点、着力点与攻击点的统一；"线"，严守合理的运动路线、攻防路线与发力顺达的统一；"型"，突出缩小自己的防守面与加大八面支撑劲的统一。搞清楚这三者的标准，就明白构成拳势的规格。拳势符合这三者的标准，拳势就符合规格。点、线、型相合构成独立的拳势，不同的独立拳势相连构成组合拳势，不同的组合拳势相连又构成段，段与段相连又形成完整的拳势套路。所以说："拳法的点、线、型成一个拳势之规，一个拳势乃一个完整套路之准"。这就是点、线、型三要素、拳势、组合、段、套路次等生成之理。

一个拳势始于一个手法、一个眼法、一个身法、一个步法，手眼身步法因动作的攻防结合要求构成拳势。不同的二至三个拳势又相连成组合拳势，不同的组合拳势又相连成段。一段拳势好比是由各个学生——基本拳势组合而成的一个班级。一个完整的拳势套路始于第一个拳势，由许多个相对独立的拳势集聚成完整的套路。完整的套路亦好比一个综合大学，由许多相对独立的班级集聚而成。一个拳势的结束，就是下一个拳势的开始；一个拳势的开始，就是上一个拳势的结束。所以，任一拳势都具承上之意和启下之能，使许多个拳势相连而成完整的套路。故，拳势之要，在于手眼身步法相生相成，以成单势，组合拳势之要，在此一个组合拳势承前一个组合拳势之势而开启后一个组合拳势之形势，段与段之要亦然，不使势背、不使精、神、意、气、劲断。

一段拳势，可看作为单势、组合的小章法，完整套路可看作为几个段拳势的大章法。相互虽有大与小、整体与局部的关系，但其理共通，其原则相同。概而言之，拳法套路的布局，要依自然之律，练拳时，背朝北、面向南，从右至左，将整套拳势匀称地分布在运动场上。避免拳势分布疏密不匀，或偏重一部，或拳势琐碎堆砌、拉不开，或拳势零散，东奔西跑。例如，大部分拳势集中在场地一端，另一头很少，呈葫芦形；又如场地两端动作少，中间的拳势多、呈枣核形等，都不对。一般来说，每段拳势都应练到场地端头，若有跳跃动作，能跳多远就跳多元，能纵多高就纵多高；有左弧线，就应有右弧线；注意到沿场地前方运动的拳势，还要顾及到场地中间和后边的拳势；明白东南方位，亦要掌握西北方位。另外，处理好整套拳势的重点段、或每段中的重点组合，每个组合中的重点拳势与一般拳势、组合或段的关系。一般来说，在重点拳势（组合或段）之前总是有一般拳势（组合或段）作为完成重点的过渡拳势。如陈式一路拳中的"双摆莲"接"跌叉"两个拳势，速度快、发劲大，是重点也是高潮，这两个拳势之前的"运手"则是突出这一重点高潮的缓慢平稳的过渡拳。而"双摆莲""跌叉"之后的"金鸡独立"又起到缓冲前两个拳势的作用。总之，重点高潮拳势之前的过渡拳势和之后的缓冲拳势，都要练出能使观者值得品评的拳味。就整套拳势而言，应练出引人注意的起势，不断向纵深发展，引人入胜，最后以令人回味的收势结束全套拳势。即做到层次清晰。再有，整套拳势的运动节奏，从运动生理因素来说，拳势安排要利于肌肉、关节、韧带的舒缩交替、气息的呼吸交替、运动负荷的大小交替。这样才有利于练拳者顺利完成整套拳势，利于练拳者的身心健康。从艺术形式来说，演练套路时，要考虑到节奏对完成拳势、提高拳势质量的作用，主动根据拳势的节奏规律和节奏的艺术规律去科学安排相应的拳势、组合、段，做到节奏适宜。

所以，拳势布局合理、重点拳势（组合或段）与一般拳势（组合或段）练习层次清晰、衔接自然，由缓慢平稳的拳势过渡到快速高潮的拳势，又由快速高潮的拳势复回到缓冲拳势。如此的起伏跌宕，有高山亦有流水的演练，便是整套拳势之构造章法。以上明叙了拳势结构与演练拳势套路的章法有共通之理。拳势结构与演练风格虽概念有异，但其理多相应相通。

拳势的结构与章法同自然之规律相应，无非变化与统一相融，寓变化于统一之中；变中有不变，不变之中有变，即所谓不讲规矩而合规矩，这就是"自然而然"。拳经述此为"拳无拳、意无意，无意之中有真意"。

拳势的合理组合、段、乃至完整套路的形成，可分为来自人工与自然两条路：人工者总是尽最大努力使拳势的结构更理想，自然者总是从变化的角度去窥见拳势之神奇妙理。学习掌握拳势的组合、段、及完整套路的结构和练习场上的运动布局，必须是人工之法与自然之理相合。人工到底是要归于自然，自然终必结合人工之科学。如此方可尽拳势的结构之能事，备拳势结构之妙用。

纵观陈式拳势的结构，可以从陈照奎家传的八十三势一路拳、七十一势二路炮锤；陈照丕所教的七十五势一路拳和四十三势二路炮锤来看，皆属人工之法，都是以技击为灵魂，以人的形象动作为依据，而尽能工巧匠之艺术。相较之下，陈照奎所传的拳势，其结构更合理、更科学。马虹老师说："陈照奎老师所传的陈长兴老架、大架、低架太极拳，不仅具有刚柔相济、开合相寓、快慢相间，顺逆缠丝，动作螺旋、虚实互换、节节贯穿等陈式太极拳的共性特征，而且还特别强调在上身中正安舒的基础上肌体各个部位的劲力要对称平衡，逢上必下，逢左必右，前发后塌，八面支撑；强调走低架子，重视胸腰折叠和丹田内转功夫；发劲松活弹抖，轻沉兼备；倒换虚实强调裆走下弧；运劲注重用意与丹田呼吸；大小动作都讲求技击含义，体用兼备，保持鲜明的武术风格，以及那寓技击含义于其中的艺术造型等等特色。这些特色体现在拳架演练之中，不论是对演练者本人，还是对赏拳的观众来说，都会给人以生命的力量和美的享受。"陈家沟"四大金刚"之一的朱天才有言："陈照奎先生传的拳架、动作更细腻，手法更多，发劲更猛，技击方法更加明显，技术更加全面。"说到此处，拳友们也许会讲，这样的评价固然在理，但于拳势结构是不是离题太远。其实，有心人会从上述评价领悟到，正因为拳势结构合乎源于自然与人工之拳理拳法，陈照奎家传的拳势方产生两位拳家这样全面评价的功效，而成为太极拳中的精品。

源于自然的拳势结构法，可参见《孟子》："既有太极，便有上下，之有上下，便有左右前后；有前后左右四方，便有四维，皆自然之理也。"马虹老师亦说："太极拳并非只讲求圆，不讲方。方圆也是阴阳对立统一的两个方面，方圆兼备。我所强调的太极拳之'非圆即弧'，主要是从其运动规律而言，从太极拳的动态（形）和气势而言。但其拳路运行之中，不论身法、步法、手法、乃至每个动作所处位置的方向、角度，尤其是步型，都必须严格按照拳谱规矩要求而动，方圆互济，四维兼顾"。张志俊老师说："太极拳是方圆相生的，如只有圆就无刚了，出了圆就是方，就是刚。圆是柔是化，刚是方是发。方了以后再变圆需用折叠的方法，把断了的劲重新接起来，才会符合规律。走圆的时候要想到方，走方的时候要想到圆，劲断意不断，意断神相连，绵绵不断，一气呵成"。著名拳家陈立清对陈照奎宗师演练拳法的评价，则是对拳势自然结构之妙的高度艺术概括。她说："他架子低，立身中正，舒展紧凑，潇洒而明快，阴阳变化，刚中有柔，柔中有刚，开中寓合，合中有开，真是互配巧妙。动如猛虎，静如处女。轻如行云流水，稳如泰山，往返如鱼在水中追逐，整个套路演练得螺旋缠绕，浑圆一体，神气鼓荡，真像在地上滚动着一个绚丽的彩球，又如滚滚奔腾的龙蟒之形。"与陈照奎齐名的拳家在拳法上的大成杰作，多具自然意象，而后据象立法，按法成形，遂由自然而趋向于人工之法，以陈照奎所传拳法为例，不仅能看到拳势结构之妙，而且可以推断，在"牌位先生"陈长兴所处的那个年代已是人工之巧占主流的事实。马虹与张志俊两位老师自得陈照奎宗师真传后，大胆尝著人工之拳理拳法拳势之书，以便发扬光大。同时"一边练、一边钻、一边传、一边悟"，不断向更精之境改进。笔者作为后学，亲见两位老师每练一个拳势，招招不同却具异趣，取自然之万有加人工之巧合而总成。作为陈式拳另一分支的"七十五势和四十三势亦是'各就本体'尽其形势"，就章法而言，也是自然拳势结构之理。马虹老师说："我们每做一个动作，都要想一想它和全身各个部位的关系。我们练拳要研究每个动作与整体的关系，做到周身协调"。张志俊老师说："一个人的手、眼、身、步法的定型只是'形'的定型，不等于'意'的定型，在没有干扰的情况下，沉肩、坠肘、松胯、屈膝、合裆的协调配合是没问题的，一旦受到外界干扰就可能发生'形变'。那在双方对抗时呢？胜方往往都是由于对手变形而取胜的，从这个意义上讲，只有任何干扰下动作不变形，才能立于不败之地"。能做到动作"周身协调"，说明拳势虽有繁难和简易之别，却能结构自然与天地相同。只有意一个部位的规范和变化，皆是一方死法。

　　人工之拳势结构，务使点、线、型——就法入轨，练之前就有定法，所以常规技术易见；自然之拳势结构，点、线、型则顺势而就，有大规律而无既定之法，各尽其意，各尽其形，故变化之妙易见。有形有则可依是人工之法，可助初学者循规蹈矩。不过初学人工之拳势，在成法中要善于捕捉拳势组合、段、整个拳架中的变化，否则就是形而上学教条主义。故练拳时，须掌握陈鑫所云："平素打拳，全在一起一转，所谓'得势争来脉，出奇在转关'，本势手将起之时，必先使手如何承住上势，不令割断神气血脉、既承接之后，必思手如何得机得势。来脉真机势得，转关自然灵动。"这一人工之法门要点。而后以人工法归于自然法，以自然法统帅人工法，形成拳势组合、段、整个拳架的变化格局。

自然之拳势结构法，因其点线型、因势、因承前启后各具其形、各生其态，总则本于自然天机，故无法可依，其意各不相同，变化之妙易得，然而统一之理也易失去。因此，要使拳势起全面之大用，必以自然之拳势结构法结合人工之大成法，关键要统之于神，贯通其意、气、劲，于变化之极处而见统一之妙。

拳势的组合、段、完整拳架虽有古今之异，人工与自然之别，然而不论古今也罢、人工自然也好，其中必包融基本法与非基本法。基本法似母亲，非基本法如子女，有母亲便不愁后代的繁衍。构成拳势的组合、段、完整拳架的基本法，如一个生命力极强的母亲，一则为因拳势而从类，一则为神与形互具。

拳法是通过身体语言表达的文化艺术，拳势的组合、段、乃至完整拳套的艺术性练习，则是各个单个拳势之间势与势的进一步完善。拳法之势与势结构，一定要先以点、线、型为结构的最基本的动作为本。所谓最基本的动作，即造拳者创造拳势时所确立的彼此相异的手、眼、身、步的动作用法。例如八十三势之"金刚捣碓"一势的最后一动，总是由（1）右掌变拳，拳心向上，接着随右臂同时下沉；（2）接上势，右拳屈腕拳心向内、向上勾击，同时左掌顺缠掌心向上、小指一侧轻贴于腹部，右膝向上顶击；（3）接上势，右脚向下震脚，同时右拳下砸于左掌心这三个分解动作构成。不论你采用快或慢的练法。点、线、型构成的基本动作的起点、终点的位置，运动路线，眼视敌人为主，兼顾左右，精、神、意、气、劲整体合一的用法多少都不可改变。此则为因拳势。拳势结构之练法，又须分类，如"金刚捣碓"一势的震脚，可以柔法练之，即轻落慢放，意、气、劲到位即可。这种练法属人工构成类；亦可突发刚劲、疾速下震，这又属从古以来的传统练法，可说是天然生成类，总而言之，在精、神、意、气、劲、形内外合一的前提下，不论顺古（传统练法）或创新（各自不同理解的练法），总得有一个合理合法的练法，不能搞知其然、不知其所以然的练法，不然，成何体统。

知道因拳势结构归类的练法道理，明白熟习身体语言表达拳法的重要性，只能说掌握了拳势结构衔接的基本常识而已，因为，建筑在其上的拳势组合、段、乃至完整套路须神形兼具，才是拳势组合、段、完整套路艺术得到提高的重要原则。

神形合一之法已在前面章节中多次提示，务必于手眼身步法、完整拳势之间做到神、精、意、气、劲、形主次相系完整，方能完成如陈鑫所云"处处则柳鞓花娇，招招则山明水秀，游人触目兴怀，诗家心驰神往，真好景致！拳景致此，可以观矣"的精湛拳势结构。陈鑫又云："身虽有时歪斜，而歪斜之中、自寓中正，不可执泥。""间架即有时身法歪斜，是亦中正之偏、偏中有正，具有真意，有真意其一片缠绵意致，非同生硬挺霸，流于硬派。"所以，因拳势结构衔接不同而练法归类，使拳势之神形具备，则可尽拳势结构之能事。

拳势组合、段、乃至完整套路之基本法，如拳势结构之大同。皆由符合技击含意的手眼身步法所组成，具有与舞蹈类不同的形质，非基本法则如各个不同的拳势，因其点、线、型的不同，在具体的手眼身法运用上有运动方位、路线、技击点及造型有明显差别，大同则每一拳势都具技击含意，小异则各有各的用法和练法。能知拳势技击结构之大同而用其组合、段、完整套路结构之间小异，正可于舒展与紧凑、潇洒与浑厚，前后与左右，正斜与直曲，于人工、机势之间，悟明师之成，树自家之风。

明师在拳势结构上能尽其所能，是生于基本法、成于非基本法。拳势之技击结构、及其组合、段、完整套路，虽因时代的演变、传人领悟不同，在手眼身步法运用上而有所变化，但其拳理、拳法原则均不可改变。例如，八十三势与七十五势不仅在动作数量上有多与少的关系，在技术结构上更有繁难与简易之别。马虹、张志俊两位大师与四大金刚在拳理拳法的理解上虽然立足点不同，有全面和侧重点之异，拳势演练各具风格，但是都未失去根本的拳理拳法，这是当代明师之异，由此上溯至陈照奎、陈发科、陈长兴等不同时代的大师，他们在拳势结构和风格上的不同，皆因自身的文化素质，对拳理、拳法、拳势的领悟及时代的不同而有异。拳势的组合、段、完整套路的结构之法贵在各造其极，因不同的拳势结构在技击法上有异而在具体练法上归类，神形皆具，则拳法世界，法法可存。

善学者学习拳势组合、段、完整套路的结构及其练法，为不失其根本，须于基本法中求大同；又须于非基本法中寻觅大不同，树自家之风，创我之新貌。或据于天生之性德，或顺乎于个人文化修养形成的气质，或吸收百家之成法，或因为拳势技击的不同运用，总之，在技击、健身、艺术三性相兼的基础上求生，在不同的风格处求存，深造巧设，同归拳法上品。

十七、拳法的学习和创新

中国的太极拳史，是一部后人学习前人的拳法学习史，也是一部后人超越前人的拳法创新史。每一个真正有成就的拳家，必然有自己"从难、从严、过细"的学习过程，有自己"边练、边悟、边总结、边充实、边提高"的创新过程。"从难、从严、过细"的学习是为了更好地创新打好基础，是为创新积累知识力量和实践经验；不是为学习而学习，是为创新而学习。创新是学习的必然进化，是学习的唯一真正目的。所以，学习与创新的关系，应以创新为主，学习为辅，主次万万不可颠倒。

陈照奎宗师自幼得其父亲传，遵照庭训："学拳要认真刻苦，拳势须是一要自然，二要大方，三要放松，每天要练够二十遍。"陈照奎终不负其父"长大会有出息"的期望，弱冠之年便出类拔萃了。其擒拿法轻柔刚猛，变幻莫测，使对手防不胜防，堪称一绝。推手功夫则出神入化，化劲轻灵、巧妙、发劲冷脆、威猛。据现有资料记载，曾有一举重者，随陈照奎宗师习拳，一次练习推手，陈命其捉住双腕，使全力推之，陈只微往下沉轻抖双臂，其人已被弹起数尺跌坐在身后数米之外的床上，床帮都被砸断了。可见，陈照奎年轻时的功夫已是炉火纯青。1962年，陈照奎在上海传拳时，有位年轻举重运动员自恃身材高大，力气足，见陈练拳柔多刚少，便不屑地说："哼，这拳有什么用！你们谁能扳动我？"只见陈上前握住他的手，向下猛一反扣，只听"哎哟"一声，这位力能扛鼎的彪形大汉便痛得跪倒在地。陈将其扶起来，将自己的胳臂伸给他，任其使出平生力气扳、推、抓、拿，只感到陈的手臂又轻又滑，有劲使不上，只得服输。1963年，还是在上海，董英杰的弟子董世祚也来报名学习，董擅长空劲隔墙打人。陈照奎宗师教到"倒插"时，为了试董的功夫如何，指名叫董用双掌发劲推他双肩。陈右臂一沉，一个抖劲，把董发出十多米，董在地上连跳带退，最终跌倒在地，连呼厉害！厉害！诸如此类的较技事例还有很多，此处不再赘述。不过，从一斑窥见全貌，足见陈照奎宗师的技击功夫之精湛，已为世人所敬，声誉日隆，无人妄言。"庭训"是一节非常有意思的家常话，它使照奎大师拥有惊人的技击功夫，也是值得我辈去做深入的研究和体会的教导。

　　陈照奎是一位不可多得的太极拳宗师，是一位文武双全的拳学天才，他的拳学观念有极高的价值。这与他生活、读书、工作的环境——北京是分不开的，北京是中国传统文化和现代科学文化的中心，在其浓郁的文化氛围熏陶下，加上对父辈拳理拳法深有体悟，不断学习科学文化，钻研教学经验，使他从一位具有丰富技击经验的拳家，逐步成长为一位理论与实践并重的拳学宗师。为了使自己的拳学思路更加开阔，充分运用现代科学知识来分析、理解拳理拳法，形成自己独特的拳技风格，于是自20世纪60年代始，便有了从北京—河南—南京—上海等地的传拳生涯。其间向一切有德有识之同道学习，通过与众多高手的切磋实践，开拓了眼界，丰富了阅历，在继承家学的基础上又有所创新，逐渐形成了拳架外形精巧、紧凑，柔中寓刚，开合有致；内劲方面则是丹田内转，形之于外即是胸腰折叠，运劲讲究螺旋缠丝、轻灵、沉稳。整个拳架结构严谨，气势磅礴，节奏鲜明，静若处女，发如惊雷，往复折叠似波涛翻滚，灵活无滞的拳法风格。而且编写了有关陈式拳的特点、练法及推手时应注意的事项等数十万字的讲义。对丰富提高陈式拳理拳法，继承与发展做出了杰出的贡献。因为不断追求，通师明学，不固步自封，而以一切法门为是，所以陈照奎成为一代拳学宗师，并非偶然，而是意料中的事。后来随照奎宗师学拳者之多，可谓从者如流，在很长一段时间内，还没有谁学到陈照奎的这种学习方法、精神和意识，即使是陈氏门人中，亦未听说过有此效法者。孔子说："我非生而知之者，好古，敏以求之者也。"陆游说："古人学问无遗力，少壮功夫老始成。"陈照奎在武林中不愧是典型的饱学而大成者。然而，生活中总是有惊人的相似之处。太极明师马虹的拳学，首先启蒙于患难之交胡连生和顾留馨、沈家桢合著的《陈式太极拳》一书。因为被书中的拳论哲理性、拳势的造型艺术性、健身性、技击性的丰富内涵魅力吸引，故而对太极拳一往情深，在自学中一直以高标准要求自己，不过，始终受专业学识技艺能力局限，不可能在短时期内对最高的拳品和拳学境界有透彻的敏悟和接受。后来有幸在友人吉德夫、卢茂云的引荐下，拜在陈式拳十世传人陈照奎门下开始系统完整、科学严格的拳学研习。理论上，每一次课都将老师讲解的拳理拳法一字不漏地记下来，实践中不仅按照老师的要求完成运动量，而且自觉加大运动量向生理极限挑战，努力向高质量的拳技佳境迈进。而三上京城，三次诚邀老师到家中传艺，二次随师进中原，虚心向一切内行和其他拳派学习，运用其他文化领域的道理来印证拳理拳法的合理性、科学性，更是使马老掌握了太极拳的奥秘。通过认真阅读、分析、比较，最后得出陈式拳是无数流派太极拳中的珍品的科学论断。使众多太极拳爱好者，尤其是年轻人在选择太极拳学习时有了可比较法，这是一种发现，亦是一种创新。因为多年的拳理拳法印证实践，受益匪浅，对此拳种有坚定的信仰，并将其无私地广传神州大地直至域外，这就是行万里路，读万卷书吧！天行健，君子以自强不息；地势坤，君子以厚德载物！马老的拳学著作，可以说集中华武术之大成，贯中华文化之精髓，具体而典型地表现了太极拳文化，是东方传统文化的典型代表，马老不愧是饱蘸翰墨书太极的现代饱学之师。

照奎宗师中年时便以理精法妙的一路、二路拳架及推手的函授讲义深得学生的喜爱和同道的称赞。马老则以《陈式太极拳理阐微》《陈式太极拳技击法》《陈式太极拳体用全书》《陈式太极拳劲道释密》四部大作享誉当今武坛。当然，马老的造诣是站在陈照奎这位巨人的肩上才有的，这叫作有其师必有其徒，青出于蓝而更胜于蓝。可见二位明师是一边学，一边创的，既是同一时代的人，又在学习、学古人、善学善悟，学一式，必究明一式之技法；学一功，必究明一功之理；学一门，必究明一门之规律上有其共性，真可谓英雄所见略同。如果两位明师不善学善悟，只有所学，而无创新。怎能在继承古人拳学的基础上高度重视对实践的总结和理论研究，怎能树起如此丰富的武学理论丰碑呢？

在马虹老师的心目中，唯陈鑫、陈发科、陈照奎三人最值得效法。在马老的著作中能见到的有关拳论或激励武学进步的庭训，有陈鑫云："愚今者，年逾七旬，衰惫日甚，既恐时序迁流，迫不及待；又恐分门别户，失兹真传。不得已，于课读余暇，急力显微阐幽，以明先人教授。精粗悉陈，不敢自秘。自光绪戊申,以至民国庚申,十有三年,而后书始成。又强振精神,急书于简,虽六月盛暑,不敢懈也。……"有陈发科曰:"打起拳来要像坐在小板凳上一样,稳稳当当的。"有陈照奎说:"武术本身就是吃苦流汗的事儿","学习必须付出相当的精力和时间,有一定的艰苦性,这在意志锻炼方面也有相当的效果";功夫功夫,就是要下苦功夫,没有苦功夫,拳也是空的";"马虹,你信不信,将来要靠日本人促中国的陈式太极拳发展"。古今三位大师的教导,激励马虹老师呕心沥血精研拳理拳法;拳架练习始终保持低势,这在当今已功成名就的明师中实属难得;为使国外真正了解纯正的陈式太极拳,不辞辛苦,辗转数国辛勤耕耘播种,现在已有很多国家的太极拳爱好者正确认识到陈照奎家传的太极拳的时代价值。而"陈照奎先师所传的拳架我们继承下来了,但是它的全部用法还有一部分需要我们理论结合实践去苦心体悟。找一些志同道合并具有研究能力的各层次的人一道研究传统技艺,让它发扬光大,造福人类"。既是对我辈的一种希望,亦是马虹老师痴心忘情的学拳自述。

真正的上品拳学,要不畏艰难上下求索,通历代明师之拳学;而后见自然之千姿百态,"融汇百家之长、贯通各派精华";最后不论是历代优秀成法、自然之我心我性,全部寓于拳法之中。开始是学与用的协调结果,接着是学与创的相融,最后是学、用、创不分彼此,统一于心,自然为本。故,真正的上品拳学,是从"师古今明师"到"师造化"再到"师我心"到平常自在,全面深刻地完整过程体现。是更充实、更彻底、更完整、更现实而又长远的拳学艺术人生。

一般的拳学者通常是唯"学"至上,视"创"不可及,固然,创新先得学有所成,但是,在学的过程中,"舍我从师"的学法大可不必,这是学拳的走入拳学之路的第一误区,正确的学师态度是:我学师之拳学、其拳学应为我服务、为我所用。要力争做到举一反三,甚而反四、反五,不然怎么会有"师父引进门、修行靠个人"之说呢?实际来说,向师学习的过程是自己的拳学进步、完善的一段过程,是自己与拳学相结合、相成长乃至融化为一体的过程。古人云:"孤阳不生、孤阴不长。"若自己将古今师者看成不可超越的伟人,失去做拳圣的信念,自己就会沦为自惭形秽的小人,就成了井中之蛙,只有坐井观天的见知了。拳圣之所为拳圣,是将源于自然的拳法视为知音,"心诚则灵",只要每个学拳者虔诚专一，不心猿意马，拳法便是你的知音，你也成了拳法忠实的朋友，能这样，每个学拳者定能叩开上品拳学之大门。张志俊、马虹两位老师就是对陈式拳抱有坚定的信仰，因心诚显灵，所以二老叩开了上品拳学之大门。

真正的上品拳学境界不是固定和有限的境界，而是一个极其自然的境界；任何固执、形而上学的拳理拳法思想套路绝不可能与拳道沟通。这在《拳法的上乘境界》三节叙述中已表明，并且以此为根本提出了关于上品拳学的学习与创造的关系的各种观点。

1986年，人民日报曾发表一篇有关太极拳理论的文章。文中说："我国太极拳的理论研究工作正面临挑战。我国对于太极拳理论的研究却一直发展缓慢，处于零星分散状态，对于太极拳的力学分析、健身价值、生理机制等方面，缺乏科学的定性、定量研究，在理论和研究手段上，远远落后于日本等国。"马虹老师则从日本太极拳专家们研究陈发科、陈照奎父子所练"单鞭"一势扣脚多少度这一细微技术中，在思想上受到一种难于明状的震撼。因此，他在《学习陈鑫的治学精神加强太极拳的理论研究》一文中提出："我们太极拳界的同志们，面临一个重要的任务，就是必须加强理论学习，理论研究，使我们队伍的素质，向一个高层次发展，像陈鑫公先生那样，执着追求、锲而不舍、倾注必生精力和心血，刻苦钻研，'显微阐幽'，使太极拳的理论的发展有一个新的飞跃。"

上述两段话说明，拳学理论研究刻不容缓，拳学理论研究需要一支有凝聚力的、有研究能力的、素质高的理论队伍。陈鑫是陈式拳传人中"举六百年来陈式历代明师苦心研究之结果，慨然笔之于书，而无所隐，一洗拳术家守秘不传之故习"的第一人。但是由于个人学识和时代的局限性，其理论必然有不及之处，不能完全适应现代拳学发展的需要。因此，马虹老师在文中又说："向陈鑫公学习，在继承的基础上高度重视对实践的总结和理论的研究，竖起更多的理论丰碑。"

笔者认识一位拳友，这位友人自称是陈式拳门人，学习方法以模仿拳家的技术录像和光碟为主，这种学法在他看来绝对属"取法乎上"。初学时模仿陈正雷的练法，得其皮耳。后来购得陈小旺的录像带，相较之下，觉得陈正雷柔劲有余而刚劲不足，认为陈小旺的拳技刚柔相济、有大家风范，又以陈小旺的拳架为正宗。毕竟有陈正雷的拳架基础，再学陈小旺的练法，似乎得其纯正拳味，所以，认定陈小旺是他取法学习的榜样；再以后又购得马虹老师出版的陈照奎家传拳法录像带，又认为马老的练法之细腻，是前两位拳师所不及，学习之后，似乎于自得之意上又多一层体会。然而精研陈式拳的行家观后，得出的结论是：既无二陈的特点，更无马虹明师既法自然，又法自性的上品拳学境界。始终脱离不了东拉西扯的"把式"习气，尽管下了多年的功夫，多少也解得一点拳意，然而解拳意，拳却不与意随也。令笔者百思不得其解的是：既然解得又如何实践不得呢？看来是几十年的朝三暮四的习气暂时去之不了！多年的僵劲亦一时去之不了！天生的僵劲与积习真是得之不易、去亦不易，如同天天拍打树干、踢木桩练死功夫的人改练太极拳，若是没有一双慧眼认准要学习的典范，不通过极柔软的化劲练习过程，除尽僵劲，要步入太极拳正道，难乎其难！

对于上品拳学境界，其理路即使心中有数，若是没有实在的行动，亦难到达。上面提及的这位拳友，对有关陈式拳的古今文字资料，收集了很多，习惯的是以少概多的高谈拳论，观其实践、看其拳技，仅停留在太极操水平上，还未入拳道，更何谈下学与上达之工夫啊！

很多禀赋高、勤用功的拳家，到了晚年深感拳学不足，总结原因是见识差，不能将自己与拳学相悖的习气在学拳时消除，虽然有所悔悟，却已是两鬓斑白，空悲切！现在的拳家，因为东西方文化交流频繁，各种边缘学科渗透太极拳的缘故，其文化意识较强，论学拳见解："皆知以熟习拳法要诀、运动原理为第一。再看他们拳学上的功夫，每天风雨无阻，起五更、睡半夜，练露水功，日练拳少则十几遍，多则二三十遍，年累计几乎上万遍。练拳之外，习书法，学绘画，通音乐等。以拳外之养，助拳学之长……"这些拳家论其文采，诗、书、画、乐无不涉猎，眼界见识之高，可令常人自叹不如；拳学上所下的功夫，不可谓不精勤，可是拳学却无惊人的成就，为什么呢？因为拳学上的志向追求不踏实，走得太快，虽然已解练拳之意，却忽视拳架是全部功夫的基础这一要旨，拳架未练好，就进入推手、散打内容学习，由于拳架欠功夫、技击自然欠火候，所以，有志而未能遂愿矣！平心论之，这类拳家与张志俊、马虹等上品大家尚有一段距离，其拳学至多算中品而已，想来也是，连取法乎上都没有做到，其智慧、体能、财力抛撒在不能修正果的地方，宜其拳法无缘于上品。这些拳家到寿寝正终时亦未必知道拳法的入门之道，这是不自觉地掉到所谓名家的"陷阱"中去了。

　　太极拳是集中华武术之大成，贯中华文化之精粹的大学问，因众多流派的林立，更显其伟大，唯其如此，从古到今各拳派的门内或门外的崇拜者实在多，依笔者的见解，经得起历史检验和科学论证的拳派值得崇拜，不仅自己要崇拜，而且还要让一代又一代的学生崇拜下去，一百年不动摇。陈照奎家传的拳学，拳理拳法科学、拳架编排合理、拳技细节精妙、具有人们需要的时代功能，是取法乎无而锻造出的上品拳派，曾经润育出陈长兴、杨露禅、陈发科、陈照奎、马虹、张志俊、陈小旺这样杰出的古今代表人物；润育出杨、武、吴、孙等拳派，所以值得笔者崇拜。至于其他人信奉哪一拳派，是他人的自由，这叫人各有志。据说南京有位同道开始也学照奎宗师的拳架，而且练得较好，得到过行家的好评。后来他对所学的近乎完美的拳派形象产生了怀疑，动摇了对这一拳派的古今代表人物的信仰，于是到他认为理想的地方，找他认为理想的老师学了一套拳，结果经过实践鉴别，他才知道自己是舍玉而求顽石，最后终于醒悟过来，重新研习照奎宗师的拳架。历代的拳学正确导向本来是有迹可循的，就陈式拳而言，如陈长兴、陈发科、陈照奎、陈小旺、马虹、张志俊等。只是中国幅员辽阔、人口众多，有的人虽爱好太极拳，却因缺一双慧眼，少科学头脑，就自己误导自己，或受所谓的名人误导，没有办法，只好自食其果了。马虹老师谦虚地说："我一不姓陈，二没有什么功夫。"但是他们却用现代科学知识和科学仪器叩开了陈照奎家传拳学奥秘，革了一下某些只知太极操又自以为是正宗传人的命，忠诚地捍卫了陈式太极拳，因而，陈照奎家传的拳学才有如今的勃勃生机。笔者如是说，原意无非是说明，陈、杨、武、吴、孙等各派拳法毕竟是兄与弟的关系，其师承关系必须考出来，否则解决不了根本问题。

十八、拳法的复古和创新

　　现在的传统是过去的流行，今日的流行是未来的传统。继承传统意味着复古，喜欢流行就是崇尚创新。就太极拳而言；不论你喜爱传统拳架或是新编套路，目标都是学习太极拳。只是每个学拳者对拳法形象的自然发展规律的认识态度不同而已。传统拳法犹如一棵经历数百年风雨成长起来的参天大树，继承传统拳法是为了使其生命更加得以完善和延续下去，于是学者取法乎上、取法乎无，尽可能恢复出传统拳法的艺术形式、技击用意及其韵味。创新是认为传统拳法再好，总会有不合时代民心及科学文化不断发展的形式内容，需要有符合时代民心的形式和内容来代替，从而更好地继承传统。于是当今太极拳界形成治学的两种观念态度和派别。

传统派认为先师们传下来的拳架、理精法密、妙不可言，所以值得学习。于是众人根据自己喜欢的拳派，专师自己的老师的老师的拳风，以不掺杂其他流派风格痕迹为纯洁耳，故以先于自己上一代或二代的拳家为专门研究对象。不论是明末清初时代或清末民初时代，还是21世纪的今天，总是以传统为师，以弘扬传统拳法为己任。这种以传播传统拳法为使命者，即为学习先师而使自己成为先师遗传的学拳者一系。

创新派则认为传统拳架繁难、太古，练习时间长不利于推广，应以多数人易于接受为准。嫌其动作多、重复累赘，甚而认为某些技击法在当今原子能时代已过时，应以健身为主。便以简代繁、以符合竞赛时间、易于推广的新编套路为目标。其拳架看似新颖，实则手、眼、身、步法皆取法于传统拳架，例如《陈式太极拳竞赛套路》属"借鉴"之一系。

传统派在原有拳架上做文章，取法于"合则太极，分则阴阳，动则螺旋"。

创新派是重新编创一套拳架，取法与自己对拳架的认识相近者的学法以助成自家拳风为最终结果。

上述二者，都同求形与质、神与意，只是动作有繁简之别，出发点不一样，结果自然有别，请同道细心领悟。

继承传统与创新搞得好，都可从广义的角度丰富太极拳的内容作出贡献，都有难以估量的价值。问题是继承哪一种拳法，创新什么样的拳法，继承的拳法和创新的拳法是否能与时代同步？有没有我们所处的这个时代，甚而跨越这个时代的"健身健脑、养生养性、护身应敌以及艺术欣赏等多种功能"。何况继承传统和创新，是太极拳这一事物自然发展的必然出现的交替现象，是推动太极拳文化向前发展的动力。同是太极拳，同属艺术领域，只是风格各异，只是传统拳架与创新拳套之分而已。传统与创新本身无好坏之别，关键是拳架质量加工得好与不好，能否充分体现太极文化和武术本质，拳味浓与不浓的问题。

《易·系辞》曰："日往则月来，月往则日来，日月相推而明生焉。"太极拳这一事物总是要随着社会的发展而发展。明智的拳家不仅不反对创新、而且赞成鼓励创新。唯有创新才能见太极拳生命茁壮之活力，然而如果连传统拳法生命成熟之完美都未窥见，又谈何创新？马虹、张志俊两位老师因有幸结缘陈照奎宗师，接受的太极拳文化教育是高层次的，与这个时代的节奏是相吻合的，非思想守旧者，深知传统拳法一旦达到一定程度的完美，会使人产生崇古的心理。而创新的拳法因为有一个不断充实，成熟完善的过程，像初生的丑小鸭一样，不为人们看好。正因为如此，两位老师深知创新的拳法在这个历史悠久的文明古国里显得异常艰难。依笔者对二老的了解，以他们对太极拳文化的掌握，尤其是照奎宗师家传的拳法的精辟见解，综合的科学文化知识的实力，在照奎宗师家传的拳架基础上，创编一套新拳架是易如反掌。然而，为什么不创呢？主要是照奎宗师家传的拳法内涵，犹如蕴藏在海洋深处的能源，还需要进一步下功夫去开采。故而暂时不接触"创新"这一课题。

《史记》说："圣人之兴也不相袭而王，夏殷之衰也不易礼而灭。"又说："循法之功，不足以高世；法古之学，不足以制今。"《三国志》有云："圣哲之治，观时而动，故不必循常，将有权也。"魏源说："天下无数百年不弊之法，无穷极不变之法，无不除弊而能兴利之法。"时势变，治法变，变则通，不变则亡。太极拳难道不也是这样的吗？所以，不断地整理使拳法更为合理从新，随时代之发展而不断创新是正常的。

朱熹说："不革其旧，安能从新。"马虹老师说："……应该做到每打一遍拳都有改进，即便是微小的发现和矫正。每打一遍拳都要有所体悟，都要有一个新的境界，为此要不厌其烦地下苦功夫多次改正，或会有所成就，甚至是学一辈子、练一辈子、悟一辈子、改一辈子。"怎样改呢？运用科学的拳理拳法和拳技应具有的神意指导改拳，才是真正意义上的改拳和创新。这就是除旧从新，使拳架面貌不断更新，拳法境界不断提高，最终得以成就的必然法则。

某些专业人士有"破"和"立"的大无畏精神，都想在拳学上有大的发展，知道新颖的拳架能给爱好者带来新鲜感，有激发爱好者的学习兴趣的重要性，所以彻底背离传统拳架结构，独辟编排新径。可是能不能创编出如陈照奎家传传统拳架更适合时代，更具备现代人所需的功能的新拳架出来，如既新且内容丰富，功能更全面，拳味更浓，便可取代传统拳架。现在流行的陈式拳竞赛套路，或简化套路，主要是从现行竞赛规则角度考虑编排的，动作少难度小、时间短，能满足部分想很快掌握拳架的初学者的心理，较传统拳架易掌握。曾经是拳架普及的主流。传统拳架动作多、难度大、时间长、不易掌握，练的人曾经有很长一段时间到了少之又少的程度，犹如未开采的稀有钻石，异常珍贵。一种拳架能否成为时代的主流，关键要看其功能是否全面，是否能最大限度地发挥人的体能、心智，更好地修炼心、身、性。多年来简化和竞赛拳架的流行，以及对传统太极拳功能的不全面导向，才使几代人对传统太极拳的全面功能的片面认识沿袭到今天。尤其是对陈式拳的认识，认为太极拳不外乎是养身功法而已，对其具有的武术本质，即鲜明的技击含义持怀疑态度；缺乏运动生理学、力学、训练学的常识，练拳怕苦、怕出汗，不明白只有在一定运动强度（因人而异）的训练下，才能使人体机能质量产生良性变化，由其是循环系统和呼吸系统；不知道只有在动作有质量的基础上进行超量恢复训练，才能提高体能、技艺、技击意识等等。这几条因素足以说明很多人对太极拳功能的认识不足。既然认识不足，必然不会去实践，不实践，又怎能体会到陈式传统拳给自己的身心带来愉悦之感呢？怎能感受到其精美的造型和技击艺术呢？如此，自然暂时成不了主流。不过，人们在现代紧张生活中发现，因营养过剩，活动量小，出现诸如肥胖、血脂高、脑血栓、神经衰弱等"社会进步并发症"文明病，因市场经济高速发展带来暴力、抢劫、偷盗等社会不安定因素后，开始寻找既能健身、养生，又能保护自己的生命财产的最佳运动约方。通过马老及众多弟子在国内外传拳，从学员中总结出治疗好这些病症以及护身有效的具体事例证明具有：拳走低势以固根；轻沉兼备以持衡；丹田内转以炼精；周天开合以练气；意念调控以炼神；对拉拔长以壮骨；拳式繁难以健脑；松活弹抖以化淤；汗流不喘以延年和四两拨千斤，借力打力，浑身柔软似棉，突然放开都是手，似手非手，处处是手，挨何处，何处击的特点的陈照奎家传拳架已显示出神奇的功效（敬请参阅马老的《陈式太极拳拳理阐微》、《陈式太极拳研究》）。毋庸置疑，陈式太极拳在新的21世纪里肯定是世界人民最喜爱的优秀体育项目,即使在某一地方,某一时间阶段内不能成为主流,也是局部的、暂时的,成为主流则是必然永久的。传统拳尚且有如此现代的功能和效果,创新的拳架是否应该具备更前卫的功能和效果呢?这是当今某些专业权威人士值得思考的问题。

新的要胜过老的,就是变法创新。然而创新还是拳法,还是要具备各种文化知识,还是离不开具体的实践,创新一套技术精到的拳法,还是要扎实的各项基本功,而各项基本功必取诸于人体自然之各部位的协调配合,手、眼、身、步还是没有变,变的是法,是更科学的技法和练法。拳法变法重创的依据是什么?是新的知识造就的新的拳法拳技艺术观念,是更科学的技法练法而产生的基本功艺术效果。就像电影《自有后来人》移植成现代京剧《红灯记》一样,革命内容没有变,只是艺术形式变得新颖了。

重视传统与现代科学的练法,抓住传统拳架与新编拳架生命的出发点,不存丝毫偏执,两相包容,就可建立上品拳学观。怎样掌握二者之根本呢?"从总体上完整地把握客观世界的和谐统一。"即完整地掌握拳法的整体观。于拳法运动而言,是"合则太极,分则阴阳,动则螺旋"三条原则。落实在拳法内容上,是练意、练精、练气并重,做到形神兼练,身心兼修;落实在功能上,是融健身、护身与艺术欣赏功能为一体;落实在技击中调整人体整体劲来看,要经历极柔软地放松锻炼过程,有了放松功夫,搏击时能非常快速而又完整地把全身之劲集中在一个发劲点上爆发出来。尽管招招有别,势势不同,只要你掌握拳法运动的三条原则。清楚三个落实对象。又具备因势应变的协调能力,任何学拳者都可像张志俊、马虹两位明师一样,初学者能做,拳师能做,明师也能做。

就拿当代太极拳运动技术改革来说,最大的改革莫过于《中国武术段位制系列教程》中的"陈、杨、武、吴、孙、和"六大流派太极拳段位技术系列。以"陈式太极拳段位教程"为例,其技术是依据武术发展的内在规律,将"既可单练、又可对打、还能实战"的传统武术演练形式,确立为技术内容的结果标准。即每段技术内容的单练套路对打练习,还能以拆招形式体现实战技法,突出了传统太极拳"练打结合"的特色,体现武术以攻防动作为运动素材和健身手段的本质,使练习者既掌握动作的练习方法,又懂得动作的攻防含义。其中,对练套路的创编，弥补了传统陈式太极拳没有对打的缺憾。这是以康戈武老师为代表的创编者们对陈式太极拳发展作出的重大贡献。

为了明确不同阶段的差异，陈式太极拳段位教程按照循序渐进、系统学习的原则，从技术元素、动作数量和难度三个方面进行了规范。

以增加技术元素提高段级的标准。围绕传统陈式太极拳的"打、踢、拿、靠、摔"五类技术元素，通过逐段增加新技术元素方式，明确一至五段技术内容，第六段技术内容是对上述五类技术元素的综合运用。例如，一段技术只有"打"的攻防方法；二段技术增加"踢"的攻防方法……依此类推，最后的六段技术则是"打、踢、拿、靠、摔"的综合运用。

以加大动作难度提高段位标准。即同一元素在由低到高的段级中，是通过由基础的衍生、由简易到繁难的顺序来表现。例如"打"是陈式太极拳运动中最基本、简易和被广泛使用的技术元素，被列为一段技术内容，同时也是二至六段的技术内容。而"打"的技术有"冲、劈、推、撩、托、盖"等多种表现形式和向左、右、前、后等不同方位，按照从基础到衍生，从简易到繁难的顺序，依次分为六份，分别编入一至六段。这样来通过变化技术元素的表现形式，加大单个动作（或组合动作）的难度，从整体上逐渐提高一至六段技术难度。

具有代表性的陈、杨、武、吴、孙、和六大流派风格的太极拳技术教程；它有相应的"武术概论、武德与武术礼仪，中国武术史及理论考试题解。以陈式太极拳段位教程为例，它为爱好传统陈式太极拳的广大拳手们更好地学习和摘取"一路八十三式、二路七十一式炮捶"这两颗明珠，提供了一个明确可靠的阶梯式平台。充分证明创编者们站在创新的角度来看待传统陈式拳，其不断进步的拳学意识和概念是越来越科学了，并且是根据2007年10月召开的"全国武术段位制工作会议"关于"段位评定从套段转入考段"的会议决议启动编写的。2008年，国家体育总局武术研究院相继聘请多位有代表性的太极拳传人和专家、学者，启动了段位考评内容的创编和配套教程的编写工作。2008年7月，陈式太极拳教程通过中国武术协会审定。评审委员会认为："陈式太极拳段位教程"编写目的明确，体例得当，体现了传统性和时代性，段级标准与技术难度适宜，技术规范，风格突出，是一部学术性、代表性、可行性都值得肯定的作品，达到了发布实施的标准。"随后，编写人员又按照内容符合体例、图解符合规范的要求进行加工，再经专家审稿、出版编辑的加工才正式摄制教学片、拍摄技术图片、合成书稿。应该说这套集众多传人和专家、学者的学识和智慧创编而成的陈式太极拳教程，虽然不够完美，但是，毕竟是目前一部将陈式太极拳的实施与继承、传播造福人类社会融为一体的精心之作。

真正追求拳法真理的人，只要认真研究一下中国的太极拳史，拳法的创新变法史后，就不难发现，现在被视为经典的陈照奎家传的拳架，其实一直在流变之中；现在被公认的宗师陈照奎，在当时都是创新派。何以见得？"1961年上海体育馆顾留馨遍请海内外各路好手名家以倡国术，先生欣然赴沪。之后，分别在上海、南京等地办班授徒，在此期间创造性发展了祖传拳术。先生之一生是为发展陈式太极拳奋斗的一生，由于他的辛勤努力终于使得这门拳术在理论上更趋于完备，技术上更加成熟。先生成为陈式太极拳之一代宗师。"（刘鹏语）"陈照奎老师自幼秉承家传，深得太极拳奥秘。……陈老师虽然自称其功夫远不如其父，但他有文化，有知识，懂拳理，肯钻研，善于把唯物主义辩证法和现代人体生物力学、生理学等科学知识运用于拳术的分解，加上数十年的苦功，因而他在继承和发展陈式太极拳理拳法等方面做出了卓越贡献。"（马虹老师语）由此推论，没有陈王廷的创造，就不存在陈式太极拳，而如果没有他的儿子儿孙直至陈照奎宗师等创新派的努力，也就没有现在的近乎完美的陈式太极拳。更不可奢谈后来的杨、武、吴、孙等流派拳法了。陈式拳历代的拳法革新家为什么会成功，为什么会有那么高的地位呢？因为他们创造出能与古代艺术文化同样有价值的拳法艺术，而且顺应了时代发展的需要。《敦煌石窟图录》是记载敦煌壁画的一本画册，尽管历史过去了近千年，作为世界艺术史上的一个奇迹，其表现手法和技巧仍然十分前卫和现代，这是足以和欧洲文艺复兴时期基督绘画艺术相媲美的关键所在。陈照奎家传的拳架为什么越来越得到海内外武术界的青睐？同样因为手、眼、身、步法相融的技艺表现是十分前卫和现代，具备这个时代所需的多种功能。可以想像得到，会有很多很多的拳家在研究创造新的拳法艺术，倘若不成功，其原因不外乎是不合时宜和实力不够，没有陈照奎宗师所能实现成功的那种高难度的实力和机遇。

太极法理的奥妙

要使拳法符合时代发展规律，就要注重研究和善于发现新的表现方法，就要精通拳法运动三条原则，只要你对运动原则不执着于片面认识，而是全面正确理解，且贯穿在具体动作中，何愁拳技得不到发展呢？更重要的是如果你不具备最根本的原理——拳法的根本法和变化法——拳法的非基本法，又束缚在旧观念中，你的拳法就难以跟上时代，就会被时代所抛弃，亦就谈不上创新。

中国的太极拳发展是缓慢的；若是不遇到改革开放的年代，也许连传统拳法的发展都要持怀疑态度。现在新编的拳架尽管在动作结构上有一定的协调性，但还有不科学之处。例如陈式太极拳竞赛套路中的"闪通背"动作六（3）重心应偏向左脚一侧，实战中，如果把敌人从头顶摔过去后，随着对方身体的惯性和自身用劲方向，自己的身体重心必然是落在左脚。而更主要的是没有令人信服的拳谱，这是最让人关心的问题。拳架与拳谱的区别是文学与动作的区别，而中国最古老的陈式太极拳从一问世其拳谱就应拳而生，并且融合到拳架里面去了。《陈式太极拳体用全书》就是一部拳谱与拳架珠联璧合的经典著作。拳谱作为拳架技术成熟的理论总结，是技术与理论高度浓缩的精华，过去的拳家都示为秘宝，非入室弟子不能继承。从清末民初时始，外国的拳家，特别是日本的拳家到中国来学习、打擂、寻觅拳谱秘诀非常频繁，这时的日本就是以这种方式来探索中国的太极拳文化的奥秘，这在一定程度上是促进中国太极拳文化的发展。以后国内各省相继成立武馆，尤以南京中央国术馆为最，教学内容中，太极拳占据很重要的位置，对太极拳的发展培养了很多人才。只是由于当时的中国经济实力弱，没有国际地位，中国太极拳家为了国家民族的尊严才对神奇的太极拳采取传内不传外的慎重态度。随着中国经济的发展，中国的国际地位日益提高，中国的太极拳以其特有的养生、技击、艺术欣赏的魅力开始走向世界。中日邦交正常化后，两国文化交流日益增加，日本的古井喜实、松村谦三等友好人士提出学习中国的太极拳，周恩来总理满足了他们的要求，选派拳家担任教练，使他们对太极拳有了初步认识。以后西方国家陆续与中国建立外交关系，亦频频派出太极拳爱好者到中国学习，太极拳的范围才逐渐扩大开来。为适应世界武坛竞赛需要，尽快把太极拳推向奥运会，中国的专业拳家们创编了各派竞赛拳架和综合拳架以及太极拳段位教程，使太极拳园地的物产不断丰富殷实。由于各国武术人士的努力，太极拳已从中国本民族的传统文化成为世界人民共有的财富，太极拳已无国界之分。然而由于外国拳家们对太极拳的不断深入研究，他们掌握了创编拳架的规律，新编拳架对他们已不神秘，他们对传统拳架和拳谱更是渴望非常，特别对陈照奎亲传的拳架和拳谱更是欣赏，他们的愿望是学明白拳。笔者亲见俄罗斯人维克多，几次从莫斯科不远万里飞到石家庄向马虹老师学习陈照奎家传拳法。学习过程中，用很先进的摄像机不仅把老师手把手教拳的过程摄下来，而且把老师的拳技示范录下来作为研究资料，细致到连脚掌脚尖怎样移动也不放过；有的外国人虚心地不说自己的母语，勤学中文，适应语言环境，为的是更好地研究拳理拳法，甚而提出某些中国拳家想都想不到的"太极拳为什么能嫩肤"之类的问题。大有取不到真经决不罢休之势，更有领导世界太极拳主流的雄心。难怪有消息报道日本人说："再过十年，中国人反而要向日本人学太极拳。"真应验了陈照奎宗师对马虹老师所说的预言："马虹，你信不信，将来要靠日本人促中国的陈式太极拳的发展。"大师的预言和异邦人的雄心，无疑是对中国当代的拳家敲响了一记警钟，它很清楚地告诉中国拳家，如果不重视对各流派传统拳架、拳谱研究，而新编的拳架又没有与之相应的拳谱，中国就要落后，就要在赛场上挨打俯首称臣，就要让出世界太极拳盟主的地位。但是，让步甘愿为第二提琴手，缩小发展太极拳范围，减小太极拳的吸引力，削弱太极拳艺术表达方法。不是太极拳国公民所能答应的。我们的原则是：为继续扩大发展太极拳的范围，增强太极拳的吸引力，提高太极拳艺术表达方法，积极科学地研究拳理拳法，总结出与新编拳架相应的、具有技击特色的拳谱，让新拳架、拳谱，与各流派家传的拳架、拳谱这样经典的拳学相映生辉，使中国的太极拳永远走在世界太极拳的前列。

  发展中的拳法，不论是复古的传统拳架和拳谱，或新编拳架和理论都不能失去根本法；离开人的优秀基本素质和修养，离开对不同文化领域的学习和各派拳法长处的吸收，离开对自然形质和前辈们成法的深入研究与贯通，断然建立不起自己的上品拳学，惟有在上品拳学的八大原则下刻苦进行自己的拳架实践和拳理拳法的勤奋钻研，通过自然性质的朴实反映和科学再造来更加完美和构筑自己的拳学体系，才能像马虹、张志俊及国家武术研究院的专家们那样在时代向前发展的进程中，贡献不断创新的拳学。

十九、太极拳法的练习与状态

长期从事拳法艺术实践的每一位拳学者都有一个共同的体会，练习拳架有时候特别顺，手、眼、身、步法协调圆活得妙不可言，节奏处理得恰到好处，大有神来之拳得之于末期之时。有时候却特别不顺，越想练好越练不好，精气神、体能、时间消耗很多，却无一次得意的拳技表现，费力不讨好，真令人恼火。感觉好，善于总结练习经验的学者多少知道其中一些练习的诀窍，多数人则练的是糊涂拳，知其然，不知其所以然。

每一次拳架练习能不能达到理想的效果，除了注意总结上一次的练习经验外，很关键的一个问题是练习时的状态，如同参加正式的比赛，赛前的感觉与状态好与否基本上决定了运动成绩的名次。所以运动员竞技前的状态实为运动训练的一大课题。有些专业运动员平素练习能体现扎实的基本功和较好地发挥拳技水平，可是到大赛场上就会有怯场的现象，心慌、腿打哆嗦，正常水平不能得到发挥，这类人我们称为练习型。而有的运动员平时练习不仅基本功好，技术水平能正常发挥，而且一到大赛感受到竞技的氛围，运动神经就兴奋，见到地毯就跃跃欲试，轮到上场就能超水平发挥，这类人属竞赛型。由此可知，每一位拳学者要解决的一个实质性问题是拳法练习的状态问题，因为它对拳法水平的发挥和成功起决定作用。

由于拳法练习的状态决定拳法练习的质量，所以，与其说求拳法质量，不如说先求拳法练习状态好，只有练习状态好，拳法质量才有保证。然而，拳法练习的状态好与否如何掌握调节呢？怎样保持经常性的最佳的拳法练习状态呢？

练拳者的基本心态，决定拳法练习状态的好与不好。练习的状态根源来自练拳者的基本心态。只有将练拳的基本心态修养调节得很好，符合练出好拳法的心态要求，如陈照奎宗师所说："一定要在心情愉快，情趣横生的心情下打拳才能打好。"拳法练习质量才能得到一贯有力的保证。不然，基本心态的好与不好轮流出现，想练拳时不来好心情，不练拳时心情又好了，一点驾驭能力都没有，尽误练拳者奋斗拳学的目标。

怎样才能有一个好的基本心态呢？多接触大自然，感受大好河山宽广无垠的胸怀，陶冶自己高尚的情操，培养一个能容天下难容之事的心胸；多看书，尤其是名人传记，借鉴历史上的伟人在事业上成功与失败的事例，从中吸取有益于拳法练习的经验，培养自己胜不骄、败不馁，百折不挠的进取精神和提得起放得下的魄力。具体在每一次的拳法练习中，要想到自己是推广古老但确有时代价值的太极拳文化使者，是为帮助更多的人增强身心素质而练，必须以崭新的精神面貌和精湛的技艺来体现对太极拳文化的深刻理解，面对师长、同门和观者，练拳就有责任感，就会认真细致地对待每一个奥妙的动作，就会认真听取前辈和同行的教诲，就会虚心接受观者的评价，总之，只有把自己放在一个学习、学习、再学习，练习、练习、再练习的谦虚好学的学生位置上，练拳者应有的好的基本心态是肯定能具备的。

练拳者心态的好，与拳法练习状态的好，应该说是互相一致的。平时练拳是如此，正式参赛亦是如此，参加国家级或世界级比赛亦应是如此，不像没有经历过赛事的人，到了临赛时还需运动心理医生花不少时间作赛前心理诱导来调整状态。

古今拳学大家无论是白热化的技击对抗或拳架比赛都能顺利获胜和夺冠，原因是他们有一个共同的心态，即轻松自然的竞技状态，这是动与静高度统一、赢得起也输得起的状态，是能屈能伸、能收能放的自在状态。各位可称之为天人合一状态。若能将天地间所有物象寓于所练拳法之中，能借拳法练习抒发练拳者喜怒哀乐，就是达到天人合一的最佳程度。练拳只有顺乎拳理之自然，方能平心静气，呼吸自然，练出自然之拳法，如故意做作，以显不同，则不能自然。如佛门所曰："平常心是道。"佛门又曰："无心是道。"辩证的含义就是：无就是有，大无方能大有。无又曰空之意。大空方能大实。拳法练习只有做到上体松空方能有下肢之坚实。松空就能化解吞进对手来劲，坚实则是将吞进之劲吐放出来的基础。而今太极拳派系层出不穷，各师各教，各派各法有异，然而都离不开一个中心之说，即公认的"气功态"——松静自然。松静自然为所有太极拳法共同的基本功态，亦是所有练拳者应努力做到的。惟松静自然方能得太极气功之效，方能入拳法之大门。生活中有些人没有学过太极拳，其言行处处却能符合太极气功状态，他们或许从其它艺术门类感悟到松即虚之意，即老子所曰："致虚极、

太极法理的奥妙

守静笃。"知道"清静为本"。懂得有意做作不是自然，不是道门所曰"大道自然"。他们虽不入太极拳之道，实则已通太极之理，属不修自然者。不练拳者在生活中尚能做到清静自然之最佳状态，凡事能收能放，能屈能伸，提得起放得下，练拳者则应做得更好，不然这是对自己莫大的讽刺。

陈发科作为武术家，自然是以武功显名，陈通枪棍、善刀剑、精拳术，备精诸拳械之法，与人交手千变万化，其神妙之技若非造化灵发，岂能登"太极一人"之巅。陈成名后从学者难以计数，人人都想尽得陈式绝技，然而都因素质不全面无一人达到陈的武学境界。早年弟子杨小楼，悟性较高，拳理一听就懂，形象思维较好，拳技一学就会，但因以演戏为职业，对陈式太极拳仅可谓精通。而许禹生、李剑华虽是武术专业人士，因涉猎拳派较多，对陈式太极拳不能专一持衡，故，掌握陈式太极拳充其量仅达中品。从上述三位名噪京城武坛的风云人物身上可证，如果有陈发科这样一位拳圣做老师，还要有悟性，还要认准拳种一专到底，不能凭一时的兴趣办事，否则，性格决定拳运，我辈当可明鉴。20世纪70年代期间，有人问陈照奎宗师与其父陈发科当年的功夫水平差距有多大？照奎宗师谦虚说："我的拳技不如我父亲。"陈发科的拳法能臻"太极一人"的地位，是因为陈发科先生那种至空至灵神而圣之的功夫境地乃是天资、时遇、家学、修养、兴趣、偶合于一人，才可达至。决非仅个人意志之使然。其实，陈发科能有"太极一人"之称，除了平素各方面修养已臻化境外，与友较技时的"造化灵发"亦是一大重要因素。陈发科练拳的状态，已进入到天人合一的状态，如孙禄堂所说："武功之事说到底就是一气而已。以体言之，则为善养浩然之气，以用言之，不过是一气之伸缩往来。"真可谓"无意于佳乃佳"，有意于佳而不佳。

马虹老师有感于天人合一的练习状态，说："太极拳，是一种顺其人体的自然状态，顺其自然规律，而引发其自然之力的一项体育运动，它是通过一种特殊的整体修炼过程，去调整和强化人体本能，开拓人体潜能，而使人的身心两个方面，都达到高层次的平衡和自由，因此，太极拳的整个运动过程，必然是大脑（司令部）的统一指挥下，使全身肌肉、韧带、骨骼以及各个脏器，都能顺从意念的需要，达到既协调又有序，既迅速又灵活，既松柔，又有弹力的'屈伸开合任自由'的理想境界……"实际来说，拳法练习的天人合一状态，就是人的意念力精神境界，是一种充满智慧、力量的拳技意识境界，有了这种境界，练习中能体现出不假思索的拳技连贯条件反射，实现自我意念训练、思想与动作、动作与肌体、肌体与环境、形成一个高度协调、自我调节的统一体。中国武坛现今有一批年轻的专业太极拳运动员，为夺取桂冠，他们在练习中有时能表现出一种超常的良好拳技意识状态，他们的拳法，不愧是特定规则范围内的国家级选手的拳法，但还不是拳圣水平的拳法，因为拳架内涵的限制，使得他们的意念力精神境界与上品拳学大家相比还有一段距离。上品拳学大家总是将练拳作平常事，将神圣的拳法作平常事，若是刻意于不朽事为之，那是断定不会有天人合一的练习状态的。

20世纪50年代中期陈发科先生谢世后，除陈照奎宗师继承父风外，多数人望尘莫及。然而并非后学者不勤奋探索，实在是勤于实践者拳理不足，精通拳理者实践不够。与陈发科同时代的许禹生、李剑华、杨小楼等人的练习状态，应该说在当时是难得的有数楷模，不过都因天资、学识稍逊，做不到"宏约深美"。故有满足于已取得的成绩现状之同病。历代拳学者有不少人穷毕生精力将拳法作神圣事业终身追求，可是一代又一代，一茬又一茬，皆因患于"拳理不足"或"实践不够"。拳理不足者，不知拳法功夫在拳道合一之间，实践不够者，虽知拳理而功夫不足以辅之，颇有理论上的巨人，实践中的矮子之谓。

拳理贵在真知，知拳法练习的最佳状态是天人合一的状态，是动静高度统一、能紧凑能舒展的状态，又是全面开放打通的状态。从历史的角度来说，要通古今武学，运动生理、解剖、力学等，从人的角度来说，要通不同人之性情，从天人合一的角度来说，要通天地万物之理，玩不得小心眼、小机灵，容不得只为自己的私心。能如此，必至拳法练习之自然正气。

实践贵在真知，下品拳法、中品拳法、上品拳法，先着熟、后懂劲、再阶级神明，脚踏实地的真实做到。前进一步、实践一步、实践一步、总结提高一步，不同阶段的拳法与练习状态相应，层层境界与练习心态相通。将练习心态与拳法之实紧密联系起来，拳法的练习状态才能达到天人合一，而天人合一的练习状态才能得到更有力的巩固。

天人合一的练习状态来自平时风雨无阻、持之以恒的拳法练习习惯，来自平时拳法生活化的状态，平时拳法练习习惯与拳法生活化状态相融才能大用，若是各具品性，难以结合大用。

拳法练习的天人合一状态要在平时拳法练习中锻炼培养，天人合一的拳法练习状态是以平平常常的心态为根本的，我们可以把拳法的创新和练习同等相看，练习犹如创新、创新亦犹如练习，平常练习、平常创新、自然地练习、自然地创新，天长地久、惟此平常心，惟有一个天人合一的练习常态。

拳法练习的天人合一状态尤须在点点滴滴的生活小事中习惯涵养。就像常人每天必须经历的吃、喝、拉、撒、睡一样，能这样，就是真平常心。每天拳法练习如是，那么，就会因此平常自然而成为真正行拳道的人，拳学事业做到极处的人。

所以，上品拳学的天人合一练习状态，必须从初学拳时做起，在练习中锻炼，于生活中培养，与拳学上乘境界接通，而练拳时努力一步到位。

二十、教师和学生的责任

传说清初思想家、教育家颜元文武双全，一生从事教育事业，在教育工作中，尤其注重倡导研究实际问题，强调亲身"习行"，不赞成理学家空谈义理和"静坐读书"的修养方法。

有一次，颜元带领学生到野外举行射箭比赛。他连发六箭，箭箭射中靶心。赢得学生一片喝彩声。参加比赛的学生一一射完后，学生中成绩最好的也只才射中两箭。众学生都称赞颜老师是"神箭手"。可是颜元却闷闷不乐。他感慨地对学生们说："今天射箭比赛，你们射得都不如我，我深感内疚啊！"有个学生说："老师的箭法当学生的怎能比得过呢？"颜元心情沉重地说："青出于蓝而更胜于蓝。我教你们射箭的时间已不短了，可是你们仍没有我射得好，这是我教育的失败啊！"学生们听到老师如此自责，心中很是不安，决心刻苦学习，不辜负老师的期望。

从上述故事可知，颜元这位教育家的思想素质是很高的。他谦虚，不因为自己是老师就应该永远比学生强，深知教师的责任就是教育学生成为国家的栋梁之才。只有学生超过老师，才符合事物发展的客观规律。所以，颜元深为自己的学生箭技不如自己而自责。颜元的自责为我们当今的拳师启迪了一个道理。拳师在传拳的过程中,不仅要给学生解决拳理上的疑难,而且要亲自和学生一道参与拳法实践,做到理论联系实际。同时要不断地发现授拳过程中的教育和教学方法的不足与失误,总结经验,提高和深化自己的教育、教学方法,在以后的教学过程中,使学生受到更好的教育,更好、更快地学到拳理拳技。而且更重要的是,教师要以健康的心理、健全的人格影响学生,为学生创造一个朝气蓬勃、奋发向上的学习氛围。因为教师是学生认可的教育施行者,学生对教师的信任常常超过一般人。一个高水平的拳师的一言一行比一般拳师有更为深刻的影响。

当代太极明师马虹,就是一位与学生共同实践,拳理拳法联系拳势,不断发现教拳过程中的教育和教学方法的不足与失误,总结经验,提高和深化自己的教育、教学方法的好老师。笔者在随老师学习的日子里,每次晨练马老都与学生打三遍拳,练毕,接着辅导来自国内外的学生,以循循善诱、诲人不倦的精神,将拳理拳法与拳势结合讲解,他认为练拳不明理法,就会使人打糊涂拳,不仅学无所成,反而易走弯路,误入歧途。在分析拳势技击时,总是将每一分解动作的技击含义、发力点、着力点等方法部位讲解得清清楚楚,并与学生共同对练,加深学生对拳势技击的理解。并从学生的不同接受能力中,积极发现教学方法的不足或失误,不断改进教学方法,所以,马老的教学方法赢得了国内外学生的赞誉。课间休息时,马老对学生常说:"教拳、交心、交朋友;练拳、练体、练人格。"以一位长者的慈爱关心学生的生活、工作,以师者应具有的优秀人格魅力影响学生,所以学生们都极愿同马老进行思想交流,并从中受到许多启迪。马老同时也是严师,对学生的拳技要求极严,对拳学上很有希望的学生更是严格,笔者2007年8月到马老处再学习,原以为去年得老师的点拨,加上一年的苦练,自我感觉拳技是有进步的,练拳给老师看后,马老严肃地说:"觉民,不要聪明反被聪明误,去年你来,我很满意你的拳架,今天看你练拳,质量反而不如去年,你应该对拳理拳法作进一步的全面正确理解,否则你白费劲,我也白费劲。"见老师用这样爱之深、怨之切的语气说话,笔者内疚顿生,赶快安慰老师说:"别生气,我一定努力提高动作质量。"对马老慈父严师的人格,笔者感触颇深,受益匪浅。

笔者记得刚参加工作时,正好二十岁,除了有点粗浅的武术常识和长拳技能外，其它知识是一无所知，性格暴躁，个人修养差。训练武术队员时，见队员怕吃苦不肯练，不动脑思考如何掌握动作、提高动作质量，或未完成规定的运动量，就出手打队员，甚而用器械打队员，还用"棍棒之下出高手"的谬论为自己的错误行为辩护。虽然要求队员要苦练加巧练，保质保量完成规定运动量的出发点是好的，但由于缺少耐性和自制力，教育方法简单粗暴，结果适得其反，常发生师生不欢而散的场面。于师而言，这是失职。于学生而言，则是失去一次学习锻炼的机会。更令人痛心的是，个别学生因受笔者粗暴行为的影响，常在校内外打架，增加了学校和家庭对学生教育的难度。至今忆起，常为自己当年的无知、涵养差、教育方法错误而感到羞愧，且一直引以为戒。

因此，教师在教学中无论处于何种教学状态，都要表现心理状态的稳定，特别是学生练习状态不佳，教师心境亦不佳的状态下，更要注意调节自己不协调的情绪，切不可借题发挥，把学生当成发泄个人不良情绪的"出气筒"，否则，容易对学生造成心理的抵触。对学生的学习及个性心理品质的提高和塑造都极为不利。

在长期的太极拳教育中，笔者认为当教师必不可少、甚而几乎是最重要的品质，就是要热爱学生。心理学研究证明，爱是人的基本心理要求，当这种要求得不到满足时，人就可能形成悲观，失望、沮丧、抑郁等不良情绪体验。如果教学对象是青少年，更要特别注意他们的年龄、生理特征。青少年处于长身体、长知识、世界观形成时期，对掌握运动技能知识慢的学生要有一种发自内心的爱。爱，造就责任心，责任心则是激发不断改进教学方法的动力，又使教师与学生之间有更多的共同语言，有更多的理解，从而产生奇异的教学效果。

教好学生是每一位教师的愿望，但是在具体的教学过程中随时会发生新的、意想不到的情况。例如青少年学生处于好动时期，而练习太极拳又要求静，学生暂时达不到这一静的要求，会发出不协调的声音，或乘教师不注意时，用学到的动作相互在对方身上做试验；而成年人因年龄偏大、身体条件不占优势，对有些难度动作一时掌握不了，便停下来休息等等。因此，教师必须具备的又一优秀品行，就是要有足够的耐性和自制力及朝气蓬勃、积极向上的精神风貌。面对上述情况，教师应真诚关心学生，对顽皮的青少年学生要讲清楚只有在静的状态下才能专心致志练拳。对一时掌握不了难度动作的成年学生，要诲人不倦地教他们先分解后组合直到掌握动作为止。不说损伤学生自尊的话,处处维护学生的自尊,这样,学生会以更积极的学习态度来回报教师。相反,如果教师带着愁眉苦脸的神态,粗暴对待学生一时的顽皮,或对学生的动作有挑剔不满的语气,会使学生产生逆反心理,甚至会离教师而去。如此一来,谈何教学相长,师生情谊。教育专家们曾做过一个试验,在一个教学点中,教师性格温和,懂得寓教于乐,对学生是采取真诚平等友好的态度;而另一个教学点,教师沉默寡言、性格急躁,教学方法干巴巴的。有试验将两个教学点的教师都担任事先设计好的教育学生同情和互助的课程。教学结束后,观察在自然环境下学生的助人行为,那些由真诚热情的教师教过的学生,比那些由急躁冷漠的教师教过的学生更懂得乐于助人。

  教学实验的例子,告诉每一位以传拳造福于人民为神圣职责的教师。拥有健康的心理和健全的人格素质,从教育人的思想这一意义来说,比具备广博的知识、高深的专业知识技能、科学的训练方法、出众的语言表达能力更为重要。因为在具有健康的心理和人格素质的基础上,教师可以通过努力学习来弥补上述知识能力和技能方法的不足,并在教学中使学生既学到知识技能又能接受自己的优秀品行的影响,造就健康的心态和健全的人格;而教师如果只具备以上知识能力和技能方法,但是心理不健康、人格不健全,就会在教学中出现两种情况:一是不能很好地将知识技能传给学生,二是会以不良人格影响学生。一名优秀的教师应该既能运用科学训练方法将合理合法的标准拳架、推手、散打技能教给学生,又能以出众的语言表达能力给学生讲解拳学理论,还能以爱心和朝气蓬勃的精神状态融于教学中,这样才能更好地完成教学任务,才能教出超过自己的学生。而学生只有在教师的良好情绪感染和科学严格的教学方法下,才能以积极自觉的学习态度来完成学习任务,同时接受教师的优秀人格品质的影响,才能使自己成为一个品德高尚、拳学杰出的传人。

  在教学过程中,学生的良好心理状态对学习效果具有良性的调节和支配作用,关系到拳技质量。如何保持学生学拳的最佳心理状态,是教师的又一责任。怎样保持学生学拳的最佳心理状态呢?

（一）动机——学习的动力

太极拳是集健身、养性、防身自卫和竞技于一体的优秀武术项目，强烈地吸引着中外爱好者，他们渴望通过学习，掌握这一充满哲理的特殊本领，因此，教师在教学中要了解学生的学习动机，积极诱导和调节其动机，使其有正确的学习动机且强度适中，形成最佳状态，从而取得最好的学习效果。

（二）自信——成功的开始

在太极拳教学中，经常发现：悟性很好的学生，由于学拳较晚，担心学习进度赶不上其他拳友，自我感觉差而打退堂鼓。究其原因，在于没有自信。解决这个问题，首先帮助学生树立坚定不移的信念，告诉他（她）："你会拥有高水平的拳技。"同时多给予鼓励，培养其上进心和自信心，从而调动其积极性，养成认真自觉学习刻苦练拳的习惯，用事实来证明，他不仅能很好地学会掌握拳技，而且能在进度上可与拳友并驾齐驱。教学中，学习内容单调乏味，是学生丧失学习信心的原因之一。所以教师应把教学内容合理安排、教学手段要丰富多彩，使学生充满信心，同时要善于了解和区别对待不同水平的学生，因材施教，确定其相应的学习目标，使学生能在学习过程中，不断进步，不断有成就感，在成就感的推动下，树立起自信。

（三）兴趣——最好的老师

当学生对拳技体系中某一项目产生兴趣，例如富有趣味的推手。那么，学生就有可能从基本功法、技法开始稳定、持久地学习。因此，培养、发展学生学习的兴趣，是很重要的。学习兴趣的培养，可采用以下方式：

（1）培养学生旺盛的求知欲。教学中，不断地结合技击实践讲解、示范，激发其兴趣，提高学生的求知欲。

（2）把发现问题，解决问题的权力交给学生，让学生多动脑，学会探索拳法的奥秘，逐步培养正确领会拳理拳法的能力，找出有规律的东西，寓兴趣于知识技能之中。

（3）既要培养学生广泛的兴趣，如各种基本功法、技法。亦要培养其中的兴趣（拳架、推手技能），使学生既学到一定的专项知识技能，又扩大了项目与项目之间的技能转移。例如拳架与推手技能的转移。

（四）好奇——人类的美德

好奇是兴趣产生的源泉。不少学拳者就是因为太极拳独特的养身功效和神奇的技击所吸引，感到好奇而参加学习的。太极拳系中所特有的内容，如推手、粘大杆（大枪），尤其是太极特色的散打，使学拳者甚为好奇，而促使他们非学不可。在教学中，教师们应很好利用太极拳的魅力，正确引导，使学拳者的好奇发展成求知欲，变成学拳永不枯竭的源泉。

（五）注意——心灵的窗户

常言道"眼睛是心灵的窗户"。学习过程中，学生的注意力是通过眼睛表达出来的。注意力的高度集中，会使学生的学习出现最佳效果。教学中，教师要设法调动起学生的注意力，克服外来干扰，以保证教学质量的提高。当拳技内容符合学生的爱好；教师的讲解形象生动、示范正确，必然使学生注意力集中，学习效果自然就好。通常，人在集中注意时，常伴有特殊的表情和动作，如侧听、凝视、多余动作和语言消失等。教师要善于掌握学生的这些外部特征，及时做出正确的判断，并加以调节，这对拳技教学有着重要的意义。

（六）毅力——坚持的保证

良好的意志品质，是坚持学习的保证。没有毅力将一事无成。拳谚说："一日练，一日功；一日不练，十日空。"因此，教师要注意在教学中对学生学拳意志品质的培养。

以上有关教师应该具有的教育教学法，并非一成不变，教师要拥有更科学的教育教学技巧，就必须不断学习、更新知识，不断进取。太极拳教育形势的发展，无论是国内或国外，已是一日千里，迫使每一位传拳的教师活到老、学到老，身体力行。马卡连柯说："任何教育方法，甚至像暗示、解释、谈话和大众影响等我们认为最通行的方法还不能够说是永远绝对有益的。最好的方法，在若干情况下，必然会成为最坏的方法。"如果教师没有爱学生之心，没有对太极拳教育事业的崇高认识，就不可能全身心投入到太极拳教育事业中，就不可能潜心研究出新的更为有效的教育教学方法，即便是传统的某些行之有益的教育教学方法，也可能会失去生命力，更谈不上更科学有益的教育教学技巧了。只有充分认识到太极拳教育事业的神圣和伟大，倡导敬业精神、奉献精神和开拓精神，全心全意为学生服务，才能在教育教学中达到新的境界。从学生获得优秀的心理素质、健全的人格和丰富的知识技能的快乐中去证明教师的教育教学方法有效，无疑是一件快乐的事情。而师者的责任不也就在其中了吗？

学生的责任又是什么呢？也许很多人会说，学生的责任就是学习、掌握运用知识技能。这句话没有错，可是怎样才能学得好、掌握运用得好，这里面确实有值得探讨的地方。

陈鑫说得好："学太极拳，以敬为主，不敬则外慢师友，内慢身体，心不敛束，何能学艺。"一个"敬"字，道出了学生应具备的礼仪素质。只有懂得尊重教师和学友，教师才会以加倍的爱心呵护学生，才会将自己的所知倾囊而授，同门学友才会将自己的心得体会与你交流，须知"三人行，必有我师焉"。如果不懂得尊重教师和学友，教师不可能爱护你，亦不可能将拳技无保留地传授，学友亦不会将悟到的妙着与你交流。这样，你就会孤陋寡闻，难以出道，甚而被逐出师门，如此一来，学习的资格都没有，又谈何学习的责任呢？学习的责任不具备，焉能学艺。所以，学生只有具备"敬"的素质，才能谈得上学习的责任，并在责任的鞭策下去踏实地学习、掌握运用知识技能。

学生上课前，都要向教师道一声"老师好"。教师要回报"同学们好"，才开始上课。师生之间一声问好，既体现了学生对教师的尊重，也表达了教师对学生的爱心。如此的亲和力，创造出自然和谐的气氛，在这种最佳状态下，师生相互进入教与学的佳境，尽到各自的责任。

学生能做到的礼仪，现实中学拳的成年人能否做到呢？"能"是肯定的，"不能"也是存在的。笔者的家兄随笔者学拳有不短的岁月，虽然是兄长，且在工作中重任在肩，可谓是有品级的"官"，但是对笔者一直以师礼待之，这在拳场上无疑对其他拳友起到良好的潜移默化作用，是礼仪的楷模。可是也有个别人没有摆正位置，认为自己在仕途上也升了品级，随笔者学拳是给笔者的面子，大有非教他不可，不教就不行的味道。其实笔者的态度是来者不拒，与人为善，年长者为兄，年小者称弟，朋友相处，不摆教师架子。但是有谁认为自己有级别，要高人一等，笔者就只好"冷处理"了。"你做你的官，我练我的拳。"笔者认为，在知识面前，先知者为师，师者以朋友身份与学生相处，是为师者的境界；而学生切不可以为师者随和，就可以失去学生应有的礼节，甚而用"话不投机、半句多"，为自己的无礼言行辩护。"话不投机、半句多"，这句话用于其他人可以，用在传授知识技能给自己的教师身上是错误的。毛泽东曾经对徐特立老人说过："你过去是我的老师，现在也是我的老师，将来还是我的老师。"一代伟人尚且如此谦虚，仅有七品小衔的人，又何以为了不起？对这类既想学拳，又觉得自己高贵的人，怎么办？笔者认为"冷处理"的办法较好，即暂时停止拳技的传授，当其感到教师已不再教自己时，会自我审查是否有做得不够好的地方，一旦发现是因为"敬"的素质修养不够而带来拳技进度的落后时，就会从内心检查自己的失误，重新摆正自己的位置，因为这类人思想成熟是主流。如果为师者看到学生在礼仪修养上已有很大进步，应及时为其补课，让其拳技进度赶上其他学生。古人曰："能改吾过者，益友也。"所以，学生若要对自己的学业尽到责任，修养具备"敬"的素质是关键。

第三章　养德第三

常言道："文以评心，武以观德。"其意指行文是作者内心世界的表述。用武是施技者道德精神的展示。所以，通过文章内容的善恶，可以评判作者用心的良莠；通过用武目的和效果，可以看出施技者道德的尊卑。我们在这里讨论养德，就是探索学拳者应具备一个什么样的武德。所谓武德，是指拳道之德与拳品之德。具体来说，拳道之德，即学拳者技艺所得来之于拳道，拳道之为学拳者所用。凡臻拳圣境界者必以大德立于天地之间，以大德大道相合相佐。所谓拳品之德，是指上品拳学之德。上品拳学得于拳道之德，上品拳学之德与拳家之德相合相佐。

武德充实于内，就是拳道之心；拳道应之于外，就是武德之行。故拳道为武德之本，武德为拳道之用。得拳道者，行必有武德；有德之拳学者，心静神明，拳理拳法运用阴阳平衡，顺乎自然，无为而为，齐物我而运得失，合天道以运拳道，而成上品之拳德。老子曰："上德不德，是以有德；下德不失德，是以无德。上德，无为而无不为，下德为之而有以为。"魏源《老子本义》解释说："吾儒以道德为统名，分言之，则为仁、义、礼、智，皆得于天，为性之固有，初无精粗之别也。老子则以道为无名，德为有名，自德而为仁、义、礼、智，每降愈下，故此章以德之近道者为上德……王式弼说：'上德之人，惟道是用，不德其德，无执无用，故虽德而德无名也。下德主善名以治物，故德名有焉。'"拳道本是天地间自然大道，并非从人的修养来论；武德则是从人的修养上说，所以武德是行，是拳道而实有心得者。《管子》曰："德者，道之舍……德者得也，得也者，谓其所得以然也。"《韩非子》亦说："道有积而德有功，德者道之功。"老子在德的问题上有上德下德之分，上德，德之近道者，惟道是用。他解释上德不德，是指上德不以德为满足，亦不执着于德，故近乎道，同于道。因为德近于道，所以无偏无执，乃至无为无用，无为无用而无不为无不用。而不

第三章 养德第三

德，则以德为得，故不知实得于道；因为离道求德，所以德不成德，故无德。可见下德虽有德之名分，但无全德之实用。

武德既为有得于拳道者，为拳道之所用者，所以修养武德便是得拳道，得拳道便是蓄武德，武德与拳道不可须臾分离。《老子》说："道之生，德蓄之……是以万物莫不尊道而贵德。"《庄子》亦说："以天地为宗，以道德为主，以无为为常。"武德的尊贵，在拳法大道与上德，所以，修养武德就是齐拳法大道而成大德。魏源说："道者，物之所由也。德者，物之所得也。"人天生于道中，无为自有德，所以德为人天生固有，性之固有。就学拳而言，学拳者得拳道则有大小，其武德有精粗。欲去其粗而取精、取精而用宏，由下德臻于上德，此节工夫即为修养武德之事。何谓修养？存、修、广、便是修养。便是使武德进入拳道。

老子说："上仁为之而无以为，上义为之而有以为，上礼为之而莫之应。"这就是说，仁、义、礼、智皆为下德，之所以为下，是由于远离道。老子又说："失道而后德，失德而后仁，失仁而后义，失义而后礼。"据此推理，失必欲其得，小必欲其大，下必欲其上。礼近于道而得义，义近于道而得仁，仁近于道而复德，德近于道而成上德。这便是去粗取精，取精用宏的修养武德途径。马虹老师也说："做人要有德，做人要顶天立地，道德标准要高，在金钱时刻冲击着人们灵魂的今天，这一点显得尤其重要，我们必须坚持以德为先、以义为重。'德成艺乃立'。不论我拳打得好坏，我们首先强调这一条：有德，有一个中国人应有的人格。"历代因德近于道而成上德者不少，例如，"太极一人"陈发科1928年应邀到北京教拳，民国大学（私立学校）慕其德艺皆俱上品，特派人请陈任该校武术教授，当陈获悉该校已聘有一位擅长多种拳械的教师时，为了不影响此人的生计，维护武术界的团结，特意对来人说，"不能因请我而辞掉原来的武术教师"。来人即刻答应"可以考虑"。后来该校借口经济有限只能聘陈一人，陈以不善教集体学生为由，辞而未就。此事可证，陈发科宗师忠厚诚实，与人为善，在自己的利益与他人的利益相撞时，牺牲自己的利益，维护同行的利益。俗话说"同行是冤家"。陈发科宗师却以宽以待人的高尚品格赢得武林界的尊重。再有现实中的马虹老师，有一年到成都传拳，马老带领学生先就在一块地方练拳，后来一位本地同行要强占马老们练拳的场地，马老与其讲理，此人非但不讲理，且出言不逊，见其固执刁蛮，马老不与之计较，甚而主动让位于其人。事后很多学员指责其人，欲向其讨说法。马老却对学生说："我来成都传拳，是为了使更多的人掌握这套太极拳珍品，让太极拳造福于成都人民，岂可因一练习场地而与之争吵。做人立身涉世要诚于中而形于外，久之彼等自知其愧矣。"不同时代的两位明师经历的事情虽不一样，但是，顾全大局、不自私、善待他人却是共同的，真乃拳圣之大德矣!是我后学者永世的楷模。拳法之学，下品修于道而成中品，中品修于道而成上品，上品合于道而成无上神品，这就是拳法修养武德的至要。

修养武德即是存精，人性固有德而存之，故而说存；修养武德即是修缮，欲存精去精而修之，故而说修；修养武德即是广大，欲由下及上，由小及大而广之，故而说广。总而言之，所谓修养武德，便是存养而据性以执本，修养存精而用宏，广大而拳道武德相齐成其大。

拳法的中品与下品，就是拳品的中德与下德；拳法的上品，就是拳品的上德大德。欲成上德之拳品，必成上德之拳家。故拳学者欲造拳法的更高境界，以修养武德为要。

中品、下品之拳学，皆依理依法而成拳，有执就有失，有据就有限；有失而有限，自然成中品与下品拳学。而上品拳学近于道，惟大德是用，无执无用，无为无不为，必然成就上品拳学。拳法即是心法，拳品关乎人品；有诸内必形诸外，有拳道之心方成武德之行。所以，非上德之拳学者不能成上德之拳品；而作上德之拳品，必由修养拳道武德而成上德之拳学家。

德为人类本性所固有，而学拳之初，忘其德性而专求于技术之精能，所以得下品拳技之时正好失于武德。这就需要据性存养来破除法障；拳道本不离人，攻拳之际，忽略于拳道武德而钻研于拳法气质之玄妙，所以得中品拳技之时正好有违于拳道。这就需要依拳道养武德来破除理障。由此推断，拳学的过程，即是养武德合拳道的过程；拳法之成，亦类于修养武德之成。古人曰："道、技两进"，以拳道武德技法相养为是。

拳家之修养武德，拳品之修养武德，不仅有赖于有拳道有武德的老师，而且也需要知心同道的师兄弟的帮助；又须在各派拳论与不同领域的万卷书中涵养此理此义，于万里征途体悟此道此境；更须修无上拳道而实证实到上德，上品。

拳道之成，武德之修，皆须由有拳道有武德的正确之道法，"师傅引进门，修学在个人。"修学养德，非一朝一夕可成，所以学生不能天天依偎在师傅身旁，而要知其关节大节，自己多多自学自养，加上同门师友相互析疑启发，则武德进步自然快捷；独自修学无助则易被真实拳学遗忘在死角旁门。这正是历代有成就的拳法家，深知交益友相互激励的道理。

拳道武德之养离不开读书，离不开行游，善读书者，知道悟道最快；善行游者，得趣体悟最多。故古人说："读万卷书，行万里路。"读书不仅明理，且可养性。历代有造诣的拳家修拳道养武德，最重"单日读书，双日练武"。行万里路，饱游识遍自然造化之奇，最可启发拳理的理解和实际功夫的操作，这就是历代拳家"得万里江山之助"，"见自然万类悉拳象之"的大功用。

拳学者欲成上德大德，必修无上道。儒、道、释历来为三大修养之道，有出世、入世、有世出世入，非世俗之见地所何想像的高尚玄妙。历史上有成就的拳家，皆能从儒、道、释三家提炼其修上德大德之精髓，故拳法有依托而成大象，实参实修，定有真悟、能得正果。其于拳道之补益难道不大？

修养武德要始终贯穿学拳成品，修养武德就是学拳，学拳便是全德，拳家以修养武德为大要，为根本。

一、从师遵道

武德以拳道为本，所以修养武德尤须遵循拳道，修养拳道；修养拳道的理数、法度由师传授，故修养武德必须从师。从师遵道，师道尊严，学拳者才能成才，方能修养武德，方能造就拳道。

所谓师，即是武德拳道修养有成的人。对学生而言，即是先学生而从师遵道而有成就者。因拳道有成，故有作师之资格、亦有尽师之义务，文化教育的规律之一，就是老师教学生，学生成师，又再教学生，如此无限延伸，以尽天理人道之义务。孟子说："天之生民也，使先知觉后知、先觉觉后觉也。"如佛家之"传灯"，灯灯相续，皆得光明，无使间断。

中论有言："天地生我而不能鞠我；父母鞠我而不能成我；成我者，夫子也。"所谓夫子，即师者也。天地生我以灵知其神，父母养我以血肉之形。而使神形兼具之人学拳有成者，则为夫子明师。

《中庸》说："天命之谓性、率性之谓道，修道之谓教。"上品拳学，自有上品拳学的天命和性；完善此命和性，方能成就拳法的上乘境界。

明师是传授正确拳道的人，是先知先觉的人。先知先觉而觉后知后觉，使后学者知正确拳道而不惑于非拳道，修拳道而有所实得，终于率性而知天命。韩愈在《师说》中曰："道之所存，师之所存也。"又说："师者，所以传道、授业、解惑也。"马虹老师说："所谓太极拳明师，主要是能以明确的理论分解一套标准的拳架，并给学生指出深造的道路，把学生引上正路。"所以师之尊贵，全在于能存拳道、宏拳道，教学生以修养武德的门径，能传科学的拳学知识、技艺本领，于所学拳学卓然有成，能够为学生解惑排难除疑，使学生不惑于拳道而守正确之拳道。

学生与师相对来说，是后知后觉之人。生于天，受养于父母而有神形，故有灵知能择优劣、明是非，所以能从师遵道、择师选学。同样是学，要学上品拳学大家；同样是修养武德，要修养大武德；同样是从师，要从上师、明师。

师有两种，一为庸师、一为明师。庸师不知拳道，只知拳术，所以不能引学生入拳道；明师不仅道术两知、亦知修养武德之途径，所以能引学生入拳道。明师亦分两类，一类是中下之师、一类为上师。中下之师惟知中下拳品、于拳道武德修养仅至贤人能人之品位，故称中下之师；上师则知上品拳学和拳圣之道的修养，所以称为上师。欲得真实正确拳道，便要从明师，欲齐上品拳学，必从上师；上师明师，才是拳学大道大德之所存。

古人曰："古今学有大小，未有无师而成者也。"拳学有成，全靠师教，故师道尊严。又曰："师者，所以传道、授业、解惑也，道之未闻，业之未精，有惑而不能解，则非师矣。"庸师不仅误己，同时误人；"误人子弟"之说，常为明智者为耻，所以不敢轻言为人师。然而每个人都要吃饭，为了生活，庸师以传人为职业，以授徒为生计，其授业过程中，庸师未必自知是庸师。初学拳者亦未必能知何为明师、何为庸师，现实中亦因庸师易寻，明师难觅、故难免先入庸师之门。

有拳道有武德的明师，总是持"有教无类""诲人不倦"的志向与态度，推广拳法、来者不拒,全心全意为后学者服务。所以品性各异的学生,若能遇着明师,且能虚心诚恳就学,拳学必然有得。惟初学者初学,难辨明师庸师,故学拳之初便错投庸师之门,因"一日之师,终身为父""一入师门,不改门庭"的陋习礼法,致使拳学无成就之日,见拳道得拳道更是遥遥无期了。持此观点者,看似事师专一,实为愚笨之极;岂不知天地生我,父母养我,更则我之为我,都须发奋向上,成就拳学事业,既对得起天地,又对得起父母列宗,更对得起本我自性,且此生无愧于同时代人,岂能持一庸俗之见而断法身慧根,而成为拳学不成功之人。

　　选择明师,先看师之为人,师之人品。佛门观师有三个原则:一不贪、二不嗔、三不痴。何谓不贪?即不贪求名利,不计较得失,惟道是求,惟道是教;何谓不嗔?指修学有成。和善之气出自本心,其教人也孜孜不倦、循循善诱,待人接物,无嗔狠之心;何谓不痴?能科学通晓,教学有方,断绝世俗愚痴言行。此三个原则用于当今市场经济状况下,衡量拳师人品是最恰当不过。在太极拳风靡世界的今天,太极拳的含金量倍增,不少拳师把太极拳文化转化为商品经济,以等价交换的形式换取名和利,这反应出当今社会的需求现实,是在情理之中,亦是无可厚非。但是,一部分人对金钱的欲望太强,纯属拜金主义,可谓太贪;论其拳学充其量至中下乘,自以为有点本事,一副傲气十足的样子。教学生时,见学生一时理解不了拳理,掌握不了动作,不是诲人不倦、循循善诱,而是用"笨""木瓜脑壳"等语言讥讽打击学生的自尊心和学习积极性。毫无善待学生之爱心,可谓太嗔;论及其它科学文化知识,则是一窍不通,空白一块,因文化综合素养差,教学语言不能简明扼要,教学手段、方法无科学性,习惯庸俗简单粗暴的教学言行,可谓太痴。与这类庸师形成鲜明对照的则是明师马虹。笔者曾在马老处学习时,就听说洋同学德温南德·吉瑞从加拿大不远万里来中国辗转到石家庄来拜马老为师学拳,一见面就拿两千美元的礼金,马虹老师拒收礼金,并热情授拳于其人。后来亲见这位异域同门要将一个价值上万元的相机送马虹老师,马老师说:"谢谢你的好意,你只要把拳学好、练好就是对我最好的报答。"因马老不贪,故能保持淡泊清静传拳道;教学中,马老师从不摆名师架子,对国内外学生都是热情善待,学生有理解不了的拳理,掌握不了的动作,不是讽刺打击，而是循循善诱，以探讨的语气启发学生积极思索，直至理解正确，做对为止。因马老师不嗔，故能安详授拳学；教拳时，马老师总能以科学简明有效的语言、方法、手段，使学生很快理解和掌握拳理拳势，而且还运用其它文化领域的一些道理启发学生，加强对拳理拳势的理解，充分体现了大师的文化底蕴和科学教法。因马老师不痴，故而能明拳理拳法而解学拳者拳技之惑。

现实中某位学拳者入了庸师之门而又改换门庭更师学艺，可称善学者。韩愈说："圣人无常师，孔子师郯子、苌宏、师襄、老聃。"这就是智者常言的"转益多师"。拳学以修养武德入拳道为目标，师乃学拳者修养武德入拳道的辅助。如此师不足辅之，应及时易之，以免影响拳学进展，断然不可舍拳学大道之本而事庸师之末。历代有学问者，往往不畏艰难，踏遍千山万水寻觅明师，开拓知识视野，丰富知识。马虹、张志俊两位老师自学太极拳多年，或向友人请教，收获颇丰，获益匪浅，但与本人追求的拳学真谛差之甚远，于是萌发"既然练的是传统陈式太极拳，则必须投陈家宗师，方为"真传"的想法。故在十年动乱、祖国受难的特殊年代，冒着风险，付出很高的代价，终于在友人的帮助下于北京拜在陈照奎宗师的门下。由此可知转益多师以助拳学成功不仅可行，而且必须，善学者总得以闻道入道为准才是。孔子说："朝闻道、夕死可也。"为求拳道之真谛而不顾逆境中有可能招致生命危险而追随恩师陈照奎，足证两位老师追求拳道的真诚、迫切。

荀子说："人有师法而知，则速通。"明师上师之教必科学简易：科学则教学有方，简易则速通多功。明师教学有方能因人而异、因材施教。颜元说："人人质性各异，当就其质性之所近、心态之所愿、才力之所能以为学，则易成圣贤。"学拳者一般难知本人的品性根基，须有明理高师方能识之，不仅识之，而且能就其质性特点、心之愿望、才力之所能，给予恰当的教授，并继之以引导、推荐、至更高明之师，使其成为高手。帮助马虹老师的友人虽不是拳法高师，却是善识人之质性、愿望之高士。有很多学拳者不知自己的质性潜能，犹如深山稀有矿石之不自识，须由科学地质学者识别而作出科学鉴定。这就是"世有伯乐，后有千里马"。

明师上师能以科学简明之言教身教启发学拳者感悟速通，而速通的所在是使人明白所立志向、使人自悟是拳圣。古人言："正其志于道，则事理皆得，故教者尤以正志为本。"学拳者能得其本，则拳道自生。明师上师能因人而异、因材施教，复使学拳者明白心性，学拳能据自己之心性，便是学拳的根本，明师拳圣由此生、上品拳学大家由此成。王阳明曰："夫圣人之学，心学也，学以求尽其心而已。"何谓"尽其心而已"，就是科学简易学习之要旨。因其科学简易，所以多功。孔子说："人一能之，己百之；人十能之，己千之。果能此道，虽愚必明，虽柔必强。"这是孔式教育精辟所在。孟子说："君子深造以道，欲其自得之也。自得之，则居之安；居之安，则资之深；资之深，则取之左右逢其源。故君子欲其自得之。"由此可证，学拳者欲成明师拳圣，必尽己之性、尽己之能、方能守本，方能自得。如此尽性尽能、守本自得，成明师成拳圣乃为自家分内之事，上品拳学大家也是心中本能之事，这就是"本立道生"。

明师教人，既传之以道，使学拳者知觉"拳道合一"，又教以科学学拳方法、示以拳技规矩。所谓科学学拳方法与拳技规矩，就是拳的根本法则、共通的原理，在拳法即元素性的基本法，在拳道武德即为大道天理的基本原则，为放之四海而皆准的真理。孟子说："大匠诲人，必以规矩；学者亦必以规矩。"颜渊说："夫子循循然善诱人，博我以文、约我以礼，欲罢不能。"博文是拳道之虚，约礼为拳技规矩之实。明师传拳道授拳技，必叩其两端。

凡学拳者皆须有师。一部中国太极拳法史，即是一部拳道传授史。

历代拳学有成者得道授法，有的是得师心传口授，有的是得前人成就者之拳论口诀著述。得师心传口授而学拳道，为得有形之师；得前人成就者拳论口诀著述而学拳道，为得无形之师；心法比之拳法，除了真人明师实传外，还须借助拳论口诀著述可传；拳法比之心法，除了真人明师实传、拳论口诀之传外，随着科学时代的进步，高科技摄影器材的更新，尚有某些明师拳照图谱真迹可师。善学者既得前人拳论口诀著述参究，又得拳照图谱观摩，若坚持不懈地浸沉其中，即能于拳道有所悟有所进。

修拳道作为养武德，必经"人法地，地法天，天法道，道法自然"的过程。法即是师法。这是老子晓人以道的口诀，遵循其诀即是遵循老子之教，遵循老子之教即是师法老子。拳道与武德之进展，师古今明师、师造化、师我心，由此可见，古今明师、造化、本性皆可为师，而修拳道之养武德又都以自然自性为高明之师；明师上师直指人之心性，即是教以无上的拳道，高明的师法。既然师以自然自性为最高明、为最根本，那么，养武德之本，不离人心；修心复性，乃是传拳道的所有事，学拳道的所有事。

　　马虹老师之所以能成为当代太极拳明师之一，他的善于择师是一个重要因素。河北石家庄离河南陈家沟不远，众所周知，陈家沟拳师能人辈出，马老为何要上京城寻陈照奎宗师而不去陈家沟学拳呢？原来陈照奎乃一代宗师陈发科之幼子，虽年轻但已得父之真传，功夫超群且有文化，教法科学简明易懂，这正是马老理想中的"陈家宗师"。如果马老在择师问题上不作一番认真考究，与陈照奎失之交臂，属于马老的明师交椅可能就异姓了。笔者从马老处得知，论年龄，师徒同年，马老还长月份，但是马老事师如父，在共同生活的日子里，马老每天随师学拳七八个小时，晚上经常加课至凌晨二三点钟，然后睡三四个钟点起床，为老师烧好水，买好早餐再去上班。如此关心老师，何其感人！正因为马老这种质朴的诚实厚道品格赢得陈照奎宗师的"马虹这个人诚实，可交"的评价，所以，得到陈式拳法真传是顺理成章的事。初学受益于胡连生，是以友人为师；后列陈照奎宗师门墙，是以已得拳道之人为师；马老的拳法既得大师的真传，又得前人成就者的拳论著述口诀可传，更加自身苦心研习，故演练拳法有时如天之白云连绵不断，有时如高山之瀑布跌宕起伏。全然是以自然为师，"心意者将军也"，是以自心为师。真是太极拳法晚乃善，拳暮年更妙，马老的拳法晚年最有进境，老而逸、妍而自然，其拳法若非自本性自然一气呵成，何能有如此大气高妙。

　　历代的上品拳学大家，大都从身边之师始，又师前人有成就者，更师自然自性。只有师至自然自性，方可在拳道上称完成从师遵道的大事。所以善学拳，而求无上拳道者，决不以学一般拳学稍得而满足，决不以师法古今明师为终结，必由师法自然自性，进入武德拳道之极处。

二、交友进学

　　一个拳学者欲成就一番拳学事业，离不开拳友知交的切磋、帮助、批评和鼓励，其中应以鼓励为主。在学拳过程的中间阶段，拳友之间的切磋探讨，尤为重要。

一个追求科学拳学的学拳者，初学时最重要的是从明师上师，继之便是要交有利于自己拳学进展的拳友。遇明师上师，可以明拳理而入正确拳道；交肯实话实说真诚互助之拳友，可以相互促进而趋正确拳学。

武林中交友之道最需明义：一定要能在拳道上相互帮助而共同进步。背离这一目标，交友既无益又带来心理上的累赘。《论语》有言："君子以文会友，以友辅仁。"在武林中则是以武会友，相辅成仁。《荀子》说："匹夫不可以不慎取友，友者，所以相有也。"武林中武痞小人不可谓不多，所以交友须慎重，以便拳学以期相有。《说苑》说："亲贤学问所以长德也，论交会友所以相致也。"武林中人难道不也是亲贤论交，武德拳学相长吗？

《墨子》有论："子墨子言见色丝者而叹曰：染于苍则苍、染于黄则黄，所入者变，其色亦变。五入必而已则为五色矣。故染不可不慎也。"拳友相处，最易互相影响，交什么拳友，武德、拳道就会成什么样。所以《史记》说："不知其人，视其友。"颜之推说："与善人居，如入芝兰之室，久而自芳也；与恶人居，如入鲍鱼之肆，久而自臭也。"《格言联璧》也说："人若近贤良，譬如纸一张，以纸包兰麝，因香而得香。"好拳友助成其好拳技、好拳学、好拳道，坏拳友助成其坏拳技、坏拳学、坏拳道。故交拳友，必经过考察再守夺，一定要交有益于自己拳学的拳友。

既知拳友相互影响带来的结果，就须有所选择而交拳友。孟子说："非其君不仕，非其友不友。"梁章钜说："交游之间，最宜审择，大凡敦厚忠信，能改吾过者，益友也。"西畴老人说："交朋友必择胜己者、讲贯切磋，益也，追随游玩，损也。"弘一法师《寒笳集》说："以切磋之谊取友，则学问日精。"不是善良友好之拳友不取；拳学武德水平胜过自己者，才是真正的好拳友。

志同道合的拳友在拳学事业上的相互作用，确实比一般的拳师影响还大，尤其是想形成自己的拳技风格，自趋上品拳学的武德拳道。必须以自己对拳理的认识发展有新意，对拳技风格独创的本来面目而自立。故拳友之间的相互启发的力量往往胜于师教。况且拳友在一起切磋技艺、讨论拳理，与向老师请教相比要自然得多，可以有疑有问、有异则争，求大同存小异，可解惑可有得，所以古今

太极法理的奥妙

明师既重师道更重拳友之道。马虹老师旅居美国旧金山时，在友人徐纪先生家做客，看到徐的八卦掌老师刘云樵为徐题写的横幅："拳法之妙，全在运劲。"受此八字启发后，写出了《拳法之妙，在于运劲》一文。试想马老如不重拳友之道，不去访友，何以能有机遇见此八字有感，阐发拳法运劲之妙。可见"拜师不如访友"一说是有道理的。古人曰："学非师而功益劳，友非人而过益滋。是以古之君子，从师而后言，顾友而后行，故其失鲜矣。"没有明师指点，常常是憨练、傻练；没有好拳友及时提出直言忠告，往往是拳理拳技会百病滋生。明师拳友之功岂可疏忽!古人有言："要成好人，须寻好友，引醛若酸，哪得甜酒。"换句话说，惟有好拳友方能相勉而进拳学齐拳道。

不得明师时，拳友即是明师。为师者有虚名、有实名。拳友的善意批评，热情勉励，真诚帮助可使自己进拳学齐拳道，虽无师名，却有师之实际。《左传》有言："朋友之道，必相教训。"好拳友相处，贵在相规相师。唐白行简诗云："何当得成器，待叩向知音。"《荆园小语》说："畏友胜于严师。"拳友之义，其实就是相师之道。拳学上若有老师份上的明师上师栽培，左右有好拳友份上的提掣，欲于拳学武德的进程上不懈怠，稍有落后亦知奋起直追，所以在上品拳学上品武德的路上定会一天比一天进步。

今日的拳友，或许就是明日的拳圣明师。上品拳学大家、拳圣皆是人做的，拳友间相期相叩，拳道逐日渐进，上品拳学大家、神而圣之的拳学境界，就属于你我他。纵观古今，哪一个拳学上有成就者不是明师拳友相资而成？这也许就是"一个好汉三个帮"吧！

修养武德修炼拳学路程，随着学与养的进展，交往拳友有变；进而成其拳道，因为自身进步神速，从前的拳友老师或更易为学生了。这就是古人所曰："士别三日，当刮目相看"，即人们往往对善学者拳学日益渐精之不可思议。目标明确，恒心有加，善悟拳理，勤于实践的学子，交拳友有三变；初学同门拳友变易为后进，先进的拳友变易为同步，此为一变；随后先进的拳友又易为后进，为师者变易为同参，此为二变；最后上品拳学大家、明师变易为同堂至人，不及者为后觉之对象，此为三变。此三变是辩证的，请拳友们三思。

荀子说："身日进于仁义而不自知也者，靡使然也。"何为靡？即相磨切磋。汉韩婴曰："智可以砥砺，行可以为辅弼者，友人也。"上品拳学养武德进拳道，交友进学之道岂能不明！

三、读万卷书

笔者初学武术仅接触长拳类拳械和理论，及见多位同道擅长螳螂拳、少林拳及虎形拳、鹤拳等传统拳械，善论其有关理论后，知道自己掌握的仅是武技入门的基本常识、技能，如果依据已有的理论拳械专攻一生，也难齐于拳道；稍后向同道们看齐、学习，并从他们身上受到更深一层的启发，即在武学修为上应有超前意识，仅仅把拳友的东西拿过来，即使练得再好、讲得再好，一辈子也难有大的成就，始终难齐于明师；后又把眼光投向融儒、道、释三家传统文化于一身的太极拳，其间虽注意到拳理与拳技的实践结合，同时向内行明师学习，总是感觉不理想、不得其妙。直到在河南大学少林武术学院工作期间，有幸认识了许多得道高僧如少林寺住持素喜大师等，得到他们的一番点拨，知道世俗修练武学之人失旨多，所以即使自己天天练，时时抱着古今明师拳论专修一生，不懂得拳外之养，恐难免背离正确拳道。所以更知读书为修养武德、明拳理入拳道决不可少的一节课程。

关于读书的好处，历代有识之士留下很多警句名言。例如："积财千万，无过读书"；"外物之味，久则可厌，读书之味，愈久愈深"等。足见世上除了大自然外，没有比书更为丰富奇妙的东西了。上至天文科学，下至地理动植物学，无奇不有，是外物之味所不可比拟的。因为读书带给人的好处太多，故历代不同文化领域的学问家皆交口赞誉读书。苏东坡说："发愤识遍天下字，立志读尽人间书。"陆游诗："人能不食十二日、惟书安可一日无。"高尔基说："我爱书，因为我身上好的一切东西都是书给我的。"

读书对提高拳学有重要性，读书能浓缩拳法的味道，读书能给学拳者带来愉悦，读书能开拓知识视野，深化拳学。正如古人曰："人不搏览者，不闻古今，不见事类，不知然否，犹目盲耳聋鼻痈者也。""束书不观，游谈无根。"然而明师拳圣教人，总以养武德入拳道为上，读书不仅是长知识增见闻。孔子说："君子觉以致其道。"为养武德而读书，为入拳道成明师拳圣而养武德。亦即

太极法理的奥妙

是，读书以明拳理养武德为要，以入拳道成明师拳圣为本。

古今修拳学之人多，明理成就者少，原因何在？因为只知一时之胜负在力，而不知千古之胜负在理。理也读书也。某些拳家虽然也看书，往往是只知书，而不知人，只看文字，不思文义，所以拳学难达高层次，这是走马观花原因所致。

韩愈说："文以载道。"明师拳圣著书立说，只要著明拳理道义，而不是以华丽之文字取宠于人。所以善读书者，因文字而见拳理道义，拳理道义见而文字消，如同禅宗开示："因指而见月，见月而忘指。"学拳者见文字而知拳理道义，应当像平时谈练拳一样，便会想像出许多拳势，想像出每个拳势的技击用意，甚而情不自禁此划，能够一说着拳道，便知拳法即是我心，我心即是拳法。

无论是通读孔孟等圣人的书，还是专读明师的拳学著作，皆有心法可参。程子说："学者须将《论语》中诸弟子问处便作自己问，圣人答处便作今日可闻，自然有得。虽孔孟复生，不过以此教人。"马虹老师说："陈鑫公，是近五百年来，第一次全面总结、系统阐发陈式世代积累的太极拳理、拳法的杰出理论家。他的巨著《陈式太极拳图说》是中国自有太极拳以来的第一部最完整、最辉煌的经典之作。至今它仍闪耀着夺人的光彩，它对今天普及和发展太极拳，尤其在理论方面的贡献，仍有极其珍贵的价值。"

对我个人来说，可以说引我走上太极拳之路的是陈照奎老师，而使我最早从理性上认识太极拳、而热爱太极拳达到入迷程度的，正是陈鑫这部《陈式太极拳图说》。……当时，我感到从此书中不仅学到了陈式拳的拳谱、拳理、拳法，而且学到了陈鑫公那种严谨治学，善继、善述，发愤著书对后学高度负责的崇高精神。……同时，我们从全部《陈式太极拳图说》中，还可以看出陈鑫公那种严谨的治学方法，他"本羲易奥旨，循生理之血脉，解每式之妙用，指入门之诀窍"，"探源于易，出入黄老"，"反复申明，不厌其详"，"发前人之未发"。真是"善继、善述，有光前烈"。圣人的话作为我所耳闻、明师学前人的善继、善述之心同乎我心，这是读圣人明师的书的妙诀。养武德如是，拳学亦如是。古今明师拳学高论，熟读有悟再三，自然出于我心，则拳学义理可获；明师拳法拳技之迹，心慕已久，自然出于我手，则妙法可获。学拳养武德，惟此上法。

一面学拳，一面攻读，具备"攻城不怕坚，攻书莫为难，科学有险阻，苦战能过关"的精神。博学约用，是修炼拳法涵养武德的妙方。如是则拳道与大道相通，学拳者之心与拳圣明师之心相接，乐趣与妙用则无穷。

古人云："有文事者必有武备"，"有武事者必有文备"。如陈鑫所说："事虽学武，必学文人风雅。不然轻于外，而失于中"。所谓文，此处指读书文章学问；所谓武，是指拳法之道；先文而武，武而又文，读书与练拳法并举，拳法的气息便能超凡脱俗。马虹老师说："我奉劝亲爱的读者在刻苦钻研并努力实践太极拳的技击术的同时，万万不可忽视文化和武德的修养，重视自己的精神修炼，做到身心双修、文武兼备，德艺并进，才是我们追求的崇高目标。"历史上的孙子、岳飞、戚继光等栋梁之才，就是因为文武兼修而备受后人推崇。后学者应明白，不通书理则拳理难得理解，于学拳无益；通书理则拳理容易理解，文武相映。这就是学拳要心中有道义，又兼之以古今明师之学，则拳乃可贵。拳之心法，便不会被前人的拳理拳法所限；不人云亦云，随波逐流，造自人的本心，就是真拳理，真拳法。

上品拳学的武德修养，必须多读好书以养儒雅气质，必须多读好书以洗去红尘俗气；上品拳学的武德修养，必须多读好书以通古今明师拳圣之心法。必须多读好书以修炼天地之灵气。

四、行万里路

"读万卷书，行万里路"是历代拳手修炼拳学的至理名言。行万里路，有拜师、访友、有觅科学的拳理拳法书籍，拳手养武德修拳学，立志参遍天下明师、广交四海拳友，读尽天下科学的拳学书籍，养天地浩然灵气，所以要忍痛离家，作天涯万里游。

拳手行万里路，有游学、有传拳、有修德、有明志，游学、修德的目的，是为了摒除不良习气，搞清楚自己对拳理拳法的不明白之处，使武德更高、拳理拳法更精，传拳、明志，是要先知先觉觉后知后觉，成于天地先师先友，而后复归于天地后师后友。

拳学者学拳，开始或拜时人明师，待拳理拳法有根底后，便直师老师的老师。所谓师老师的老师，不过是师老师的老师的拳论口诀或拳照，现代的印刷术和摄影技术非常先进，可以把历代拳家杰出的理论典籍或拳照尽收书斋。要想多见多识古今明师的拳论书籍，可于书店购集，这是完全办得到的。

明末清初的拳学理论，肇于自然者多，每一篇拳论都体现出朴实无华生动，戚继光的《纪效新书》、陈鑫的《陈式太极拳图说》就是典型佳作，非民初清末某些拳家所能比；民初清末拳家师自己的老师、师造化似推手的粘沾相随，不丢不顶，颇有自然意趣；当代拳手师自己的老师、师造化除少数得法者外，大多数已是说得多，效法得少。其实，行万里路，不单是拜师访友、多搜集古今明师拳论书籍和见识有德识之名手，更重要的是要养得"肇于自然"的功夫。

东汉时期书法大师蔡邕说："夫书肇于自然。自然既立，阴阳生焉；阴阳既生，形势出矣。"这是从概念上论书法之师自然。又说："……若虫食木叶，若利剑长戈，若强弓硬矢，若水火，若云雾，若日月；纵横有可像者，方得谓之书矣。"这是从具体的角度论书法之师自然。是对书法艺术的精彩论述。马虹老师说："打拳也是这样，把拳打得自然潇洒就好看；别别扭扭，慌慌张张肯定就不好看。"拳同书法，它最根本的要求就是自然，自然做到了，阴阳必然就有了，因为大自然是阴阳最好的统一，它就是太极。所以，达到了自然的境界，阴阳也就懂了。如果阴阳的道理懂了，你的拳也就"形势出矣"，这样拳架也就好看了，形态也有气势了，神韵也有了。书法强调一个自然，一个阴阳；我们的太极拳同样也离不了自然和"阴阳"二字。"笔者的体会是首先要意、气、劲自然统一而有阴阳变化，只有意、气、劲三要素自然统一而又富含阴阳变化，拳法的一招一势方能自然协调而有阴阳变化，直至一个完整的拳架方能自然好看。这与虞世南所言"禀阴阳而动静，体万物以成形"是相应的。拳手能如此，便可拳道能事之至。

书法家张怀瑾说："善学者乃学之于造化，异类而求之。固不取乎原本，而各逞其自然。""原本"一词用于拳法，则指拳师已定型了的拳法风格；善学拳者大可不必来个老师第二，齐白石说："是我者亡，似我者又不是我者生。"所以在掌握正确的基本拳法后，可从他人求之，从万类求之，直师造化。如果在意、气、劲的运用方法上，能做到人无、我有，人有我更巧；拳法风格上独具匠心，便能体现出技无常势，拳无常形。能悟出此理，则拳法纵横皆成意象，显

"尽万物之变态"的本义。

拳学大家之所以有成就，主要是效法历代书画大家"心穷万物之源，目尽山川之势"，得益于山川云日之助和明师的口传身授。这不是专师现有的VCD、录像带、拳照所能比拟的。上品拳学大家之所以能大成，其取法、取意、取材必有取之不尽的背景和资源；专在VCD、录像带、拳照中求索，则如燕雀专营一巢，取材少，见识短，不可能收获拳法的大成果。马虹老师曾告诫笔者说"VCD等立体作品只能是一种辅助"。所以正确的做法是，既要具备这些辅助资料，又要走出去接受老师的口传身授，二者兼顾，何愁拳法不硕果累累？

学拳者若有大志向，其拳法必有大容量，上品拳学必须以大志大度作基础。李斯说："泰山不让土壤，故能成其大；河海不择细流，故能就其深。"《三国志》有言："日月称其明者，以无不照，江海称其大者，以无不穷。"拳学大道，在法古今明师，更在法自然；如同大鹏展翅千万里。法古今明师则自古至今，追溯求源，有用之法、一法不舍；法自然则大到宇宙，小到万物。司马迁说："仁者爱万物"；韩婴说："大道多容"。学拳者之拳道若要像日月、江海无不照、无不容，必须读万卷书，行万里路。如是方能称拳学大道，方能达到陆游诗所云："谁能养气塞天地，吐出自足成虹霓"的境界。

五、修无上拳道

拳道有下品、中品、上品；取法乎无上、无量而得上品，即是修拳道的无上道。儒家论修人，有士人、贤人、圣人；道家论修仙，有地仙、天仙、金仙；释家论修佛，有罗汉、菩萨、佛陀；无论从修圣、修仙、修佛的角度来论拳道，都以修人与自然大道合一为无上拳道。

有人说：拳法就是拳法，用不着征引迂远地扯什么儒啊、佛啊，拳法至多与道家有联系，不必搞得神秘兮兮人难懂，持有此论者，是真正拳道门外人，对拳道的实情实理全无清楚思绪，不能与之论拳法的无上道。马虹老师说："……不排除太极拳之拳理也受儒家及其他学术诸家的影响，因为自古以来，中国传统文化中之诸子百家，往往是互相排斥、又互相吸取的。"武式太极拳明师吴文翰说："我国自汉代至清末，思想是以儒家学说为主，知识分子更是孔孟的信徒，出身书香门第以科考为主的武禹襄之前的吴修龄、王宗岳、苌乃周，在武禹襄之后的李亦畲、陈鑫等人写的拳论内容虽然有异，但以儒家思想为指导则是共同的。读者认真研究他们的作品，当会有所体悟。"

我们可以从二位明师的见解中得到启示，欲要修无上拳道，必须将拳法与儒、道、释等传统文化结合起来一道修炼，搞清楚其相同的本源道理，才能修人道的下学功夫和上达事功；才能修得拳道的下学功夫和上达事功。人道下学功夫修在人的体形上，上达功夫修在意识神气上；拳道的下学功夫修在一招一势的身体语言上，上达功夫修在神、意、气、劲上，从两道的表面形式看，或有不同之处，但其中的内在是相同的，没有区别。人道与自然大道相对而言，人道为中道；拳道与人道相对而言，拳道为小道。人道为第二代，属老师辈，拳道为第三代，属学生辈。哪有学生不认老师，后学者不认先贤之理。

拳法之道，分其大概，拳法实践、拳论总结书写之上有人，人之上有地，地之上有天，天之上有道，道之上有自然。古今拳家能品下品，只在拳法内周旋；古今拳家妙品中品，主要得益于了解风土人情文化及吸收各地拳手之长上；古今拳家神品，则是久吸天地之灵气练得浑元之力，能练到与道相近的境界，实在是凤毛麟角。这就是后学者可以有为，可以与古今上品拳家并驾齐驱或超越古今上品拳家的依据。

近现代太极拳史上出现了两次大的改革，一次是清代的杨露禅将学到的陈式拳，为适应大众的保健需要并易于推广，因而根据长期教学的经验去掉原有的高难及发劲动作，使改编了的拳架演练起来更为舒缓柔慢。后来的武、孙、吴等式太极拳也都受杨式拳架直接或间接影响而以柔慢舒缓风格为主。这是从清代到民国年间几位杰出拳家，在当时经济落后、社会不稳定的状态下，依靠坚韧的努力进行的一场静悄悄的改革尝试，其精神实令后学钦佩。

另一次是当代新编拳架。革新派不但有自己的见解，也有实践，有不少的专业拳家，不少的新编拳架。如：陈、杨、武、孙、吴等竞赛拳架，简化拳架，综合拳架，以及向全国和世界推广的不同流派风格的太极拳段位教程。

拳架上能有新编拳架的兴盛，实因传统拳架本身的高难，使得某些怕难、怕苦、怕累、怕动脑又打着所谓仅限于健身口号的人望而生畏。而新编拳架因动作简单、运动量小易被人们在短时间内接受顿显其吸引力。传统拳架则因人们没有正确全面的去认识其时代价值和全面功能由盛转衰、一时渐无生机,造成新编拳架受宠,传统拳架受冷落的现象。传统拳架与新编拳架像两个家庭的关系,一家因不善持家由盛渐衰而微,一家因善于持家由微渐显而强。但是随着有识之士的大力宣传和取得的成就,人们看到了传统拳架带来的好处是新编拳架不能比拟的,多数爱好者又醒悟过来,觉得还是传统拳架好,于是又纷纷转向学习传统拳架。

拳架艺术应该随着拳手们掌握科学文化水平的提高而不断地进行改革和创新,但是改革和创新的结果仍然是不能超越传统拳架艺术,那么,传统的拳架艺术应该得到完整的继承和推广。20世纪50年代后的各流派拳架曾一度因重保健与技击艺术脱轨,所以在很长一段岁月中,拳法技击艺术与30年代拳法技击艺术相对而言出现了鸿沟。值得庆幸的是80年代后,在一大批才智魄力出众的各派拳家呼吁下,终于为太极拳的实质就是武术技击而正了名。尤以马虹、张志俊、陈小旺老师的宣传工作最为突出,取得的成绩最大。

传统拳架当今风靡国内外,与新编拳架的关系,好比一个曾经破产的企业再次兴旺,而取代持久兴旺而渐衰的另一个企业的主导地位;又好比一个科学技术发达的国家与一个科学技术稍逊一筹的国家的抗衡。既有综合国力强与弱的关系,又有科学文化技术新与旧的关系。上品拳学与中品拳学是什么关系呢?是大与小、高与低的关系。强与弱、新与旧是有历史文化阶段性的,今天你前进了,明天我可能比你进步得更快,即此起彼落。而大与小、高与低的关系则是客观、永恒存在的,传统拳架与新编拳架,都有上品拳学与中下品拳学的关系。犹如太平洋、珠穆朗玛峰与小河丘陵,大的终归是大,高的终归是高。随着强的促进,新的催化,大的高的必定会显示出它本来的潜在的强大的能量,对人们的身心健康乃其事业作出相应的贡献。传统拳架与新编拳架的能量,谁大、谁小、谁高、谁低、谁强、谁弱,关键是要人去亲身体会。

上品拳学取法乎无名、无上、无量之大法,所以,上品武德修养亦须走无上的路线,而成就无上拳学的德能。

上品拳学将拳法的上乘境界建立在下、中、上、无共有的基础上,无上之拳道当然也应建立在下法、中法、上法、无上法共有的基础上,不然怎能称之为修无上拳道。

《大学》有言："物有本末，事有始终，知所先后，则近道矣。"说到底，主要在一个知上，要明白养武德进拳道先后、本末、始终，就近乎拳道了。为什么说知所先后即返拳道了呢？因为对拳学的真诚与实在，真诚实在的学拳者知行或有先后、或同步，所以知即行，行即在拳道。

《大学》又说："自天子以至于庶人，一是皆以修身为本。"这句话看似不言心与性，只讲身。其实已将修道的事落实到人，身即是人的代名词。人是身心的组合体，身由心主宰，故要言身，必要知心。而心又是性的用，性是心的体，故要言心必知性。归根结底，儒家是以心、以身、以性的角度来看本的。《大学》还说："物格而后知至，知至而后意诚，意诚而后心正，心正而后身修。"身修以后就是齐家、治国、平天下之道。我们讨论的是拳法之道，拳法之道以身修为本，身修以后从事的拳学事业都是末。本好比吸收大量知识和通过锻炼提高了的身体素质，将知识积累丰富，身体素质不断提高；末就像应用知识、运用体能，无论你攻克多难的拳学，都要先有丰富的知识和良好的身体素质这个本。因为要从事理想的拳学事业，必须由人来做，拳学者的知识和身体素质就是本钱。

这里我们还要谈谈"格物"。"格物"一词的含义是能正视客观现实，实事求是；朱熹则解释为"物理之极处无不到也"。修养武德的焦点在于落实在格物上，格物是修身的本。这里所说的物不是指小物，而是宇宙自然这个无限大之物。格则是清楚明白的意思。《大学》一书没有格物致知的解说，故朱熹根据程子所述加以阐幽显微："所谓致知在格物者，言欲致吾之知，在即物而穷其理也。盖人心之灵莫不有知，而天下之物莫不有理，惟于理有未穷，故其知有不尽也。是以《大学》始教，必使学者即凡天下之物，莫不因其已知之理而益穷之，以求至乎其极。"

若论世界上物之极是什么？非宇宙大自然本体莫属。所以思想家老子讲到自然就停住了，不说了。其实要知自然之理，对《易经》和《太极图说》作全面仔细研究就明白了。对宇宙自然清楚明白到什么程度呢？清楚明白人与万物由天地生，天地由道生，道由自然生。人之本、心之本、身之本来源于自然。知道自然是本就要固本、立根于本，要从宏观着眼，宏观处扎稳根基。努力做到人与自然同心同德，儒家的士希贤、贤希圣、圣希天的修学路线也就在其中了。

　　清楚明白宇宙自然本体的丰富内涵后，接下来要意诚、心正，做到意诚、心正，则心正而后身修。意诚是踏踏实实、全心全意固本的意思；意是心之用，把用集中到宇宙自然本体丰富内涵上，心不就在其中了吗？正大光明地将心与宇宙自然合在一起就是正心。因为心是主宰身的，故心正即是身修。

　　身修用于拳学者就是养武德、就是拳道生，也是修心的拳道成就。身修、养武德、拳道成就的过程与拳学同步，即从下品拳学开始、完成下、中、上、无的各阶段拳学实际境界、也就是说从拳学的初成就以至中成就，直到大成就，于是便完成了上品拳学，完善了拳法的上乘境界。

　　宋代程明道说："学者须先识仁。仁者，浑然与物同体，义、礼、智、信皆仁也。识得此理，以诚敬存之而已，不需防检，不需穷索。若心懈，则有防；心苟不懈，何防之有！理有未得，故须穷索；存久自明，安待穷索！"这段话很是精辟，今录于此，供学拳者与《大学》之内容对照而悟解。

　　儒家以孔子为至尊，从孔子的两句名言中最能领略到其上乘境界："七十从心所欲，不逾矩"；"天何言哉，四时行焉，目物生焉，天何言哉"。孔子真正合道是七十岁时，在此之前的"六十耳顺"，是说六十岁时仅能达到知觉上与道一致，还不能彻底地到位。而一旦人与道合，有我的感觉就不存在了，即使有我，已成自然之大我。

　　道家以老子为至尊，老子的《道德真经》是崇道修道的人必读经典。老子说："有物混成，先天地生。寂兮寥兮，独立而不改，周行而不殆，可以为天下母，吾不知其名，字之曰道，强为之名曰大。"此言告诉人们，自然是先天地而生者，即是混沌状态下的太极现象。而"寂兮寥兮，独立而不改，周行而不殆，可以为天下母"的说法就是《大学》所言的"本"，老子针对程明道提出的"仁"，起了个相应的代号，即"道""大"，意思是最根本最大。

　　老子又说："故道大、天大、地大、王亦大。域中四大，而王居其一焉。人法地，地法天，天法道，道法自然。"天下之母显然是最大的，故放在第一位置，依次下来是天、地、王。人的最高权威、最高代表则是王。也就是老子的所谓"格物"，"致知"工夫。而老子的"诚意"，"正心"工夫就是"人法地、地法天、天法道，道法自然"。开始于"身"，然后与地、天、道相合，最后与自然相合。学拳者看到这里就不难悟到，正是老子之说弥补了格物之说的先后关系空白，完善了与自然相合，以自然之仁为"仁"的"修身"课程。所谓儒道互补其解也。

"最上一乘无上至真妙道，以太虚为鼎，太极为炉，清净为丹基，无为为丹母，性命为铅汞，定慧为水火。窒欲惩忿为水火交，性情合一为金木并，洗心涤虑为沐浴，存诚定意为固济。戒定慧为三要，中为玄关，明心为应验，见性为凝结。三元混一为圣胎，性命打成一片为丹成，身外有身为脱胎，打破虚空为了当。此最上一层之妙，至士可以行之，功德满隆、直超圆顿、形神俱妙，与道合真。"这段话出自道教祖师王重阳的《最上一乘妙道》。其精辟所在是太虚太极为鼎炉之本，这是对老子的"法自然"的解释；而后是对"人法地、地法天、天法道"的又一种解释，是将类似难懂的阿拉伯语般的道教语言落实在实物上。与常规修道法门比较而言，不但是有的放矢，而且已科学简化。然而与老子的论述相比，给人的感觉仍像绕口令一样一时转不过弯来、而且高深莫测，可是对学拳下士来说，还以为是虚无主义。

"上士闻道，勤而行之。中士闻道，若存若亡。下士闻道，大笑之；不笑不足以为道。"这是老子对上士、中士、下士悟道水平层次高低的评价。下士的大笑，是笑自然与人是风马牛不相及，认为人是不可能与自然相融的。中士则模棱两可、似是而非，故若存若亡。只有上士言毕而信、信必行、行必果，故勤而行之。

现代自然科学家论世界的构成，都说是生物细胞和原子分子合成。这与古人讲自然间万物都由气化而成是相对应的，按照达尔文的进化论，即适者生存论来说，世界发展到今天，是先从一物化之，在化的过程中，优胜劣汰，化来化去，化这化那，与道教和佛教讲六道轮回是一码事，不过，常人是难于相信。无论是讲自然、论拳法，古今学者都讲五行轮化，与学拳者学拳一样，先拳架、后推手、又散手，不就是学拳者本身在化吗？拳技增加内容、质量得到提高就是进步，拳技停滞不前、质量不能提高就是落后，对拳技能举一反三、甚而反四、就是顿超，武德不佳、被逐出师门就是打入另册。只是世间万物轮化过程复杂精微，一般人不具备看得见、想得到的学识，所以难于置信。

生活中常听到他人运用佛家语言来阐述某件事，或表明自己的心迹，或启示别人。学识浅的旁听者总是听不懂，理解不了！原因是佛语精炼、抽象，不像看得见的东西那样具体；所以仅从佛语字面上去理解佛教的人常常因不知佛教真谛而否定佛教。欲知佛教真谛，除了多读佛学经典，还应创造机会多听佛学大师的讲解，多接触喜欢佛教文化的人、了解他们从佛教的角度对世事和生活的见解，而后再作出结论。先看不起佛教，再尊崇佛教的历史名人很多，而且大多数是先儒、后道、进而至佛。

据佛经记载，释迦牟尼在菩提树下，启明星升起时，便豁然大悟，修得无上正等正觉，尽得佛果。他的又一大悟，人都有佛性，都可以成佛，当时就说："奇哉奇哉！一切众生皆有如来智慧德相，但以妄想执著而不证得，若离妄想，则一切智、无上智自然现前。"其意指明人是天地五行生化、原子分子细胞合成的，其来之处、归之宿并无二致。孔子、老子如此、佛亦如是。常人都是如此。常人之所以难于成佛，是因为有妄想，自以为慧根足，执著所至。

孔子入道是七十岁，相比之下释迦牟尼三十岁就大彻大悟了。释式比孔式悟道早四十年，其佛学的论说都在悟道之后，所以讲佛学时都从宏观本体出发。《佛说大乘金刚经论》记载有佛应文殊师利之请，而开示成佛简单直接的究竟法门："佛告文殊师利菩萨，有陀罗尼，名金刚心，此心人人本有，个个不无，皆出自心。自性修善，令身安乐；自性造恶，令身受苦。心是身主，身是心用。所以者何，佛由心成，道由心学，德由心积，功由心修，福由心作，祸由心为，心能作天堂，心能作地狱，心能作佛，心能作众生。是故心正成佛，心邪成魔，心慈是天人，心恶是罗刹，心是一切罪福种子。若有人悟自心，把得定，作得主，不造诸恶，常修诸善，依佛行持，立佛行愿，佛说是人，不久成佛。"这段话与《大学》所论实出一源，都是讲本，论心为根本，论心正身修，心正成佛。

据说六祖慧能大师一字不识，但是因为对佛的虔诚和自己的慧根超凡，默识心悟，终得佛果，他在传道时说："善知识，菩提自性，本来清净，但用此心，直了成佛。"还说："诸善知识，汝等个个净心，听吾说法。汝等诸人，自心是佛，更莫狐疑。外无一物而能建立，皆是本心生万种法。故经云：''心生''，种种法生心灭、种种法灭。"真是一语中本心之的，中众生未见之真心，与自然大道源于一体的根性。

上品拳学者正需于上述儒、道、佛三家养德修心成道的本源处见其同一宗旨，而清楚明白宇宙自然的内涵（即格物致知）、意诚心正、修身成圣、成仙、成佛，成就上品拳学的天性德能。成就上品拳学的所有事，拳法的上乘境界正是由此不断进步的。

六、拳法至善

我们追求上品拳学就是追求更高拳学，追求理想的艺术人生，追求最有意义的现实人生。20世纪40年代前，无数研究推广太极拳文化的有识之士都在追求这一美好理想。可是都因为其时的国力不强，社会不稳定，没有经济基础，拳运不济而无法实现。如今中国人民经过几十年的艰苦奋斗，国力得到增强，社会环境稳定，具备雄厚的经济基础，广大拳手追求美好的拳学艺术人生有了安定团结，"百花齐放，百家争鸣"的欣欣向荣的局面，使当今所有爱好太极拳的拳手们为实现这一美好的理想，互相学习，互相激励，互相鞭策，充满无比的信心且愉快地前进在太极拳法的更高境界的征途上。

然而，一花独放不是春，万紫千红春满园。每一位拳手只有牢记毛泽东"我们国家要有很多诚心为人民，诚心为社会主义服务……""不要半心半意或者三分之二的心三分之二的意为人民服务"。牢记"必须努力体现发展面向现代化、面向世界、面向未来的民族的科学的大众的社会主义文化的要求，促进全民族思想道德素质和科学文化素质的不断提高。为我国经济发展和社会进步提供精神动力和智力支持"。牢记"学习中国武术，一可以健身，二可以了解中国文化，三可以增进友谊"等国家领导人的教导。将自己追求的拳学艺术人生置于这一"灵魂"之下，团结更多的有研究能力的愿意全心全意为人民服务的拳手，并且与提高人民的思想道德素质和科学文化素质及身心健康利益紧紧地联系起来，才能有动力去学习、研究与太极拳有关的古今中外文化，从而在传统的拳理拳法中取其精华、弃其糟粕，使拳理拳法更科学，拳技更妙，进而拳法至善，最终和大多数拳手一道实现上品拳学、理想的艺术人生、有意义的现实人生的目标。亦会为人民作出更大的贡献。能这样，全心全意为人民服务的丰富内涵是太极拳教育工作的出发点和归宿；是衡量每一位拳手一切言论和行为的最高标准；是自私的拳手区别于无私的拳手的最显著的标志也就在其中了。

上品拳学走向上乘境界，是由拳法的"着熟"至"懂劲"再由懂劲而"阶及神明"：精能、玄妙、神圣三品兼得，上、中、下统一于无。上品拳学走向艺术人生，是拳法之道、艺术之道、自然之道相参合运，而终成为最高拳学艺术的完整模式。上品拳学走向现实的人生，是借拳道的权宜之便，由拳道而人道、由人道而自然大道，终则本我之心、山河大地、形质神意无非妙明心体，为宇宙自然本性大化。如此则拳之德、艺术之德、学拳者之德、自然之德，综合成上品武德、大拳法大拳道，成一至善理想境界。

至善境界是"从心所欲不逾矩"的境界，是不刻意追求、清纯自然的境界，是极其自在的境界。古德论至善境界的历程，是：

看破——放下——解脱——自在——至善

看破在修拳道上是清楚明白宇宙自然内涵一节的工夫（即格物致知），在拳学上是明理一节的工夫。看得拳道、自然之道总是一虚空大道之妙有在起作用，从宏观角度论自然之道，是自然之气的产生与灭亡之变化、是分子原子细胞在分化组合；从微观角度论拳技之妙用，是一气之伸缩往来起作用。学拳者要做未来的上品拳学大家，做人人爱戴的拳圣、大师，首先是立志，之后是发挥自己最大限度的主观努力，得到拳友的无私帮助，如此，便能行此实成此果，这就是看得破。

放下是一切得失、名利皆可全部抛弃、不在话下的意思，既是一种魄力，又是一种潇洒风度。好比遗失一件贵重物品，只在心中懊恼片刻，便弃之脑后，这是一种潇洒的放下。惟有能放下，方能提得起；惟有真正虚空，方能真正大实。所以，放下即是像如来佛那样放大心量、任凭孙悟空有十万八千里跟斗云绝技，有敢于戏谑玉皇大帝的调皮捣蛋，有在如来佛手心屙屎撒尿的顽劣，终归没有逃离如来佛的手心。能有此心量，就是有大志向，有至大、至虚、至空的境界，就可将妙明心体与宇宙大道不谋而合、自然相通，就能达到理想的上品拳学成就和境界。

放得下便是真解脱。一般学拳者因为不先明理，所以谈不上看破，故于修拳道上总感觉障碍重重，层层束缚。拳法妙道、如万花筒，看不破时招招皆奇、法

太极法理的奥妙

法诱人，犹如看变脸戏法，皆以为真。一旦窥破拳道底蕴，自得妙解，自然放下，自然解脱。不受一切教条学法束缚范围便是真解脱。

学拳者真解脱而后得自在。因不受一切教条学法束缚，所以无所住而生其心、无处不在而见其本，方能真实知道"本来无一物""道不远人"。到了自在境界，一法不执，万法任用，道、理、法、术、下、中、上、无、凡、贤、天，三界六道，仕字拳者裁取组合变化。上品拳学由我作，拳圣明师由我成，全凭自己来主宰。

既得自在，拳道的不同层次境界经历实证随心灵感应变化，大道在心，万化在手，上品拳学由学拳者成学拳者作；自然的人、自然的拳理理趣、自然的拳法形象、自然的拳法韵律、自然的拳法运动，皆汇诸学拳者的身体语言。于拳学证自性、证大道，由拳学转人生，由人生同大道，如此则拳、艺、人生皆成至善理想境界。

学就要做拳圣明师，学就要成上品拳学，学就要臻至善理想境界。最高的拳学成就来自最高的拳学理想，源于最为科学的拳法学习路线，本之于拳学者敢于精进的拳法实践和"技不惊人死不休"的长期努力。

对于最高的拳学境界，了解大概容易，知其真实难；知其真实容易，实际操作难；实际操作容易，全部实现到位更难。"替侠士背剑，不等于自己习武"。必须由真实而至实际操作、通过实际操作而真做到，方能得其真才实学，否则就是流于"口头禅"。

传说苏东坡在扬州时与一江相隔的金山寺大禅师佛印关系极好，二人你来我往常在一起研讨禅学。有一次苏学士自以为对禅学有所妙悟，做得一偈语，差书童送至大禅师佛印处，佛印接过一看，为四句偈："稽首天中天、毫光照大千。八风吹不动，端坐紫金莲。"佛印非常清楚苏学士的禅学根底，知其仅在知解面上做文章，于是在纸笺后面批复"放屁放屁"四字，交书童带回。苏东坡见了佛印的批语，怒火中烧，欲与佛印讨个说法。于是坐船过江上寺庙见禅师。佛印知好友必来争是非，故意避而不见，还在门上贴上一纸，上书："八风吹不动，一屁打过江。"苏东坡气冲冲地来到门前见着此语，心中之气顿消而渐生惭愧。可见，理性认识和感性认识是两回事，二者不可相互替代。必须由感性认识而至理性认识，方可到得至善境界。

古今有成就的拳法家，若以"明理"一章提出的方便应时的标准衡量评判，其中很多佼佼者无愧于上品拳学大家之列。尽管或因时代所限，或因各自的文化底蕴所限，或因拳道发展的惯性所至，而各有取法，然而就拳家的艺术人生至善而言，仅属前进中的缺点而无伤大雅了。所以，历代拳法、艺术、人生三者相对至善的拳法家可以说是不胜枚举，各有各的修炼和广度与深度，各自有其境界和特色，都可看作为至善艺术人生的先进楷模。

马虹老师对所有学生真诚地说："我奉劝大家，认准了的东西，就要专一持恒到底，不要见异思迁，朝秦暮楚。1917年蔡元培给上海的著名画家刘海粟题词是这么四个字：宏约深美。希望大家把这四个字记下来，认真思考。宏，就是说你的学问要广、要博；约，是等你钻研到一定程度后，在博的基础上再求专于一精于一，'心专一境'。只有这样才能达到既深又美的高级境界。太极拳也是各种各样，六大派以外还有好多种。陈式太极拳又有好多种，所以你找我学拳之前要多方面看一看，广泛地接触接触，比较比较，在这基础上求约，求专一精一，认准了哪种，就坚持练到底，钻研到底，不要今天搞这个，明天搞那个。在此我还联想到在马来西亚的精武体育馆讲学时，一进门大厅有一巨幅对联是霍元甲的两句话：'惟精惟一，乃武乃文'。这副对联给我印象很深，不论学文学武，他都强调精一专一，这是一代武术家的卓识远见。我前面讲的意思就是要大家专一持恒，认准了的东西，就要坚持到底。'信之诚，行之笃'。太极拳博大精深，够你实践和钻研一辈子的了。"

每个学拳者的拳法至善因各自的品性而有异，在心静的基础上，或者柔多刚少，或则刚多柔少，或者刚柔相济得当，但必须是随意自然，是什么就是什么。在这个自然的"什么"上发展尽善，方是真至善。

至善的拳法完成于实践，依据于对拳学的正确深刻认识；离开正确深刻的认识，实践便易片面甚而错误。大多数初学拳者，就是因为对拳学的认识不够全面，尤其是对阶及神明的高境界、对与自己所看到的不同风格的拳法，拿不定主意学哪一种，当断而不得其断，等到有了主意、有了正确认识，才醒悟过来，但是已经觉今也是而昨非矣！很多喜爱陈式拳，且有深刻研究的人在不识陈照奎家传拳法旨意时说"陈照奎把拳架改了"等等。言下之意，否定陈照奎家传拳法的科学性，不是正宗陈式太极拳。但背地里却悄悄加紧研习，等到心会神解之后，便改变以往的观点，大加华丽赞美之词，而后又把自己塑为正宗陈照奎拳派传人。这种先谤他人拳艺，再誉他人拳艺的做法，与那些先谤佛、而后信佛的人的行为何其相似。不过，最终能认识到陈照奎家传拳法的科学性，并且愿意努力去掌握并发扬之，毕竟离正确拳道总是进了一步。

当今太极拳的状况是"阳春白雪"与"下里巴人"共存。所以，笔者的深刻体会是：越是高层次、深内涵的拳法艺术，如陈照奎家传拳法，越是不易一下理解到位，更谈不上掌握，如同禅师看山，诗人学诗，做学问者视孔孟圣人，非要经过三重识境不可。然而识归识、行归行，在太极拳的更高境界路途上，实在是需要学拳者有"敢向九天揽月，敢下五洋捉鳖"的坚韧无畏精神。

后 记

我国当代太极拳热的现象是旷古空前的，而参与的人数和参与者投入的物质和精力是过去时代不能相比的。然而，当代人的宏愿以及在太极拳实践上的真正成果，与已经谢世的陈长兴等那一代人取得的最高成就相比较，似乎尚有一定差距。当今某些名家好手也不得不承认与历史上的大师高超道艺间的真实差距。究其缘故，除了时代不同等诸因素外，对太极拳的最高理法、上乘境界认识上的不足与实践上的偏失乃是主要原因。

我根据多年的太极拳法实践与教育之直觉经验，知道拳学不能离开艺术原理，拳道不能背离自然规律，拳法成就更不可违背人的本性元神。站在艺术、人生、自然三重角度来综合研究解悟拳法，方能清楚地看到太极拳艺术从古至今在发展延伸中的偏失和误区。我认为在太极拳艺术的历史发展中，较为严重的问题是人与法的主次关系的颠倒，是自然与太极拳的内在联系的割裂。因为人与法、自然而然与太极拳法的联系不断淡化与断裂，所以造成拳法后天不足与发展的局限。

由于拳法与人生、艺术、自然的脱离，拳法走上了以法为法的窄路。"法"于是超越无限，严重受到损伤的首先是太极拳传人的本能与天性。在某些太极拳流派中，能见到的是各家之法的"杂活"，后人对前人的盲目模仿，但感受不到像马虹、张志俊两位老师这样的拳法艺术家本身鲜活的生命风采。"法"的扩张漫延，不仅导致艺术规律在拳道中的模糊与退化，而且使自然精神在拳道中逐步丧失了根本的滋润作用。

在研习太极拳的过程中，大多数人往往被拳法的形象，即"法"所迷惑，然而，拳学者为了明拳法之含意，又不得不用眼来感悟。除了"法"的障碍之外，更容易迷惑拳学者心智的便是先人"拳论"中显现出来的"理"。前人留下的众多的"理"，难免与上乘的拳道相悖或偏失，如不以太极拳根本原理去详密考察，断难得其真知灼见。何况，前人因科学摄影技术的空白，造成上品拳技随代流失，少了很多真凭实据。

何为太极拳的真实形象与更高理想？首先应该是拳学者的高层次觉悟，因为这种觉悟能引发高度的本我自性，可将拳法本体与自然原理沟通相成，以使人、拳、自然三者整合为拳法的最高形式——真正的拳道——真正的艺术之道。由于真正的拳学是人、艺、法、道的统一物，拳学理论自然而然在四者之上而立，拳学的实践与教育，必然在这四者之间理想而生。所以，拳学的全部过程，实际上是人生修养最高形式的实施，是活用艺术根本原理，是提炼和概括自然形象精神。故，人生的升华之道，艺术成就之道，自然神性的高度协调之道才是真正的太极拳学。

对于古今拳法论说，只要拳学者有心回头审视，确实是众说纷纭，鱼目混珠，要分清其中的是非与实理妙法，非具慧眼不能。再看现代的方法理论，除某些明师能客观论证说理透彻外，一些名家则各执一词，或将历代公认的名师拳论拳技遗照考证为"伪作"，或不恰当地过分强调片面的非基本法。有的站在传统的角度轻视后人，有的立足于现代艺术而菲薄前人。而且那么多的长篇大论，看下来实在使拳学者茫然不知所措……

我自己在太极拳学习的道路上，也有说不尽的苦衷。也曾走过许多曲折的路。对太极拳缺乏而今所具的浅薄见地。当初确实免不了自误误人，并与正确之道相悖而不自知。本书所谈到的种种偏差及曲径，大多是本人亲身经历，且有的错误一直坚持了数年，以致到醒悟时，而感积习难改。

其中某些弊病或可能导致终身遗憾。就拿放松来说，我当初以为只要肩、肘、腕关节放松便是解决学拳成就的一大关键。一守多年，直到对心理放松引领丹田内气的下沉，带动腕、肘、肩、胸、肋、腹内外斜肌及胯关节放松，才是真正放松有所理解后，方才大悟其非。然后花了很长时间，才纠正过来。其次是初学之际，把主要精力都花在实实在在的模仿上，总以为"功到自然成"，自然而然会转入到应用自如之途。然而多年下来，所获实在甚少，且疏忽了拳法的根本基础——拳理的研究熟习，远离了拳法直径路线，——理论指导实践的学习应用，披星戴月的苦功，得到的尽是无内涵的外形，花费了很大的精力，却只获得极小的成绩，尤其值得反省探讨的是自我本性的损伤，如今要花很大的力气和精力方能慢慢补足。当然，尚有重推手与散打、轻拳架、重神意轻形质、厚古薄今等等差错，都导致了自身拳学上不可弥补的损伤。

正是因为以上许多遗憾，内心非常强烈希望自己能够彻悟拳理拳道，而将所见所得毫无保留地献给当代及下一代太极拳爱好者，以使所有的学拳者尽量少走弯路曲途；且希望往后的太极拳教育工作能够作出优异成绩，造就出真正的太极拳人才。同时，自己也得到不断的调节整改，以期进步。

由于我从事的是太极拳教学工作，同时希望在拳法实践上有真正的成就，于是，学与教、教与学同步，反复考察研究拳法实学上各种层面的实象和内质，不断地将拳法放到各种不同的艺术角度，放到哲学、人生乃至自然道理等参照物中去实悟实作，逐步对太极拳各种走向都加以尝试体验。如开办成人太极拳培训班、在高校举办大学生太极拳培训班，研究警察学校太极拳普及教学问题，开展太极拳儿童化的尝试以期从拳法中显露和引发原始的自然天性。为了让各年龄层次、文化层次的人都能取得更好更大的太极拳学成绩，而研究太极拳年龄化、风格化、个性化的教学路线；更以现在所认识的太极拳的综合高度，尝试组织太极拳上乘境界如何直截切入的实验教学活动。其中尤以目前所重视的太极拳研究为自许，且得到马虹师父生前和有志中青年拳学者的大力支持。以上一系列拳法研究和实践活动使我对太极拳多层次高层面的拳法实理有了最直接的感性认识，最切实可信的经验。我相信，太极拳学程可大大浓缩简化，而且学习成绩和拳法成就更令人惊喜。我坚信，每个不同素质、不同年龄、不同层次的学拳者身后都有一条最适合于他（她）的最佳学程。每个人都有别人无法取代的拳学特性和素质，都有一种潜在的有别于他人的成功性。正是因为对太极拳原理和和教育的各层面进一步清楚了解，我对太极拳教育前景充满无比的信心。教学实践使我感觉到，一个人的太极拳学习成就的过程等同于一个人从小学到大学的过程，正常努力学习的情况下，每个人都能成功完成学业。换言之，太极拳教育也应当使每个学拳者正常地学有成就，使每个人完善自己的学拳形态，尽量避免缺损。尤须明白的是，我们每个人都是靠吃饭养生发育成长为人，但各自有其个性的长相，自成靓丽的风景线。

我在逐步思考完善《太极法理的奥妙》，并反复推敲拳学捷径的同时，发现拳法中有两件意义重大的问题要要解决：一是对太极拳美的本质的论证；二是太极拳审美评论的标准问题。这是拳法中的两个大问题！拳法的美实际是人在拳架技术中对自然现象的各种感受表述。拳法的美像自然现象一样，是复杂多变的，造型美、技击美、运动旋律美、柔劲与刚劲交替运用变化美……这些不同之美有其特殊的价值。对太极拳之美的理解，在于区别拳架套路的整体大美和段、组合、单势的局部小美，斜中寓正的偏美和正中寓斜的正美之外，更应该重视到美的单一质的深刻性与美的多质多层次的复合性。绝不能局限于前人与某些今人对美的不全面、不深刻的认识上。

当今一个很不正常的现象，是太极拳王国中没有一个相对统一可信的标准。这对太极拳拳法审美取法及评论难免会引起偏失和众说纷纭。由于历来没有谁提议制定一个明确的、统一的标准，所以多年来某些拳家各执己见，自论其是，虽不乏合理成分，然而难以服众。唯一令我信服的是马虹师父在其《陈式太极拳的健身性、技击性、艺术性》一文中，对太极拳的美提出的独特见解。我认为拳法的审美标准应该建立在对具体的各种不同的拳势美的认识体验上。不但局部地分析，更需全面地考核。借此顺便提出，希望引起拳友们的重视。

本书于1993年，在河南大学少林武术学院构思，真正动笔则是在1995年在贵州师范大学体育系就学时。写作经历7年，但实际成稿和第一次出版却匆匆于2008年1月。通过再次充实和整理，由北京体育大学出版社出版面向全国发行，觉得对自己多年来的太极拳研习总结暂时划了一个完整的句号。本书的写作确实凝聚着我从小踏入武术生涯以来，给我以辛劳教育的诸位老师，尤其是恩师马虹生前对本书的创作提出很多宝贵意见，使我的书得以尽量完善，并特别嘱咐："觉民，陈式太极拳最古老，亦最优秀，它孕育了几个流派，功不可没。但是，我们练陈式拳的，切记不能搞'沙文主义'，凡是对太极拳文化作出贡献的其他流派古今拳家，理应值得推崇，这才是太极拳法人的胸怀。"老师的教诲，使我认识到，心胸狭窄的拳家关心的是个人的名利，并为此哗众取宠，心胸开阔的大师关心太极拳事业的整体前途，有拒绝媚俗的勇气，马虹老师以太极拳的上乘境界思想证明了这个分野。确实，没有他们的言传身教，像我这样一个"先天不足，后天失调"的学生，是不可能写出有关太极拳文化方面的东西的。我仅将

后　记

此书看作是一份交给我的老师们的作业，以期望得到老师们对此书阐述不到位、说理不够透彻的指正。我要感谢我们这个民族的祖先，是他们创造了辉煌灿烂的太极文化，并使我们民族的武术文化生命薪火相传，代有承续。使我们的民族得以自立于世界民族之林，而毫无愧色。我还要感谢那些不同学术领域的前贤和同辈，是他们孜孜不倦地求索，才为我辈留下一笔笔宝贵的可资借鉴的精神文化财富。读者可以从书中发现有教于我者多矣！在此，我向不同文化领域的专家学者、前贤同辈致以诚挚的感谢！

附录　拳学的总则

《拳手的成功之路》一书在有缘于我的诸多因素和合力支持下终于完稿送编了。然而，对拳学的思考我总是一刻也没有停过……在《后记》中，提到的关于有关拳法真正的美的问题和拳法评品的标准问题也没有及时展开讨论，对二者内在联系和基本规律也未能揭示，而且还清楚地认识到，拳法中属于神意、神气这方面的内容需要进一步整理。大家都知道，神意、神气在拳法中的重要性是古今拳家一致的共识，且神更重于形，精神气质更甚于技巧技艺。然而，考察当今社会上流通的太极拳书籍，其形质的技巧内容比重占得太多，对精神气质和神意神气的阐述着墨相对较少，既然"神意为上，形质次之"，那么，神意神气空间如何才能称得上神妙呢？神意神气又如何实修实证？我在书中对神意部分虽然大胆尝试分析介绍，可是总觉得不够理想。在拳法的学习和教学中，不仅要有目标和理论，同时还要像拳技中手眼身法步的结合应用，章法布局一样有具体的课程和步骤，方法和教材，不然就是"纸上谈兵"，使每个学员不能真正学有所得。

除了上述几点思考以外，想得更多、也认为更重要的，便是对拳学总则的原则和提纲的推敲。越来越认为有补充深化，总结提高之必要。尽管书中对有关内容或多或少都已谈到，但总觉得不尽如人意。于是进一步深思、不断推敲……为了便于拳友参考，在此，将大概推敲思路录于书后。

本书从拳法的历史、形成基因及原理："太极拳是通过身体语言表达中国传统文化内涵及人的思想感情的武学艺术"起始，进而论及拳学的三大元素：（人+传统文化+自然）=太极拳。然后由拳学的元素深入研究推理出拳法上乘境界的大概模式：本我自性+拳法演练+大道自然。这样的结论对于能顿悟玄解的拳学者来说，或许能贵圆贵通拳法之大要了，可是对于一个完整的拳学总则的要求和标准来说，理应在精炼正确的前提下内容更加充实完善，从而对整体的拳学和每个学拳者的研究实践更具参考价值和指导意义。

"本性自我"与"大道自然"作为拳学的两大组成部分，经过周密的思考和推理是合情合理的，唯一觉得可商榷更改的是将"专业水平"代之以"拳法演练法统"较理想。因为"专业水平"的面更广，是可以包含拳法演练法统的。当初之所以将"拳法演练法统"作为一大要素落实到公式中去，是因为从拳法的基础性质考虑，从拳法内涵和拳学公式的衔接设想，所以将拳法演练法统之外的拳学本体因素归纳到大道自然中去。现在从拳学完整、全面角度考虑，将"专业水平"取代"拳法演练法统"，而"专业水平"除了拳法演练法统之外，还包括拳法用具和资料、拳法理论及拳法创造等有关内容。

　　"本我自性""大道自然"与"专业水平"构成了完整的拳学总则，但是经过深思熟虑，认为有必要充实增加并能形成独立整体的则是"学问修养"和"审美理想"这两大内容。

　　"学问修养"主要包括文学、艺术、历史、哲学、宗教等知识修养。同时也包括《红楼梦》中所说的："世事洞明皆学问，人情练达是文章"的待人、接物、处世、合道等生活学问及修养。读一些书，丰富自己的知识面，是做学问修养的良好开端。而更重要的是，要求真正的大学问、具大修养的问题，以及将已有的知识修养付诸于生活实践的问题。只有落实到专业的太极拳法上，落实到人生的实践中，才谈得上真正的"学问修养"。为什么很多太极拳学者也博览群书，可拳法演练时却令人感到神气劲的不足呢？原因是学问修养与实际的拳学、人生，像两股道上的车，没有行在同一条路上。这就是武术界常将一些学拳者称之为"练家子"，而像马虹、张志俊之类的明师在其他领域里多有成就的表现，关键在于学问修养的态度真与假、虚与实上。故"学问修养"的提出，就是提醒太极拳爱好者们，不仅要具备多方面的知识素养，更要避免学养、拳法、人生分开，要做到"学以致用"，要能在平凡的工作见其功效。

　　太极拳的"审美理想"可以从两个角度来论述，"审美"是指拳学者的实际审美能力，通过大道自然、本我自性、"专业水平"、学问修养等多方面的熏陶训练，日积月累地培养出高品位的综合审美能力，即拳法所包含的拳架造型美和推手、散打的技击艺术美的判断能力，更重要的是使这种能力随着学问见地的增长逐渐提高。何谓"理想"？即拳学者对自身拳学的设计和定向，规划出最适合自己的拳学发展理想。这种理想境界是建立在对拳架造型美和技击艺术美的"审美"基础上，是建立在对完整拳学的考察和研究，以及对自己钻研的拳派的审察之上的，即由"审美"而"理想"，由"理想"来引导自身研究之拳学。根据目前社会上学习太极拳的情况，大多数学者对自己的拳学规划是空白或盲目的，找不准适合自己的拳派，以致具有神品素质的学拳者，一直停留在简化拳架上，而不敢问津集荒山野原古风兼人为巧夺天工之意的拳派。究其根源，是没有能够随着学拳时间延长和学习内容增多而将"专业水平"之外的四大内容同时扩展，没有能够培养出应有的综合审美能力和审美理想，故无目标的追求，或无丝毫感觉与感悟。提出"审美理想"，目的是告诫学拳者，如不全面发展自己的拳学，不在"审美"的基础上发生出自己拳学的最佳"理想"，那么，令人悲哀的浪费和盲目现象就难以避免，就不能取得自己拳学的最大成就。

　　提出"学问"与"审美理想"，主要是将拳学内容从三扩大至五，为有别于公式，故称为"拳学的总则"。如此，"本我自性""大道自然""拳学修养""审美理想""专业水平"五大内容均含其中。五大内容在顺序上排"座次"的话，"大道自然"应居首位，"本我自性"次之，以下依次为"学问修养""审美理想"和"专业水平"。

　　拳学的总则＝大道自然＋本我自性＋学问修养＋审美理想＋专业水平

　　将"大道自然"居首的目的何在？是从更大更高的视角得出的结论，是从"天人合一"的宗旨感悟而成。众所周知，整体观念、战略意识、远大目标是做好任何一件事的思想定位。古代先哲所说的"天人合一"境界，"道"的境界，实际就是人生的最高目标。古今学问家将"朝闻道，夕死可矣"看成是上乘境界。这种"道"的境界便是人与自然万物、国家社会、单位家庭全方位高度协调。由于人类自身最大的敌人就是"私欲"，且往往因无限膨胀，背"道"而驰。故将"大道自然"放在首位，其重要意义不言而明。

　　人是拳法的主宰，也是自然分子。作为独立的个体，就应在拳法研习中发挥个体所具能量——"本我自性"，才能与"大道"相融，才能最大限度地作用和成就自己的太极拳学。"本我自性"的能量，只有充分得到发挥，才能容纳"学问修养""审美理想"和"专业水平"，才能将拳学总则所含的五大内容全面地结合为一个最佳综合体。这就是"拳道中之真意",就是"本立道生"。

"德成艺乃立"。无论拳架、推手、散打功夫高与否,首先要讲德,有一个太极拳法人应有的人格。社会上常见有些人在拳架、推手、散打上有些成绩,就不知天外有天,山外有山,为了技艺上的一点名利而失去做人的朴实之本,甚至不讲亲情、友谊。这全是"本我自性"距"大道自然"太远,将力和技看得太重,忽视了"千古之胜负在于理"的道理。对长期的学问修养与涵养缺乏认识,意识不到艺无止境、学无止境,所以应该对"审美理想"的高大完美进行执着的培养和追求。如果能在意识上轻"专业水平"而重"四大",且看成无有止境,以上弊病自然而然就不存在。据此原理,将"学问修养""审美理想"排在"专业水平"之前,是理所当然之事。纵观一般人学拳,焦点都放在"专业水平"上,由于片面重技意识无限地扩张,于是对"大道自然"范围内的"本我自性"及"学问修养"作基础的、"审美理想"作引导的整体完美的太极拳学起到难以估量的破坏和叛逆。

据上所论,我们应该将拳学的五大内容视如人生中的休息、饮用、工作、学习、娱乐,是圆满的人生所不可缺少的,若缺少一个方面,人生就不可能圆满美好,就是遗憾的人生。同时必须清楚的是,完整的拳学总则是圆满实施,亦如人生认识事物的自然过程,必须有少儿识字感知事物的萌发期限,而后青壮年爱观察分析、思维敏捷、好学上进不倦的强壮期,再到老年、晚年智慧丰富的成熟期。落实在拳学上,即如书中所论,必有"着熟"之小成就,而至"懂劲"之中成就,再达"阶级神明"之大成就。其进展程序是整体发展下有逐一完善,从初学拳起就应当五大内容由少渐多,由浅至深由初级到高级同步共臻。逐一达到圆满。但是,这种圆满的评判标准不是以学习的时间有多长来决定的,而是以实际达到的拳技水平和拳学成就为标准的。

"专业水平"在学拳总则中居于末位,读者不可以认为是可以任意缩减课程内容,相反,是要达到更全面、更理想的标准。因为我们的目标是实现上品拳学,是追求拳法的上乘境界,所以我们要自觉从难、从严、过细地高标准要求自己,每天自觉地督促检验自己的拳理拳技进展情况,绝不允许蹉跎岁月,浪费精神、物质和生命。只要将现在看到的一般人的学拳与大师级的古今拳家的拳学作一鉴别，就明白"专业水平"的高标准是不可更改的。一般人的拳学劳而少获，或不获的情况是常见的，所以在合理精确分配时间和精力的前提下，去巧学巧练，达到更高的"专业水平"是完全做得到的。

每一个学拳的人，应当将学拳的归宿和理想指向太极拳的上乘境界，每一个学拳者孜孜不倦努力的目标就是攀登上品拳家，这是合乎常理的要求。现实生活中，有些人本来有缘于明理的大师，但却因为脑子少了智慧之弦，而放弃上进的机会和能成为上品拳家的理想和行动；也只有无缘于太极拳真实道理的人才将拳法的上乘境界看到难于上青天。诗仙李白的"蜀道路之难，难于上青天"名句，是对世上最难的事的高度概括。这对于科技时代的我们来说，因为有宇宙飞船，登天已经不是难事。人类社会日新月异的进步，就是在已知的基础上，不断超越自我，不断取得新的成就。就太极拳学而言，拳学发展越理想，学拳者对太极拳的根本道理觉悟就越快，对全面发展完整的太极拳学就越自觉。能如此，就是人人你追我赶，不仅勇敢而且善于设计完善太极拳的上乘境界之时。

我对有关太极拳总则和拳学总则包含的五大内容的概述，目的是希望同有志于上品太极拳学的拳学研究实践者能清醒地意识到拳学总则及有关内容的提出，实际上就是规划一个"博大精深"的太极拳学，也是太极拳可以直接通向上乘境界的理想大道。善学者同时会意识到，这个总则虽然是指导太极拳学的，其实亦适合指导各类艺术和人生，也只有符合人生和艺术的规律的境界，并从人生和艺术的规律和境界中推理出来的拳学总则，才能经受得住当代拳学者的检验，经得起后学的推敲。